豆腐屋の四季

ある青春の記録

松川 弘[著]

新潮社

はじめに

　百舌鳥古墳群については、これまで多くの概説書や案内書が刊行されているが、戦時中から戦後にかけて古墳群の実状をつぶさに見てきた者からすると、もう一つ踏み込んだ記述がほしいとかねがね感じていた。

　このたび百舌鳥古墳群の実像に迫る内容をもった本を刊行する機会をいただいたので、戦時中は百舌鳥古墳群が戦場でもあった事実を私の体験をとおして書き残し、世界的遺産としての価値を認められようとしているこの古墳群が、古代のロマンだけではない苛酷な戦争の傷痕を残している遺跡でもあることを紹介したい。

「古墳と戦場？　それ、古墳めぐりとどんなかかわりがあるの？」と古墳探訪に来られた方は言うだろう。たまたま古墳があるこの場所で、現代という時間の中で戦争がおこった、偶然重なり合っただけのことだと簡単に片付けてしまうこともできるが、人間が生きるためにおこなってきた行為が、一五〇〇年もの時間差をこえて一つに結びついてしまうこともあるのではないかと思う。

　そして戦争が終わっても、百舌鳥古墳群には平和はやって来なかった。〝国破れて山河あり〟と言うが、百舌鳥古墳群ではそうではなかった。敗戦後の社会の窮迫や大空襲をう

けた堺市旧市街地の復旧のために、私有地にある古墳は一山いくらの手っ取り早い土取り場としてつぎつぎに破壊された。古墳にとって哀しい時代がつづいた。

しかし、破壊され、または破壊されそうになった古墳に取り付いて、少しでも考古学の資料を残そうとした青年や少年がいた。誰もかかわらなければ、暗闇に消えてしまったかもしれない百舌鳥古墳群の資料が、不十分であったとしても残されたのは、彼らの悪戦苦闘があったからである。私もまた、その少年の一人だった。

少年にとって古墳は、なんと言ってもおもしろい存在だった。「前方後円墳って、なんであんな形してるんやろ?」「どないしてあんな形のもん、設計して地割りしたんやろ?」「大きさ決めるのにどんな物差し使こうて、どないして計ったんやろ?」……。前方後円墳を見た時にそう思って、それが生涯の研究テーマになった。

今、百舌鳥古墳群に関して問題に感じることは、百舌鳥古墳群が世界遺産になったとして、百舌鳥古墳群にある三天皇陵と陵墓参考地がどんな取り扱いになるかである。宮内庁は、たとえば「仁徳天皇陵」名で登録することをゆずらないだろう。

五世紀の百舌鳥古墳群にある三天皇陵を、私は古墳研究者の立場から否定する。最大の前方後円墳とされる「仁徳陵」の仁徳という漢風（中国風の）諡号(しごう)をはじめ、天皇陵という制度やよび方も七世紀から八世紀になって定まるもので、五世紀代の百舌鳥古墳群には天皇陵はなかったと言うしかない。天皇陵が制度的に登場してくるのは、前方後円墳が造られなくなってから七〇年以上もたってからである。

やはり「仁徳陵」とよぶより、大山(だいせん)古墳とよぶのが客観的で、かつグローバルスタンダードだろう。

それと日本一、もしくは世界一ということで、巨大古墳・大山古墳にスポットが集中しすぎて、独り舞台になってしまっているのが問題である。百舌鳥古墳群を三幕三場の歌舞伎にたとえると、三人の花形役者が登場し、三人三様の芝居の筋書きと見せ場があって芝居を盛り立てているのに、一人だけ出ずっぱりにしてしまうと、舞台が台無しになってしまう。本書では、大山古墳の立ち位置と、石津ヶ丘(いしづがおか)古墳（百舌鳥陵山(もずみささぎやま)古墳、百舌鳥ミサンザイ古墳とも言う）、土師(はぜ)ニサンザイ古墳の二人の花形役者のこともバランスを考えて書いた。

百舌鳥古墳群を探訪される時は、現在の地図だけでなく、ぜひ堺・泉北(せんぼく)臨海工業地帯が造成される以前の地図を用意して歩くことをおすすめしたい（図1）。現在の堺の地図には、一九六〇年代に大阪湾を埋め立てて造成された堺・泉北臨海工業地帯が書き込まれているため、土地勘のない方は百舌鳥古墳群が内陸部に位置する古墳群のように思ってしまうからだ。今風に言えば、デジタル画像の中のゴジャゴジャしたノイズを消して、オリジナルでクリーンな原風景にもどして見ることによって、ここになぜこのような大古墳群が造られたのかという歴史的背景を、あなた自身の感性で発見できる、そんなチャンスもあるからである。

それでは、私が直接体験し見聞して考察した、百舌鳥古墳群の世界をご案内しよう。

尼崎市尼塚地区（東から、梅原一章撮影）

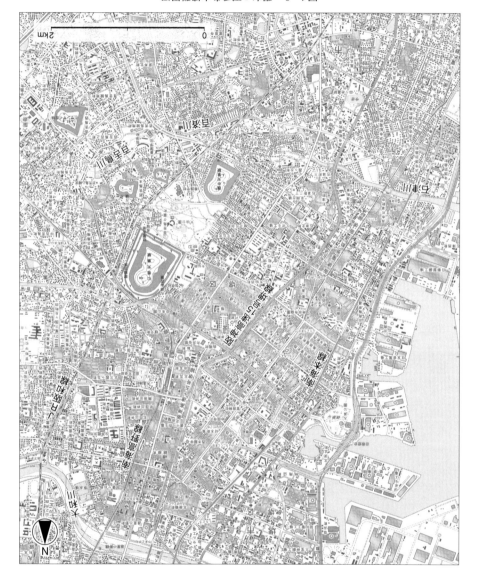

図1-2 現在の京都名所様周辺
(国土地理院2万5千分の1地形図「東」「京都」より)

第二言語習得研究への誘い

理論から実証へ

吉村紀子・中山峰治

An Invitation to Second Language Acquisition Research

Noriko Yoshimura &
Mineharu Nakayama

はじめに

　私たちが第二言語習得の共同研究をはじめてから二十年近くが経ちました。これまでの研究成果は国内外の学会で発表した上で、論文にして出版してきました。本書はそれらを加筆・修正し、新たな研究内容を加えて、1冊の本にまとめた概説書です。資料の分析がすべて終了したわけではありませんが、ここまでの私たちの研究活動と成果を一区切りとして整理し、本書として出版することにしました。

　本書で紹介している研究は日本に住む日本語母語話者による英語習得と北米で学ぶ英語母語話者による日本語習得に関する資料に基づきますが、課題によっては第三言語として日本語を学習する大学生からの資料も取り扱っています。本書の特色は2つあります。第一の特色は一般的に文法領域として分類されている形態・統語・意味・音声から、コミュニケーションの接点で重要な機能を果たす語用・談話構造・応答ストラテジーまで、幅広い領域に渡って第二言語習得のテーマや現象を取り扱っていることです。第二の特色は、第二習得習得について単に基本的な観察をするだけでなく、「なぜ第二言語習得ではこのような問題に直面するのか」あるいは「どのように第二言語習得では知識を獲得するのか」を明らかにするために、実証的な調査結果について理論的な説明を加えていることです。

　本書では、日英語の第二言語習得研究の分野において重要な関心をもって議論されてきた主要なトピックを集約して取り上げました。特にこの一冊で目指した点は、パラメーター値再設定仮説から意味素性マッピング仮説への理論的変遷の中で第二言語習得研究が経験した大きな流れを把握しつつ、これまでの実践調査の中で何が明らかになり、何が未解決の問題として残されているかについて理解できるよう、すなわち日英語の第二言語習得研究に関する今日の全体像の把握にあります。わかりやすく、ていねいに解説しましたので、大学や大学院で英語や日本語の第二言語習得を学ぶ学生・大学院生・若手研究者の方がたに読んでいただければと思います。

　本書で取り上げた研究は、多くの人たちと共同研究プロジェクトを実施している過程で獲得し深めた知見に基づくもので、研究仲間である狩野暁洋

先生、Barış Kahraman（バリス・カフラマン）氏、川崎玲央先生、Seth Goss（セス・ゴス）先生、近藤隆子先生、澤崎宏一先生、白畑知彦先生、清水敬也先生、須田孝司先生、武田修一先生、寺尾康先生、土屋伸介先生、Carlos Pimentel（カルロス・ピメンテル）先生、藤森敦之先生、Sungshim Hong（洪誠心）先生、増本朱華氏、山根典子先生、Zhiguo Xie（解志国）先生にこの場を借りてお礼を申し上げたいと思います。皆様のご協力やご支援なしでは、このように多岐にわたるテーマや課題について研究することはできませんでした。また、学会発表において貴重なコメントをいただいた稲垣俊史先生、大津由紀雄先生、影山太郎先生、白井恭弘先生、三原健一先生、平川眞規子先生、Hun-tak Thomas Lee（李行徳）先生、John Matthews 先生、若林茂則先生、遊佐典昭先生に感謝申し上げたいと思います。そして、ここで紹介した実験には多くの日本の高校生と大学生、そして北米の大学生が被験者として参加してくれました。彼らの協力がなければ、プロジェクトは実施することができませんでした。感謝したいと思います。最後に、草稿に目を通していただいた遊佐麻友子さん、どうもありがとうございました。

　本書で紹介した私たちの研究は、科学研究費補助金（C17520387・C20520551・B23320116・C26370700・B26284077）、静岡県立大学グローバル COE、静岡県立大学教員特別研究費、オハイオ州立大学人文科学部・東アジア言語文学科・日本学研究所より長年にわたってご支援を受けたリサーチプロジェクトに基づくものです。ここに記して感謝申し上げます。

　くろしお出版の池上達昭氏には、本書の企画段階からたいへんお世話になりました。私たちの筆がなかなか予定通りに進まず、出版が今日になってしまいました。いつも変わらない励ましをいただき、ありがとうございました。こころから感謝申し上げます。

　最後になりましたが、本書は家族の理解なしでは完成に至りませんでした。吉村順、中山ジェニファー、聖莉乃に「ありがとう」と言います。本書はこれらの研究を行なっている間に他界した私たちのそれぞれの母親に捧げたいと思います。

　静岡とコロンバスにて　2018 年春

　　　　　　　　　　　　　　　　　　　　　　吉村紀子・中山峰治

第二言語習得研究への誘い―理論から実証へ

目　次

はじめに………………………………………………………………………………iii

第1章　第二言語習得研究―課題と理論………………………………………… 1
　　1.　本書の目標　1
　　2.　臨界期と外国語習得　2
　　3.　インターフェイス理論　3
　　4.　本書の構成　5

第2章　形態素―2種類の -s …………………………………………………… 7
　　1.　はじめに　7
　　2.　英語の形態素―2種類の -s　8
　　3.　3人称単数 -s　9
　　4.　名詞複数形 -s　15
　　5.　なぜ -s は欠落するのか　20
　　6.　まとめ　25

第3章　WH- 移動 ………………………………………………………………27
　　1.　はじめに　27
　　2.　理論的背景―WH- 移動とスクランブリング　28
　　3.　先行研究―前置詞残留と随伴　32
　　4.　長距離 WH- 移動習得の問題点　38
　　5.　まとめ　43

第4章　再帰代名詞の解釈………………………………………………………47
　　1.　はじめに　47
　　2.　束縛理論―C- 統御と統率範疇　48

3.　先行研究—himself　52

4.　先行研究—「自分」　60

5.　不定詞節の主語—PRO　70

6.　今後の課題 —PRO 主語欠如仮説　78

第5章　束縛変項解釈……………………………………………………81

1.　はじめに　81

2.　束縛変項と弱交差現象　82

3.　英語母語話者による束縛変項解釈　87

4.　pro 脱落言語の母語話者による束縛変項解釈　92

5.　日本人英語学習者の束縛変項解釈　98

6.　まとめ—「彼」と he　102

第6章　コントロール・タフ・主語繰り上げ構文……………………… 105

1.　はじめに　105

2.　構文の統語特徴と母語習得　107

3.　第二言語習得研究の成果—主語と介在効果　116

4.　考察—seem 構文のむずかしさ　122

5.　今後の課題—経験者句の指示性　126

第7章　テンス・アスペクト……………………………………………… 131

1.　はじめに　131

2.　日本語と英語のアスペクト　133

3.　日本人英語学習者による過去・現在完了の用法　137

4.　なぜ母語転移の克服はむずかしいか　142

5.　素性組立仮説に基づく分析　146

6.　日本語学習者による「た」・「ている」の習得　154

7.　まとめ—明示的指導に向けて　162

| vii

第 8 章　談話構造における（代）名詞の用法 …………………………… 165
　　1.　はじめに　165
　　2.　顕在代名詞と非顕在代名詞　165
　　3.　母語話者の代名詞用法―子どもと大人　167
　　4.　第二言語習得者の（代）名詞用法　171
　　5.　考察―母語と外国語の転移　180

第 9 章　プロソディ―ポーズ・フォーカス語句・ピッチ幅 ……………… 183
　　1.　はじめに　183
　　2.　モーラとシラブル　184
　　3.　韻律境界・ポーズの習得―右枝分かれ・左枝分かれ　185
　　4.　フォーカスプロソディの習得―核強勢・ピッチ・プロミネンス　189
　　5.　先端研究の成果と今後の課題　200
　　6.　まとめ―母語転移の 3 ステップ　207

第 10 章　応答ストラテジー ………………………………………………… 209
　　1.　はじめに　209
　　2.　応答ストラテジーのタイプと特徴　210
　　3.　先行研究―イタリア語・フランス語　215
　　4.　日本人英語学習者の応答ストラテジー　216
　　5.　日本語学習者の応答ストラテジー　219

おわりに―今後の展望 ……………………………………………………… 223
参照文献 ……………………………………………………………………… 225
索　引 ………………………………………………………………………… 242

第1章

第二言語習得研究
——課題と理論

1. 本書の目標

　2020年に英語が教科として小学校に導入されることになりました。義務教育におけるこの新たな取り組みによって、日本の英語教育はこれまでの6年間から8年間と長くなり、学習内容が量的に増大し質的に多様になることが予想されます。これらの変革を成功に導くためには、基本的なコミュニケーションに必要な構文や単語を学年ごとに適切に配置し、授業内容が段階的に、ステップバイステップで学習できるように綿密な指導体制の充実が必要となるでしょう。

　幸いなことに、これまでの外国語習得研究の成果に加えて、近年では言語習得の分野に新しい実験方法や調査機器が導入されたことで、学習者にとって何が習得しやすく、何がむずかしいか、あるいはなぜ特定の学習項目が習得に時間がかかるかなどについて、いろいろと新たなことがわかるようになりました。したがって、これからの日本の英語教育では、これらの新しい発見を十分に踏まえた上で、実証的な研究データをさらに分析しつつ、理論的に裏打ちされたカリキュラムや指導方針を展開していくことが重要となります。

　本書では、その期待に答えるべく、私たちがこれまで収集したデータやその分析結果を紹介しながら、母語習得と外国語習得の交差する課題について

言語理論から実証研究へと視点を推移させて統括的に考えます。特に、「母語からの転移」は第二言語習得において極めて重要な課題で、いろいろと異なった調査結果が提示されていますが、それらの多くは貴重なものであるにもかかわらず、断片的で、体系的に整理されていません。ここでは、それらを総括的に、そして有機的にまとめて、外国語教育の発展に活かすことを目指します。学習者の母語に関係なく、何が通言語的に普遍的なもので、何が学習者の母語に影響されるものかについて、わかりやすく解明できればと考えます。

2. 臨界期と外国語習得

　言語習得について考える時、よく話題となるのが「臨界期説」(critical period hypothesis) です。これは Lenneberg (1967) が提唱した仮説で、簡単に説明すると、「言語習得には年齢的なリミットがある」という考え方で、一般的にそのリミットは 11 歳前後だと言われています。そして、人は脳の言語習得機能を用いて言語を習得するという立場から母語も外国語も同じ言語習得過程を経ると考えると、臨界期の問題はすべてパフォーマンス (運動能力) の問題となります。つまり、大人の外国語習得では、スキルの習得 (＝運動技能習得) であるために母語の習慣や癖が残ってしまうと考えるのです。したがって、発音や聴解においてある音が発音できない、あるいは識別できないという問題は母語転移によって生じたものだと理解されます。大人になって外国語が母語のように習得できないのは運動機能や筋力がすでに慣習化してしまったためで、言語知識の習得の問題ではないと考えるわけです。換言すれば、年齢の影響で認知部門が後退することに比例して言語習得能力がしだいに劣化すると想定するわけです (Birdsong 2005, Dekeyser & Larson-Hall 2005)。

　一方、認知能力や運動能力だけでなく、言語知識の習得にも臨界期の影響があるとする考え方があります。この立場に立てば、言語知識は原則として普遍文法に基づき習得されるのですが、個別文法が形成される過程で母語の転移 (正あるいは負) が知識と運用に生じるだろうと想定するのです。さらに、もう一つ別な見解として、言語学習は認知能力に基づき統計的に行なわ

れるとするものがあります。この提案では、普遍的なのは統計的な言語学習メカニズムであって、文法は言語別に異なって形成されるもので、生得的に習得可能な文法要素はないと主張します。

　このように、外国語習得についてはさまざまな考え方がありますが、本書では、大人による外国語習得の場合、母語文法に加えて第二言語文法を形成するということを前提にして議論を進めていきます。もう少し説明すると、本書では、普遍文法が存在すること、また母語の文法項目が既存することを想定します。私たちがこれまで実施してきた第二言語の日英語習得研究で明らかになった事柄や発見に基づき、母語の転移という観点から中間言語の問題、特に中間文法のいろいろな問題や現象について理論的に、そして実証的に考察していきます。議論を進めていく過程で、中間文法のすべての項目が必ずしも母語の文法を土台にして形成されるわけではなく、母語からの影響が強い領域と弱い領域があることが明らかになります。これらの課題についてできるだけ妥当で適切な答えを探していきたいと思います。

3.　インターフェイス理論

　母語の転移はいろいろな文法項目の習得において観察されます。たとえば、/r/ と /l/ の区別ができない、furniture を複数形で用いる、a rumor was spread のように誤って受動態にするなどがその典型的な例です。本書では、文法がいくつかの構成要素、すなわちモジュール（音韻・形態・統語・意味・語用・談話）から構成されていることを想定し、それらのモジュール間で起こる母語の転移現象に焦点を絞って考察を進めていきます。この文法のモジュール性に着目した理論は一般的にインターフェイス理論と呼ばれるもので、(1) にあるような文法の枠組みを想定します（Nakayama & Yoshimura 2015）。

(1)

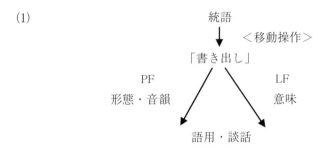

　文法モジュール (1) において想定することを概説しておきましょう。まず、レキシコンから単語が挿入されて統語構造が構築されますが、移動操作 (movement operation) が必要な場合は「書き出し」(spell-out) までにその派生が起こり、そのアウトプットとして構文の骨組み（統語構造）が完成すると考えられます[1]。次に、その構造が PF (phonological form) と LF (logical form) に送られて、PF では必要に応じて音韻形態素の挿入がなされる一方で、LF では意味解釈が実施されます。続いて、PF と LF の結果が語用や談話の領域に送られて、その言語使用が実際のコミュニケーションの場面に適切に即しているかどうかがチェックされて、発話に至ることになります。

　これまでの第二言語習得研究を遡って見れば、初期の研究では単一のモジュールに関して調査が行なわれていました。しかしながら、近年では音韻―形態、統語―意味、あるいは統語―意味―談話などのモジュール間で起こるインターフェイスでの習得現象に注目が集まるようになりました（Sorace & Filiaci 2006, Tsimpli & Sorace 2006, Sorace 2011）。母語の転移はインターフェイスで起こるものの方が単一のモジュールで起こるものより複雑で解明がむずかしいのですが、実際の言語使用ではそれぞれの文法モジュール間の接点で使用しているわけですから、第二言語習得の本質に迫るためにはインターフェイスで研究することが不可欠となります。さらに、内部インターフェイス（統語―形態、あるいは統語―意味）と外部インターフェイス（意味―語用・談話）を比べた場合、外部インターフェイスの方がよりむずかし

1　移動操作が中心に行なわれる領域は一般的に narrow syntax と呼ばれる領域です。

いとする調査結果 (Reinhart 2006, Slabakova 2009, White 2011) が報告され
ていますので、この点についても考えてみます。

4. 本書の構成

　本書は 10 章から構成されています。第 2 章では、統語から形態・音韻に
至る領域で起こる問題、音声音韻―形態素の習得について説明します。母語
からの干渉がよく観察されるのがこの部門で、特に屈折要素、たとえば、3
人称単数や名詞複数形の形態素 -s を過去形の -ed や「た」と比較して、そ
れぞれの習得上のむずかしさを考えます。

　第 3 章では、統語領域における Move α の移動現象の習得について日本語
と英語の比較研究を概観した上で、短距離と長距離の Wh- 移動について考
察します。英語特有の制約である CP-Spec にかかわる［+/−WH］素性の理
解について日本人英語学習者の問題点が取り扱われます。

　第 4 章では、第二言語習得研究の出発点とも言える「再帰代名詞の習
得」についてこれまでの成果を遡ってまとめつつ、「原理とパラミター」
(Principles and Parameters) に則したパラミターの再設定という提案を最
近の言語学の進展に基づいて捉え直し、その結果、何が新たに言えるかにつ
いて探ってみます。

　第 5 章では、顕在代名詞と非顕在代名詞の短距離・長距離束縛変項解釈の
理解に関する調査結果を精査します。代名詞省略 (pro-drop) 言語 (中国語・
韓国語・トルコ語) を母語とする学習者が、日本語の束縛変項解釈を容易に
習得できるかどうかについて検証します。考察では、局所性 (locality) と母
語転移が習得過程でどのような役割をそれぞれ果たすのかを探究します。

　第 6 章では、統語と意味の接点での問題を取り扱います。特に、複雑な構
造を持つ英語の不定詞文、たとえば、コントロール構文、繰り上げ構文、タ
フ 構文における文法項 (argument) とその先行詞との長距離依存関係を日
本人英語学習者が理解できるかどうかについて理論的に説明し、今後の実証
研究の方向性を提案します。

　第 7 章では、日本語と英語のテンス・アスペクトの習得の問題点につ
いて、動詞の語彙素性と文法素性の組成による「素性再組立て」(feature

reassemble; Lardiere 2008）という新たなアプローチを採択することによっ
て、この習得課題の本質をどこまで解明できるかについて説明します。考察
は、進行相と完了相を軸に「意味より形式が習得で先行」という仮説の検証
に沿って進めていきます。

　第8章では、談話において「新情報」対「旧情報」を取り扱うのに日本語
と英語の学習者が名詞あるいは代名詞をどのように用いるかについて、それ
ぞれの母語話者の資料と比較対照しつつ、その特徴を明らかにしていきま
す。ここでは、日本語と英語の対照研究の事実と明示的な指導の効果がどの
ような相互作用を見せるかが興味深い点です。

　第9章では、音韻―統語―談話の接点で生じる問題点として、フォーカス
（焦点）とプロソディの習得について検討します。日本語と英語の学習者を
対象に実施した双方向研究の結果に基づき、学習者にとって「何がなぜむず
かしいか」を理論的に解明しながら、その問題の克服には何をどのように指
導したらよいかを考えます。

　第10章では、日本語と英語の会話における応答ストラテジー（answering
strategy）の習得について解説します。このテーマは第5章の代名詞の用法
にも関連したものですが、これまでの第二言語習得研究ではほとんど取上げ
られていない課題で、今後の方向性という視座から研究成果を分析します。

　最後に、本書で展開した内容のまとめと今後の課題を述べて、本書を終え
たいと思います。

第2章

形態素
——2種類の -s

1. はじめに

　言語習得についてよく知られている仮説に「臨界期説」(critical period hypothesis) があります。Lenneberg が 1967 年に言語習得能力について提唱した仮説で、人間には生物的認知能力の発達との関係で、言語習得に年齢的な限界、つまり「臨界期」が存在するという考え方です。もう少し具体的に説明すると、「臨界期」は思春期 (puberty) までを意味し、臨界期以前に言語を学習し始めた場合、あまり苦労せずにその言語を習得できるのに対して、臨界期以後に言語学習を始めた場合、言語習得は困難なものとなり、完全な習得に至らないという主張です。この臨界期説はもともと母語を習得する上での年齢制限として提唱されたものでしたが、第二言語習得においても適用されると考える研究も多くなりました。

　その発端となった研究は Johnson & Newport (1989) で、彼らはアメリカに平均して 10 年間住んでいた中国語および韓国語の母語話者 46 人の英語習得 (たとえば、WH 疑問文、過去形、3 人称単数の形態素など) について調査しました。その結果、米国に移住してきた年齢 (age of arrival) が 7 歳までの被験者グループはネイティブレベルの英語力を習得できたのに対して、アメリカ入国年齢が 7 歳〜15 歳までの被験者グループは正答率が年齢に反比例して低下し、ネイティブレベルの習熟度までに至らなかったと報告して

8 |

います。また、Johnson & Newport (1991) では、中国語母語話者による英語の下接条件 (Subjacency) の習得について調査した結果、学習開始年齢が高くなるに伴ってこの文法制約に関する理解力が低下したことがわかりました。さらに DeKeyer (2000) では、ハンガリー語が母語の英語学習者に対して文法性判断テストと言語適正テストを実施した結果、年少の被験者はネイティブスピーカーと同じような文法力を持っているようであると述べています。

　このように、第二言語習得では、臨界期以後に学習を始めた多くの学習者は学習を長期間継続してもなかなかネイティブレベルまで到達せず、誤りは持続すると報告されています。この現象を化石化 (Selinker 1972) と言います。たとえば、日本人英語学習者が英語の発話において 3 人称単数の -s を動詞から欠落させてしまう誤りがその現象の一例です (Makino 1981, Shirahata 1988)。第二言語習得研究では、形態素を臨界期以後に学習し始めた場合、なぜ中間言語 (Selinker 1972) のまま化石化されてしまうのか、その要因は何か、そしてこの現象に個人差はないかといった問題点についてこれまで多くの研究がなされてきました。本章では、日本人英語学習者の発話に見られる 3 人称単数と名詞複数形の 2 種類の -s の欠落について調査した結果を再考しながら、第二言語の音韻形態素の誤りは一般的に言われているように本当に改善されないのか、もしそうであれば、それはなぜなのかを考えてみたいと思います。

2.　英語の形態素―2 種類の -s

　私たちが中学校で最初に学習する英語の屈折形態素はおそらく 2 種類の -s だと思います。3 人称単数の -s と名詞複数形の -s です。日本語にないために「気を付けるように」と授業の中で指導されます。この日英語の違いを言語学的に説明すると、英語では「人称」・「数」は主語と屈折要素 (inflection, INFL) の一致によって照合し、名詞は [+/− 複数] の形式素性 (formal feature) を具現化しなければなりません。一方、日本語ではそのような素性照合や具現化は必要ありません。

　たとえば、次のような例を見てみましょう。

(1) a.　John walks/they walk/I walk to the station every day.

　　b.　ジョン／彼ら／私は毎日駅まで歩く。

(2) a.　John has one car/two cars.

　　b.　ジョンは車を 1 台／2 台持っている。

(1a) では、主語が John の時は 3 人称で単数であるため、屈折要素との照合によって動詞に 3 人称単数の -s が付いて walks、they の時は 3 人称で複数のため -s は付かず walk、そして I の時は単数ですが 1 人称のために -s は付かず walk となります。(2a) では、車が 2 台と複数になると -s が付いて cars となります。しかしながら、(1b) と (2b) からわかるように、日本語では主語の人称や数によって動詞が変化することはなく「歩く」で、また名詞が複数になっても「車」でそれぞれ形式に変化はありません。

　このように英語と日本語の間には違いがあるため、2 種類の -s は日本人英語学習者にとって早期の学習課題で、母語の転移という観点から考えれば、習得過程において誤り（error）が予測されます。この予測と関連してこれまでの先行研究で興味深い報告がなされていますので、少し説明しておきます。3 人称単数の -s の正答率は、トルコ語が母語の子どもたちは 46.5%（Haznedar 2001）、ロシア語が母語の子どもたちは 22%（Ionin & Wexler 2002）、そして中国語が母語で長年カナダに在住の大人は僅かに 4.5%（Lardiere 1998a, b）であったと報告されています。ただし、トルコ語が母語の大人の場合、正答率は 81.8% だったそうです（White 2003）。この高い正答率は母語のトルコ語が屈折要素が豊かな言語であるために母語の正の転移が起こったのではないかと考えられています。これらの結果に基づけば、3 人称単数の -s などの形態素の第二言語習得については母語からの転移（正負）が大きく影響するのではないかと理解できます。

3.　3 人称単数 -s

　本節では、日本人英語学習者による 3 人称単数の -s の習得を母語の転移の観点から考えてみましょう。

3.1. Yoshimura & Nakayama (2009a, b) ―日本人大学生

Yoshimura & Nakayama (2009a, b) では、アメリカの大学の短期英語研修に参加した大学生と大学院生 44 人がミシガンテストで書いた 88 編の英作文（合計 803 文）から、ミシガンテスト（100 点満点）で高得点の 15 人（平均 78.1 点）と低得点の 15 人（平均 52.7 点）による英文を摘出し分析しました。表 1 は得点グループ別に 3 人称単数 -s と過去形 -ed の産出と欠落を欠落頻度でまとめたものです[1]。この表からわかるように、-ed と比べて -s の使用には顕著な「バラつき」(variability) が見られますが、このバラつきは習熟度の向上に比例して減少していくことがわかります。これらを図式にしたのがグラフ 1 です。特に低得点グループは被験者の約 40% 以上が -s を産出しなかったのに対して、-ed は約 97% が間違いなく産出していることが着目すべき点です[2]。

表 1　-s と -ed の出現数と欠落数―大学生

グループ	3 人称単数 -s			過去形 -ed		
	産出	欠落	頻度 (%)	産出	欠落	頻度 (%)
低得点 (n＝15)	16	19	41.9	7	2	2.7
高得点 (n＝15)	27	7	12.7	14	3	8.9
合計 (n＝30)	43	26	27.3	21	5	5.8

1　過去形の形態素 -ed の習得については、第 7 章のテンス・アスペクトの章で詳細に説明します。

2　表 1 の欠落頻度 (%) は被験者個人の欠落率 (%) の平均で、被験者グループ全体としての平均欠落率ではありません。たとえば、低得点グループの場合、35 例の中で 19 例に欠落が見られたので、グループ全体の平均は 54.3% になりますが、個人の欠落率の平均は 41.9% になりました。

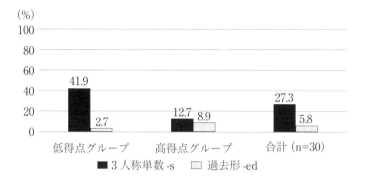

グラフ１　グループ別３人称単数-sおよび過去形-edの欠落率

　また、不規則動詞の欠落例は低得点のグループで８人、高得点グループで５人、計13名の作文に見られましたが、過剰付与は185の動詞の中で僅かに２例でした。(3)～(4)は実際に作文で起こった欠落で、(3)が規則動詞reduce、(4)が不規則動詞haveの例です。

(3)　*But if we use search engine on the internet, it <u>reduce</u> the time …
(4)　*This invention <u>have</u> some positive effects and negative effects.

3.2. 吉村・中山（**2010a**）―日本人の英語ニアネイティブ

　日本人英語学習者がニアネイティブレベルになった場合はどうでしょうか。吉村・中山 (2010a) では、習熟度の極めて高い２人の日本人英語話者の対話 (41分５秒) の資料を分析しました。Aは在米４年10ヶ月、TOEICスコア980点の英会話講師、一方Bは留学経験はなく、TOEICスコアが970点の大学英語教員です。表２はこの２人による３人称単数-sと過去形-edの欠落率をまとめたものです。

表2　-s と -ed の出現数と欠落数―ニアネイティブ

話者	3 人称単数 -s			過去形 -ed		
	有	無	欠落 (%)	有	無	欠落 (%)
A	10	1	9.1	35	5	12.5
B	4	1	20	7	0	0
計	14	2	12.5	42	5	10.6

表2にあるように、2人の対話中、16 の動詞で義務的に -s が必要であった
のに対して、2箇所で欠落しました。平均欠落率は 12.5% でした。これは
表1で見た大学生の低得点グループの 41.9%、また大学生の両グループの
27.3% と比較すると、顕著に低く、過去形 -ed の欠落率と類似した結果とな
りました。つまり、3 人称単数の形態素 -s の習得は日本人英語学習者にとっ
て学習の初期段階ではむずかしいけれども、学習を継続していけば、習熟度
の向上に比例してその習得が進み、高い習得率を達成することができると考
えることができます。

　ただし、一点だけ追記しておくと、このようにニアネイティブでも形態素
の -s や -ed の欠落率が依然として約 10% 前後であった点から、日本人英語
学習者にとって英語の形態素はパーフェクトに運用するのはむずかしく、中
間言語において完全に排除できないことがわかりました。

3.3.　**Wakabayashi (1997)・Wakabayashi et al. (2007)―オンライン調査**

　Wakabayashi (1997) では、オンラインで文法性判断課題 (grammatical
judgment task) と自己速度読解課題 (self-paced reading task) を用いて、
日本人英語学習者による 3 人称単数の -s の習得について調査しました。結
果を分析したところ、中級～上級の学習者は -s が欠落した文ではなく、-s
が過剰生成された文に対して敏感であったと述べています。特に、中級レベ
ルの学習者は数の素性が一致しない (5b, c) に対してではなく、人称の素性
の一致しない (5a) に敏感であったことがわかりました。

(5) a. I hear that you *goes to the pub, but I have never seen you there.

b. I think that Tom and Susan *likes to go to the beach, so I will ask if I can go with them.

c. The teacher thinks the students *likes discussions more than lectures, but this is not true.

Wakabayashi (1997) は数素性に敏感でなく、人称素性に敏感であったという結果について 2 通りの考え方を提示しています。一つは日本語に人称素性の一致はあって、数素性の一致がないためだとする考え方です。もう一つは素性の本質的な違い、すなわち人称素性は名詞潜在的なもので、数素性は任意的なものであるからだとする考え方です。そして動詞の基本形 (bare form) は数素性に欠けるので、-s が欠落した非文法的な文に関して比較的敏感ではなく、その結果、人称素性と異なり数素性の習得は遅くなるのではないかと説明しました。

さて、この見解を支持する研究として Wakabayashi, Fukuda, Bannai & Asaoka (2007) があります。この調査では、ERP (Event-related Potential) (事象関連電位) を用いて数素性と人称素性の習得について実験を行ないました。(6a) のような人称素性の不一致には P600 (0.6 秒後に見られる＋の電位) という統語的に非文法の時に見られる脳の反応が観察されましたが、(6b, c) のような数素性の不一致には P600 が観察されなかったと報告しています。したがって、Wakabayashi (1997) の調査結果、すなわち日本人英語学習者は数素性ではなく、人称素性に対して敏感であることがこの実験でも確認されたことになります。

(6) a. *I answers your letter.

b. *The teachers answers the questions.

c. *Sue and Adam answers our questions.

3.4. Shibuya & Wakabayashi (2008)―オンライン調査

Shibuya & Wakabayashi (2008) では、3 人称単数の -s の「過剰生成」対

「欠落」についてさらに調査しました。手法は自己速度読解課題で、(7) の
ようなテスト文を用いて中級レベルの日本人英語学習者による文法的な文と
非文法的な文の読み時間の違いを分析しました。

(7) a. You eat/*eats a good meal for health everyday.
    b. Tim and Paul bake/*bakes an apple pie every Sunday.
    c. The chefs cook/*cooks the shrimp in butter every time.
    d. These two secretaries get/*gets a cup of coffee for their boss
        every morning.
    e. The child *speak/speaks a lot of English during dinner.

統計的に分析した結果、「文法的」対「非文法的」では (7a, b, d) の読み時
間に有意差があり、(7e) では文法的な文の読み時間の方が有意に長かった
ことが判明しました。ただし、(7c) に違いはありませんでした。

　したがって、Shibuya & Wakabayashi では、日本人英語学習者は (7a) の
非文法的な文の読み時間が長かったので人称素性の不一致に、また (7b, d)
の非文法的な文の読み時間も長かったので数素性の不一致に、それぞれ敏感
であると説明しました。しかしながら、(7c) のように複数形が拘束形態素
-s によってだけ示された場合は比較的敏感ではなく、問題が生じるようだと
分析しました。

3.5.　まとめ

　以上のように、これまでの先行研究では 3 人称単数の形態素 -s は早期の
英語学習において、つまり習熟度が初級レベルの日本人英語学習者にとって
むずかしい問題であることがわかりました。しかしながら、習熟度の上昇に
伴い、学習者はこの -s 付与に敏感となり、次第に誤りが少なくなるという
結果でした。したがって、日本人英語学習者の中間文法ではある一定の習熟
度レベルになると 3 人称単数 -s の知識が定着すると考えることができます。
ただし、この形態素習得は習熟度がほぼ母語話者のものに近いニアネイティ
ブになっても完全な習得にはならないことも判明しました。これは単に運用

上の誤りで、パフォーマンスエラーではないかと考えられます。

4. 名詞複数形 -s

次に、もう一つの -s、名詞複数形の形態素の習得について見てみましょう。3.4 節の最後の部分に複数形の拘束形態素 -s にあまり敏感ではないとありましたが、本節ではこの点についてさらに検証します。

4.1. 吉村・中山 (2010a)

3.1 節で取り上げた大学生と大学院生 44 人によるミシガンテストの英作文 (88 編・803 文) の資料では、名詞の複数形の習得についても調査しました。表 3 は結果をグループ別にまとめたものです。複数形態素 -s の平均欠落率は低得点グループ (ミシガンテスト平均点 52.7/100 点、n＝15) が 30.9%、高得点グループ (78.1 点、n＝15) が 21.9% で、両グループ間の欠落率には統計的に有意差が見られませんでした。

表 3　グループ別名詞複数形 -s の欠落率

グループ	名詞複数形 -s		
	必要数	出現数	欠落率 (%)
低得点 (n＝15)	153	105	30.9
高得点 (n＝15)	156	122	21.9

そこで、この複数形の平均値を 3.1 節で説明した 3 人称単数 -s の平均値とグラフで比較してみました。

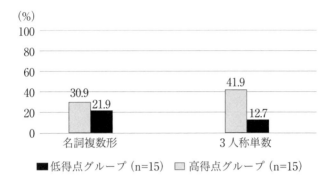

グラフ2　グループ別形態素-sの欠落率―複数形と3人称単数

グラフ2からわかるように、名詞複数形-sは3人称単数形-sと比べると次の2点で異なります―(i) 名詞複数形-sは3人称単数形-sより英語学習の早期段階より比較的容易に習得できること、しかしながら(ii) 英語の習熟度が向上しても、名詞複数形-sは習得が順調に進まないこと。同じ音韻と形態の2種類の-sが日本人英語学習者にとってこのように異なることは興味深い発見です。「なぜか」という課題については、次節で考察します。

それでは、具体的な例を見てみましょう。(8)に挙げた例は学生たちの作文にあった複数形態素-sの欠落した文です。綴りなどの間違いはそのままで引用しておきます。

(8) a. Discoveries and inventions are very important <u>factor</u> for human culure developed.
　　b. Within the last 100 years, <u>human being</u> deveroped their wepons, especially nuclea <u>wepon</u>.
　　c. Also, cellphones have lots of useful <u>function</u> and give us many services like calling, e-mailing, video games, music, <u>map</u> and so on.

下線部からわかるように、学習者は同一文内で複数形を正しく、あるいは誤って使用しています。たとえば、(8c)ではcellphones, services, video games のように -s が正しく現れている名詞もある一方、function や map のように -s が欠落している名詞もあります。この現象は名詞が複数形の場合、原則として -s を付けるという文法知識を日本人英語学習者は中間文法において内在化しているのにもかかわらず、時にはこの知識が適宜に適用されず、問題の形態素が欠落してしまうことを示唆しています。この運用上の「うかつな」誤りは分析した学生たち 30 人の中、26 人 (低得点グループ 14 人、高得点グループ 12 人) に観察されました。

　複数形 -s については、日本人英語学習者にはもう一つむずかしい問題があります。それは可算名詞と不可算名詞の区別です。周知のように、日本語には名詞に関して形式的に可算・不可算といった厳密な区別はなく、また日本語で助数詞 (たとえば、「個」、「枚」、「つ」) を後接できるのに対して英語ではできない不可算名詞 (たとえば、「家具」、「情報」) があり、学習者の混乱する要因となっています。そのために不可算名詞に -s を誤って付加する過剰使用が予測されましたが、実際に使用された不可算名詞の数が少ないこともあり、低得点グループでは 4 人による 7 例 (3.3%)、高得点グループでは 3 人による 8 例 (2.4%) が観察されただけでした。代表的な誤りとして、information や communication 以外に、下線部のような例もありました。

(9)　a.　Television has many good points. So we have to use them effectively, and should learn various <u>knowledges</u> from <u>televisions</u>.

　　b.　Transportation were by <u>ships</u>, by <u>horses</u>, or by walk.

4.2.　Yusa et al. (2014)

　Yusa, Kim, Yusa & Koizumi (2014) では、日本人英語学習者による名詞の数素性の習得について調査しました。日本人の大学生と大学院生 116 人が文章完成課題 (sentence completion task) に参加し、たとえば (10) 〜 (11) のようなテスト文で名詞句を主語に BE 動詞を用いて文を完成させる実験でした (Solomon & Pearlmutter 2004)。分析では、of あるいは with の前置詞句を含む名詞句の主要部 (head) が単数か複数かによって後接する BE 動詞が屈折する点に着目しました。

(10) a.　The drawing of the flower.　　　［単数 -of- 単数］

　　 b.　The drawing of the flowers.　　 ［単数 -of- 複数］

　　 c.　The drawings of the flower.　　 ［複数 -of- 単数］

　　 d.　The drawings of the flowers.　　［複数 -of- 複数］

(11) a.　The drawing with the flower.　　 ［単数 -with- 単数］

　　 b.　The drawing with the flowers.　　［単数 -with- 複数］

　　 c.　The drawings with the flower.　　［複数 -with- 単数］

　　 d.　The drawings with the flowers.　 ［複数 -with- 複数］

　表 4 は被験者 116 人の誤答をまとめたものです。前置詞句と単数・複数名詞の組み合わせに統計的な違いが見られました。英語母語話者は単数−複数の方が、複数−単数よりも間違いが多く、日本人英語学習者は単数−複数と複数−単数の方が、単数−単数と複数−複数よりも誤りが多く観察されました。

表 4　主語の形に対する日本人英語学習者の誤答 (1)

前置詞	of				with			
主要部	単数		複数		単数		複数	
補部	単	複	単	複	単	複	単	複
%	9.5	43	47.9	29	10.1	34.8	45.3	24.7

　Yusa et al. (2014) では、全体的に見て of の名詞句の方が with より間違いが多かったので、この違いが名詞句内の前置詞句が補部 (complement) であるために生じたのかを調べる必要があると考えました。そこで、名詞句内の前置詞句が付加部 (adjunct) となるような with と for を用いて、前回の実験に参加した日本人の大学生と大学院生 116 人を対象にフォローアップの実験をしました。(12) ～ (13) が実験で用いたテスト文です。

(12) a. The assistant for the inspector. ［単数 -for- 単数］

b. The assistant for the inspectors. ［単数 -for- 複数］

c. The assistants for the inspector. ［複数 -for- 単数］

d. The assistants for the inspectors. ［複数 -for- 複数］

(13) a. The assistant with the inspector. ［単数 -with- 単数］

b. The assistant with the inspectors. ［単数 -with- 複数］

c. The assistants with the inspector. ［複数 -with- 単数］

d. The assistants with the inspectors. ［複数 -with- 複数］

　表5は実験の結果をまとめたものです。単数と複数の組み合わせに統計的な違いが生じましたが、前置詞の違いには有意差はありませんでした。前回の実験と同様に、今回の実験でも日本人英語学習者の場合は単数–複数と複数–単数の方が、単数–単数と複数–複数より多くの誤りが見られました。

表5　主語の形に対する学習者の日本人英語学習者の誤答 (2)

前置詞	for				with			
主要部	単数		複数		単数		複数	
補部	単	複	単	複	単	複	単	複
％	10.1	37.6	46.7	22.6	11.3	35.9	45.7	19.7

　これらの実験の結果から、2つのことが明らかになりました。まず、問題の前置詞句が主要部の名詞句にとって補部か付加部で有意差がなかった点から、被験者は名詞句内の統語構造について適切な知識がないことが推測されます。次に、構造が関係ないわけですから、主語が単数か複数かについてはBE 動詞が表層的に線上で後接する名詞が単数か複数かによって BE 動詞が選択されることになります。その結果、単数—複数、あるいは逆に複数—単数の組み合わせに多くの誤りが生じてしまったのではないかと分析することができます。この点を別の角度から見れば、誤りは確かにあったのですが、被験者は主語が単数か複数かに対して文法的に留意し、動詞を選択したと考

えることもできます。つまり、彼らの中間文法では名詞句の統語構造はむずかしくて習得が遅れるのですが、名詞の数素性については基本的な知識を習得していると考えられます。

5. なぜ -s は欠落するのか

　第3節では、3人称単数の -s の誤りは英語の習熟度が向上すれば次第に減少する一方、ニアネイティブになっても誤りは依然として生じることがわかりました。また第4節では、複数形 -s は早期段階から比較的容易に習得でき、基本的な知識を習得して単数か複数かに留意できるにもかかわらず、誤りは完全に無くならないことが判明しました。なぜ -s は欠落するのでしょうか。本節ではこの疑問について第二言語習得の理論的見地から説明します。

　この問題については、これまでの研究においていくつかの提案がなされてきました。その中で主要な仮説を紹介することにします。まず、Eubank et al. (1997) や Beck (1998) は音韻形態素の欠落は中間言語の文法に機能範疇 (functional category) が存在しないために生じるもので、統語文法の問題であると述べました。続いて、Hawkins & Chan (1997)、Hawkins (2001, 2005)、そして Hawkins & Liszka (2003) は母語の習得過程において活性化されなかった形式素性 (formal feature) は第二言語の習得時にアクセスすることができないために習得できないと主張しました。この仮説が「表示欠陥仮説」(Representational Deficit Hypothesis) で、大人の第二言語習得では母語にある機能範疇のみが利用可能であるとする考え方です。

　他方、Haznedar & Schwartz (1997) は第二言語習得の中間文法は機能範疇を有し、統語においては欠陥がないと提案しました。この仮説では、学習者の誤りは抽象的な形式素性から表層上の形態素へマッピングする時に生じる問題であると捉えます (Prévost & White 1999, Lardiere 2000)。Prévost & White (2000) はこのマッピング案をさらに前進させて、「屈折形態素が欠落するのは抽象素性のレベルよりむしろ素性の音声化レベルにかかわる課題である」と考えます。この仮説が「表層屈折要素欠落仮説」(Missing Surface Inflection Hypothesis) で、学習者の誤りはマッピング時に、もう少しわかりやすく言うと、パフォーマンスにおける誤りであるとする見解で

す。

　そして、このマッピング上の欠落仮説をさらにプロソディにおいて説明しようとしたのが「プロソディ転移仮説」（Prosodic Transfer Hypothesis）です。この提案では、-s などの屈折形態素の誤りはプロソディ構造が母語と第二言語の間に齟齬がある場合に生じると主張しました。すなわち、英語の屈折形態素はプロソディ語（prosodic word, PWd）の右端に付加（adjunction）されるので、母語の屈折形態素が同じように PWd に外付け（external）されるのであれば、問題は生じないが、それが PWd の内部（internal）に挿入されるのであれば、母語からの転移が生じるため、習得がむずかしくなると予測しました（White 2003, Goad & White 2004, Goad 2008, Prévost 2008）。

　それでは、第 4 節で提示した日本人英語学習者の 2 種類の -s の習得についてこれらの提案はどのように説明することができるでしょうか。「表示欠陥仮説」は、3 人称単数 -s と複数形 -s が日本語にないために母語習得過程において活性化されず、英語習得過程においてはアクセスできないので習得できないと予測します。しかしながら、その予測に反して、前述の調査では英語の習熟度の向上に伴って誤りが減少し、ニアネイティブになるとほとんど間違いをしなくなることが実証的に証明されました。したがって、「表示欠陥仮説」は日本人英語学習者による英語の 2 種類の -s の習得については妥当な説明を提供することができないという結論となります。

　次に、「プロソディ転移仮説」について考えます。(14) は英語と日本語のプロソディ構造の図式で、英語は形態素を付加し、日本語はそれがないことを表示しています。両者の比較からわかるように、日本語では PWd に付加も挿入もないわけですから、日本人英語学習者の誤りがなぜ起こるかを厳密に説明することはできません。

(14)　a. 英語　PPh　　　　　b. 日本語　PPh

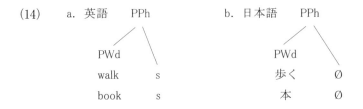

　最後に、表層屈折要素欠落仮説について見てみましょう。日本語には屈折形態素 -s に対応する形態素がないために、抽象素性から音韻形態への音声化でマッピング問題に直面することが予測されます。習熟度が低い日本人英語学習者はこの問題を克服できないため、予測されるように、誤って -s を欠落させてしまうのではないかと考えられます。もしこの説明が適切だとすれば、表層屈折要素欠落仮説は妥当な仮説として認証することができます (Yamazaki 2015)。つまり、日本人英語学習者の -s の問題は中間文法に -s 付与のルールが欠損しているのではなく、単に表層上、すなわちパフォーマンスの誤りから生じるものだとして捉えるわけです。

　日本人英語学習者にとって複数形 -s は 3 人称単数 -s より習得がむずかしく、適切に産出するのには時間を要することが明らかになりました。この事実は表示欠陥仮説やプロソディ転移仮説によって説明できません。表示欠陥仮説では 2 種類の -s は日本語にないので両者ともに産出できない、またプロソディ転移仮説では両者とも PWd に付加する構造となり同様にむずかしいと予測しますが、いずれの予測も実証的な結果と相反します。それでは、表層屈折要素欠落仮説ではどうでしょうか。吉村・中山 (2010a) のデータに基づいて考えてみましょう。

　ミニマリスト・プログラム (極小理論；Chomsky 1995, 2001) では機能範疇が文構造を生成するのに重要な役割を担います。Halle & Marantz (1993) の基本的な立場を取り入れると、名詞屈折詞と動詞屈折詞の -s は PF (phonological form) レベルで T (ense) 下降 (T-lowering; Embick & Marantz 2008)、あるいは接辞移動 (Affix Hopping; Radford 1997, 2009) の操作によって抽象的な素性 [3rd person・singular] が動詞に付与されて、そして素性 [number] が名詞に付与されます。つまり、拡大投射原理 (Extended

Projection Principle, EPP) の素性照合要請 (feature checking) による主語上昇は統語 (narrow syntax) での統合 (merger) によって生じる一方、屈折詞にかかわる抽象的な素性は PF において語彙挿入 (lexical insertion) によって形態音素として具体的に書き出しされます。すなわち、T における時制、人称、数、性の素性の一致は主語の人称、数素の値を受けてチェックされなければならないので、EPP 素性が主語の T-Spec への移動の引き金となり、そして T に時制があれば主格が具現化されることになります。

　この形態音韻化の仕組みを例文 Mary loves her mother を用いて見てみますと、次のようになります。(15a) にあるように、主語の Mary は VP-Spec に現れて、(15b) にあるように EPP 素性のチェックのために T-Spec に移動します。(15a) の T にある人称素 [*u*-Pers] と数素 [*u*-Num] は値が未決定 (unvalued) ですが、(15b) にあるように主語の Mary と一致することで値を受けます (valued)。主語の格は T の時制との一致で主格となります。また Mary の格と T の人称素と数素は解釈不可能ですから、削除されます。

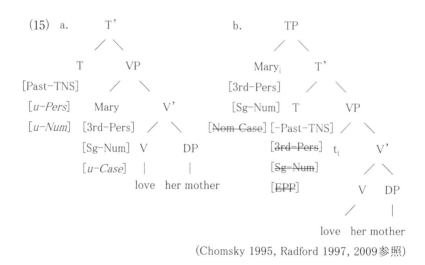

(Chomsky 1995, Radford 1997, 2009参照)

　続いて、(15b) の構造は PF に送られて形態音素が具現化されます。ここでは、Radford (2009) も指摘しているように、語彙化するためには解釈不可能な素性が PF で見えることを前提にする必要があります。英語において

Tの時制屈折形態素はweakなので、(15b)に示したように動詞をVからTに牽引できません。その結果、TはVに下降すると想定しましょう。つまり、T-lowering (Embick & Marantz 2008) あるいは接尾辞がVに移動し (Radford 2009)、(16)に示したように数素性 [Sg-Num] が love の語尾に接辞します。そしてその接尾移動した数素性が形態音素のマッピングによって構造的に loves と書き出しされることになります。

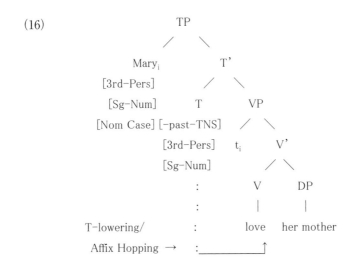

　それでは、このPFでの形態音素の接辞移動とマッピング操作を前提にして第3節と第4節で見た2種類の -s の欠落問題について考えてみます。これらの形態素は習熟度が低い学習者の間でも欠落率は30〜40%で、そのレベルが上昇するに伴って低下していくことが私たちの実験も含めて実証的に明らかになりました（表1・表3）。このことは日本人英語学習者がこれらの形態素に関する知識を段階的に習得できることを示唆しています。また、(8) の英作文で見た現象、すなわち -s の適切な使用と共起する欠落は文法知識があるにもかかわらず、その習得がまだ十分に内在化されていないために、時に不用意に欠落させてしまう「うっかりミス」と捉えることができます。つまり、中級レベルの日本人英語学習者の中間文法は (16) の接辞移動

までは習得できているが、その移動した接辞を運用において -s に具現化することをうっかり忘れてしまったという考え方で、表層屈折要素欠落仮説の予測と一致するものだと考えます。日本語に数素性の形態素がないために母語からの転移を克服しなければなりません。明示的な指導を通して学習し、留意して -s を運用することが必要です。

6. まとめ

　本章では、日本人英語学習者によく観察される 2 種類の -s の欠落に考察の焦点を置いて、日本語に類似した形態音素がないことを踏まえ、誤りの種類、頻度、生起する言語環境等についてこれまでの研究資料を検証しました。その結果、3 人称単数の -s は習熟度の向上と比例して習得が進むことが判明しました。一方、複数形の -s は学習の初期段階から比較的容易に習得できるのですが、習熟度に比例して習得は向上しないことがわかりました。さらに、実証資料に基づいて日本人英語学習者が -s を欠落させてしまう現象を検証した結果、中間文法に機能範疇や機能要素が欠落しているわけではなく、その知識を実際に運用する上で誤って -s を欠落させてしまうと考えました。このことは表示欠陥仮説（Hawkins & Liszka 2003, Hawkins 2005）やプロソディ転移仮説（White 2003, Goad & White 2004, Goad 2008）では妥当な説明を得ることができないと述べました。そして、日本語にこれらの形態素が存在しない点から、母語からの転移もあり、欠落を運用上のうっかりミスだと捉える見解に至りました。これは表層屈折要素欠落仮説（Haznedar & Schwartz 1997, Prévost & White 2000）の予測と一致するものであると説明しました。

第3章

WH-移動

1. はじめに

　言語は、私たちがコミュニケーションの意図や目的に沿って用いることができるように、多様な構文を生成する能力があると考えられています。しかしながら、実際に現れる言語形式や操作は言語間で異なることが可能で、その結果、個別言語にはそれぞれ特有の特徴が存在します。本章では、英語のそのような特徴の一つである WH-移動について日本人英語学習者が習得する過程をわかりやすく説明します[1]。

　まず、簡単な疑問詞疑問文の日英語比較から始めましょう。

(1) a. John bought <u>a new cellphone</u> yesterday.
　　b. *Did John buy <u>what</u> yesterday?
　　c. <u>What</u> did John buy yesterday?

(2) a. ジョンが昨日<u>新しいスマホ</u>を買った。
　　b. ジョンが昨日<u>何</u>を買ったの。
　　c. <u>何</u>をジョンが昨日買ったの。

1　別段の記載がない限り、ここでの WH-移動は顕在 (overt) の操作を意味します。

非文法的な (1b) と文法的な (1c) の対比からわかるように、英語では原則として疑問詞は義務的に文頭に移動しなければなりません。一方、(2b) と (2c) は両文とも文法的な文です。このことは日本語では疑問詞が移動しても、しなくて (in-situ) もよい言語で、移動が随意的であることを示しています。

次に、日本語の随意性は疑問詞のみならず、普通の名詞や後置詞句にも適用されるので、非疑問詞も移動して文頭に現れます。

(3) a. <u>新しいスマホを</u>ジョンが昨日買った。
    b. <u>マリーから</u>ジョンが手紙を受け取った。

(3a) では、名詞句「新しいスマホを」が目的語の位置から、また (3b) では、後置詞句「マリーから」が動詞句内の位置からそれぞれ文頭へ移動しました。両文とも文法的な文です。

このように、英語も日本語も移動が可能で[2]、両言語間の根本的な違いはその移動が義務的か随意的か、そして移動する句が疑問詞か非疑問詞かにあると言えます。これらの違いに着目して、英語は疑問詞句が移動する WH-移動 (Chomsky 1957, Ross 1967)、日本語は句が移動するスクランブリング (Haig 1980, Kuroda 1983) と一般的に区別して呼ばれるようになりました。第二言語習得研究において検証すべき点は、この「WH-移動」対「スクランブリング」の違いが日本人英語学習者が WH-移動を習得する過程で影響を与えるかどうか、与えるとしたらどのような影響であるかという課題です。これらの課題を中心にして、WH-移動がスクランブリングと異なるとする議論を確認していくことにします。

2. 理論的背景—WH-移動とスクランブリング
2.1. 移動—「義務的」対「随意的」

本論に入る前に、WH-移動とスクランブリングについて言語学的な説明

---

2 Move α (alpha) の適用によって移動が起こると想定されています (Lasnik & Saito 1984)。

第 3 章 WH- 移動 | 29

を簡単にまとめておきましょう。第一に想定することは、移動はコピーと削
除の操作 (Chomsky 1993, 1995) から構成されて、短距離と長距離が可能で
ある点です[3]。(1c) と (2c) は短距離移動の例で、取り消し線で示したように、
疑問詞がコピー・削除されます。

(4) a. [What did [John buy ~~what~~ yesterday]]? (= (1c))
　　b. [何を [ジョンが昨日~~何を~~買った]] の。(= (2c))

　次に、長距離移動の例ですが、この場合には疑問詞のコピー・削除が 2 回
生じると考えられます。

(5) a. Mary said that John bought a new cellphone yesterday.
　　b. What did [Mary say [~~what~~ that John bought ~~what~~ yesterday]]?
　　c. *Did Mary say [what John bought ~~what~~ yesterday]?

つまり、WH 句は補文節の文頭に、そして主文節の文頭にそれぞれコピー・
削除されると想定するわけです[4]。ただし、(5c) は文法的な文ではなく、英語
ではこの場合 WH 句が中間に留まることができないことがわかります。一
方、日本語のスクランブリングでは、(5b) と同様に、コピー・削除を 2 回
操作してもよいし (6b)、あるいはコピー・削除の操作が 1 回適用されて疑
問詞句が補文節の文頭に留まってもよく、(6c) は (5c) と異なり文法的な文
となります。

(6) a. マリーは [ジョンが昨日新しいケータイを買ったと] 言ったの。

3　本章では、ミニマリスト・プログラムの理論的枠組みにおいて「移動」を捉え、「コ
ピー・削除」―移動先に WH 句がコピーされて、移動元で WH 句が削除される―の操作
として議論を進めていきます。以前の統語理論ではこの移動元で削除されるべき WH 句が
「痕跡」として分析されていました (Chomsky 1981)。

4　この移動を連続循環移動 (successive cyclic movement; Chomsky 1973, 2000, Barss
1986) と呼びます。

b. 何を［マリーは［何をジョンが昨日何を買ったと］言った］の。

c. マリーは［何をジョンが昨日何を買ったと］言ったの。

WH–移動とスクランブリングを Radford（2009）や Saito（1985）の提案に沿って図式にまとめると、次のようになります。（7）が英語、（8）が日本語、そして a 文が短距離移動、b 文が長距離移動です。

(7) a. $[_{CP}\ [_{SPEC}\ \text{WH}]\ [_{TP}\cdots\text{WH}\cdots]]$ $(=(1c))$

   b. $[_{CP1}\ [_{SPEC}\ \text{WH}]\ [_{TP1}\ [_{CP2}\ [_{SPEC}\ \text{WH}]\ [_{TP2}\cdots\text{WH}\cdots]]]]$ $(=(5b))$

(8) a. $[_{TP}\ 何\ [_{TP}\cdots何\cdots]]$ $(=(2c))$

   b. $[_{TP1}\ 何\ [_{TP1}\ [_{CP}\ [_{TP2}\ 何\ [_{TP2}\cdots何\cdots]]]]]$ $(=(6b))$

WH–移動は CP 節の主要部（SPEC）の位置に、一方スクランブリングはオリジナルの TP 節の文頭に移動するのが基本的な考え方です[5,6]。つまり、これらの顕在 WH–移動は統語部門（narrow syntax）で起こり、（7）～（8）の派生構造は書き出し（Sell-Out）の領域において表示されると想定して（Chomsky 1995）、検証を進めていきます。

2.2.　問題点

それでは、日本人英語学習者にとって何が習得上の問題点となるでしょうか。前節で概観した WH–移動とスクランブリングの操作に基づいて考えてみます。まず、基本的な問題点は（1b）と（2b）の対比で見たように in-situ を容認しない WH–移動の義務性にあります。次に、（5c）と（6c）の対比を図式化した（9）からわかるように、（9a）と異なり（9b）が容認されるという齟齬が問題点となります。つまり、WH 句の移動が補文節内で終了してし

5　CP＝complementizer phrase（補文句）、TP＝tense phrase（時制句）、SPEC＝specifier（指定部）。

6　スクランブリングによって句が文頭のどの位置に移動するかについては、TP の付加部（Saito 1985）と TP の指定部（Yoshimura 1989, 1992）という 2 つの考え方がありますが、ここでの議論には影響がありません。

まうかもしれないという可能性です。

(9) a. $*[_{CP1} [_{TP1} [_{CP2} [_{SPEC}$ WH$] [_{TP2}\cdots$~~WH~~$\cdots]]]] (= (5c))$

　　b. $[_{TP1} \cdots [_{CP} [_{TP2} \cdots$ 何 $[_{TP2}\cdots$ 何 $\cdots]]]] (= (6c))$

　ここでもう一つの問題点が浮上してきます。それは、英語の場合、動詞の種類によって (9a) のような部分的 WH–移動 (partial WH-movement) を容認する構文も存在することです。たとえば、(10) に示したように、ask やwonder は say や think と異なり、WH 句が主文節の Spec-CP ではなく補文節の Spec-CP に留まることを要求する動詞です。移動した場合、(10a') のように、非文法的な文となります。

(10) a.　Mary asked/wondered what John bought yesterday.

　　a'.　*What did Mary ask/wonder John bought yesterday?

　　b.　*Mary said/thought what John bought yesterday.

　　b'.　What did Mary say/think John bought yesterday?

　つまり、英語には (11) のような制約があって、WH 句の連続循環移動の有無は主文節の動詞が補文節の Spec-CP の WH 素性に [+] か [−] かを選択することによって決定されるのです。

(11)　$[[_{SPEC}] [_{C'} [+/-WH]]]$

この制約は日本語に存在しないため、これを適切に選択できるかを調査する必要があります。

　このように、日本人英語学習者が WH–移動を習得する時に直面すると予測される 3 つの問題点は、この義務性について適切に理解できるかどうかに集約されます。本章では、先行研究で明らかになった点を概観し、私たちが行なった実験の結果を紹介します。そして、その結果の分析に基づいて 3 つの問題点を考えながら、日本人英語学習者の WH–移動の習得過程をわかり

やすく解説します。

3. 先行研究―前置詞残留と随伴
3.1. Hawkins & Hattori (2006)―WH-スクランブリング仮説

　最初に取り上げるのは Hawkins & Hattori (2006) の研究です。この調査では、(12) のような WH-移動で生じる優位性効果 (superiority effect; Chomsky 1973) を日本人英語学習者が習得できるかを検証しました。たとえば、次のような文が問題となりました。

(12) a. 　What did you say the students ate where?

　　 b. 　*Where did you say the students ate what?

(13) a. 　[What did you say [~~what~~ the students ate ~~what~~ where]]?

　　 b. 　*[Where did you say [~~where~~ the students ate what ~~where~~]]?

これらの文は文中に 2 つの WH 句がある多重疑問詞疑問文で、(13) に示したように、(12a) では目的語の what が主文節の文頭にコピー・削除されて、副詞句の where は基底生成の位置に留まり、(12b) では逆に where が文頭にコピー・削除されて、what が目的語の位置に留まっています。その結果、(12a) は文法的で、(12b) は非文法的となりました。この文法性の違いは (12b) (= (13b)) が優位性の制約に違反しているために生じた結果だと考えられます。

　Hawkins & Hattori の分析では、移動は最短牽引条件 (Attract Closest Principle) に従わなければならず、その条件に違反した場合、「優位性効果」が生じるという考え方を前提にしました。

(14) 　最短牽引条件 (Radford 2004)

　　 A head given kind of constituent attracts the closest constituent of the relevant kind.

(12) の例では、主文節の主要部 Spec-CP により近いのは where でなく、

what ですから、(12a) は最短牽引条件を満たした文法的な文、一方 (12b) はその条件に違反するため、優位性効果によって非文法的な文となります。

　実験には、英語習熟度レベルが高い日本人英語学習者が参加しました。実験文はすべて 2 つの節から構成されたもので、(12) に加えて (15) も含まれていました。

(15) a.　Who did John suspect had stolen what?
　　 b.　*What did John suspect who had stolen?

Hawkins & Hattori の調査では、優位性効果のために、(12b) と (15b) は非文法的な文だとして排除しなければならなかったのに、被験者たちは文法的な文と判断しました。この結果に基づき、日本人英語学習者は WH–移動を習得しているように見えるが、実際に習得しているのは WH–スクランブリングであると主張しました。彼らの主張が正しいとすれば、たとえば疑問文 'What did you buy at the store?' について、日本人英語学習者が習得しているのは (16a) ではなく、(16b) ということになります。

(16) a.　$[_{CP} [_{C'} [_{SPEC} What]$ did $[_{TP}$ you buy ~~what~~ at the store]]] ?
　　 b.　$[_{CP} [_{C'} [_{TP} [_{SPEC} What]$ did $[_{TP}$ you buy ~~what~~ at the store]]]] ?

重要な違いは、what が (16a) では Spec-CP、(16b) では Spec-TP にコピー・削除されている点です。

　このように、Hawkins & Hattori の主張は第二言語習得において極めて重要な意味を持ちます。なぜなら、彼らの分析が正しいとすれば、日本人英語学習者は英語の習熟度が上級レベルになっても決して WH–移動を習得できないということになるからです。つまり彼らの基本的な考え方は表示欠陥仮説 (Representational Deficit Hypothesis; Hawkins 2001, Hawkins & Liszka 2003) に基づいて、「母語習得で活性化しなかった解釈不可能な素性 (uninterpretable features) は第二言語習得では習得できない」という立場を取るからです。この立場に立てば、日本人英語学習者は WH–移動ではな

34 |

く、日本語からスクランブリングを転移し、WH-スクランブリングを習得することとなります。この主張は日本人の英語習得研究において大きな影響を与えるものですが、その妥当性については検証の余地が十分に残されているかと思われます[7]。

3.2. Kaneko (2005)・Yamashita (2007)
3.2.1. 問題の所在―文法のモジュール性

そこで、日本人英語学習者の習得は WH-スクランブリングという大きな問題についてもう少し注意深く考えてみましょう。最初に着目すべき点は、Hawkins & Hattori では実験文が［主文節 + 補文節］の 2 つの節からなる文で、WH-移動は補文節から主文節の文頭に移動する操作でした。つまり、WH 句が長距離に移動するのを学習者が適切に理解していることを前提とする実験でした。しかしながら、学習者は義務的な長距離移動を十分に理解していないかもしれません。WH-移動か WH-スクランブリングかの問題の前に、義務的長距離移動の知識を実際に習得していたかを調べる必要があります。2 つ目の問題点は、Hawkins & Hattori では最短牽引条件 (14) の習得が WH-移動の習得であると考えましたが、果たしてそうでしょうか。この条件は文中に複数の疑問詞がある場合にそれらの作用域の相互作用(scope interaction) にかかわるもので、コピー・削除の操作ではなく、LF (logical form) レベルでの解釈の問題です[8]。要するに、統語領域での派生結果は書き

---

7 Umeda (2005) では、WH 句の凍結効果 (freezing effect) と再構築効果 (reconstruction effect) の理解について調査しましたが、習得できないという結果は得られなかったと説明しています。

(i)　a.　Who asked Brian where he drank coffee?
　　b.　John is wondering which picture of <u>herself</u> <u>Kate</u> likes the most.

実験に参加した日本人英語学習者の大半が who が where よりも作用域が大きいこと (ia)、また herself の先行詞を Kate と理解できたこと (ib) に基づき、Hawkins & Hattori の主張に対して疑問を呈しました。

8 LF (論理形式) は、意味・解釈を取り扱う領域です。統語領域で派生した文構造が論理的な解釈のためにこの領域に送られてくると想定されています。

出し以降に意味解釈の領域に至り、そこでそれが解釈可能かどうかを判断すると考えれば、日本人英語学習者が（12b）と（13b）を適切に排除することができなかったことは、統語領域で WH-移動ができないのではなく、コピー・削除はできるが、その結果を論理形式領域で解釈できないのかもしれません。このことを文法のモジュール性（Chomsky 1986）の観点から説明すると、Hawkins & Hattori で明らかになった日本人英語学習者の誤りは統語領域での移動の問題ではなく、意味解釈領域における不十分な習得から生じたものとして捉え直すことができます[9]。

　それでは、日本人英語学習者は統語領域での WH-移動、つまりコピー・削除の操作が果たしてできないのでしょうか。この課題について、先行研究でわかったことを概観してみましょう。

3.2.2.　長距離 WH-移動

　Kaneko（2005）では、長距離 WH-移動の理解と産出について日本人の高校生を対象に 3 つの実験を実施しました。第 1 回目の実験では、次のような対となる実験文を用いて高校生 112 人に文法性判断テストを行ないました。

(17) a.　John asked Mary what she bought for her mother.

　　 b.　*John asked Mary she bought what for her mother.

(18) a.　*Do you think when your son is coming home?

　　 b.　When do you think your son is coming home?

正答率が短距離移動の文（17a）では 70%〜79.6% で、長距離移動の文（18b）では 35.7%〜44.3% でした。これらの実験結果から、WH 句が残留する in-situ（17b）は正しく排除できましたが、長距離移動（18b）は正しく容認できないことがわかりました。

9　文法のモジュール性から第二言語習得を解説した論文に、たとえば Lardiere（2009）や White（2011）、Slavakoba（2014）があります。特に Nakayama & Yoshimura（2015）では日本人英語話者による英語習得および非母語話者による日本語習得について実証的な結果に基づき文法のモジュール性を解説しています。

第 2 回目の実験では、WH 句の産出について調査しました。被験者は第 1 回目の実験と同じ高校生 112 人で、次のような文 (19a) で下線部が答えとして出てくるような WH 疑問文 (19b) を発話するように指示されました。

(19) a.　Sam said Mary had <u>a cute dog</u>.
　　 b.　What did Sam say Mary had?

正しい答えは長距離移動の疑問文でしたが、112 人の平均正答率は 19.1% でした。最も多かった答えは WH 句が中間で留まった次のような疑問文 (20) で、約 60% の産出率でした。

(20) a.　*Did Sam say what Mary had? (21.9%)
　　 b.　*Sam said what Mary had.　　(37.3%)

これらの結果に基づき、日本人の高校生は WH 句を文頭に移動しなければならない点は理解しているが、連続循環によって長距離移動をしなければならない点はまだ習得していないと Kaneko (2005) は分析しました。
　このような中間 WH-移動は英語の母語習得研究で指摘されている現象 (de Villiers, Roeper & Vainikka 1990, Crain & Thornton 1998, Wakabayashi & Okawara 2003) とまったく類似したものでした。すなわち、(20) のような誤った疑問詞疑問文は決して不可解な現象ではなく、習得過程で見られる普遍的なもので、この結果は日本人英語学習者が WH-移動の基本操作は習得していることを示すものだと理解することができます。これらは運用能力が不十分で、移動操作の途中に産出してしまった文です。
　第 3 回目の実験では、Kaneko は前回の実験で長距離移動を産出できた高校生 32 人に対して再帰代名詞の理解を調査しました。実験で用いたのは、たとえば、次のような文です。

(21)　Which pictures of himself does John think that Bill likes?

質問では himself が誰を指すかを尋ねました。平均回答率は、John が
31.8%、Bill が 36.4%、John か Bill が 13.6% でした。つまり、81.8% が WH 句
which pictures of himself を (22) のように再構築できたということを示し
ています (注 7 参照)。

(22) ［Which pictures of himself~i/j~ does John~i~ think ［~~which pictures of~~
~~himself~~~i/j~ that Bill~j~ likes ~~which pictures of himself~~~i/j~］］?

このことから、Kaneko は参加した高校生の約半数 (45.4%) が連続循環
WH-移動を理解していると分析しました。

　以上、Kaneko の一連の実験から得た結果をまとめると、短距離移動につ
いては高校生レベルで習得がほぼ完了しているが、長距離移動については未
だに習得過程であるということになります。この調査結果は、長距離 WH-
移動を再構築できる高校生がいたという事実も含めて、Hawkins & Hattori
の随意的な WH-スクランブリングの仮説では的確に説明できないことが明
らかになりました。

3.2.3.　前置詞残留構文

　WH-スクランブリングの仮説では説明できないもう一つの WH-移動現象
に前置詞残留 (preposition stranding) があります。次のような英語と日本
語の例文を見てみましょう。

(23) a.　Who do you want to work with?
　　 b.　With whom do you want to work?
(24) a.　*誰 (あなたは) と仕事したいですか。
　　 b.　誰と (あなたは) 仕事したいですか。

英語では、前置詞を元の位置に残したまま、WH 句のみを移動することが
可能です。(23a) がその前置詞残留構文です。さらに英語では WH 句が前
置詞を伴って移動することも可能です。(23b) がその構文で、一般的に前置

詞随伴構文（pied-piping）と呼ばれています。他方、日本語を見てみると、(24) の例文からわかるように、前置詞随伴構文 (24b) は可能ですが、前置詞残留構文 (24a) は容認されません。したがって、Hawkins & Hattori の主張、つまり WH-移動でなく WH-スクランブリングであるという仮説に従えば、日本人英語学習者は (23a) のような前置詞残留構文を容認しないと考えられます。

　Yamashita (2007) では、この点について検証しました。実験には高校生 37 人と大学 3 年生 31 人が参加し、(23) のような実験文について文法性判断テストを受けました。平均正答率は、前置詞残留構文で高校生は 81.4%、大学生は 88.4%、前置詞随伴構文で高校生は 71.9%、大学生は 71.3% でした。これらの結果は、日本人英語学習者にとって前置詞残留構文の方が前置詞随伴構文より習得が容易で、前置詞残留構文は英語習熟度の上昇に伴って習得が向上することがわかりました。WH-スクランブリングによる予測は支持されませんでした。この点を踏まえ、Yamashita は日本人英語学習者が習得するのは (25) にあるような WH-移動だと説明しました[10]。

(25) a.　$[_{CP}[_{SPEC}$Who] do you want $[_{CP}[_{SPEC}$~~who~~] to work with ~~who~~]]?

　　b.　$[_{CP}[_{SPEC}$With whom] do you want $[_{CP}[_{SPEC}$~~with whom~~] to work ~~with whom~~]]?

4.　長距離 WH-移動習得の問題点

　前節で概観した先行研究の結果から、日本人英語学習者にとって長距離 WH-移動の習得がむずかしいことがわかりました。そこで、何がそのむずかしさの根底にあるのかを調査する必要があります。そこで、私たちは 3 つの実験を継続して行ないました（吉村・中山 2010a, b, Yoshimura & Nakayama 2011）。本節では、その中の 2 つの実験について説明し、これらの結果から何が見えるかを解説したいと思います。

10　Yamashita (2010) では、「統率と束縛」(Government and Binding) に基づき、WH-移動は削除された WH 句の位置に痕跡が残ると想定しました (本章注 3 参照)。

4.1. 実験 1—大学生
4.1.1. 手法—マグニチュード推定タスク

　最初の実験では、「短距離 WH-移動」対「長距離 WH-移動」について日本人英語学習者の理解を検証しました。手法はマグニチュード推定タスク（Magnitude Estimation task; Bard, Robertson & Sorace 1996）で、被験者は基本文（norm sentence）の容認性に数値を与え、その数値に基づいてテスト文の容認性を判定するように指示されました。たとえば、ある被験者が基本文（26a）についてその容認性を 10 と判定した場合、この数値がベースとなり、2 つの文の容認性を判定します。（26b）に 10、そして（26c）に 2 と判定したとしましょう。これらの数値からベースの 10 に基づき対数（legalism）を算出しますが、（26b）は 10 ですから 1 に、（26c）は 2 ですから 0.3 に変換されます[11]。

(26) a.　We walk to the station every morning.　　　（基本文（ベース））
　　 b.　Lee's dog barked at me.　　　　　　　　　　（対数変換値 1）
　　 c.　Well grew babies.　　　　　　　　　　　　　（対数変換値 0.3）

変換数値 0.3 は（26c）が（26a）と比較してどの程度非容認的であるかを示しています。このように、これら 3 つの数値は被験者によって異なって設定されますので、対数変換によって得るスコアが分析対象となります。

4.1.2. 被験者・実験文

　実験には、英語母語話者 20 人からなるコントロールグループ[12]と日本人英語学習者の大学生 16 人からなる 2 つの学習者グループ（低習熟度グルー

11　容認性判定テストはさまざまな心理的要因によって話者間（interspeaker）あるいは話者内（intraspeaker）で数値にバラつき（variation）が生じる傾向にあると一般的に言われています。マグニチュード推定タスクはこれらのバラつきを統計的に是正し、テストスコアの可変性を最小限にして信頼性を高めるテスト方法です。詳細は Heycock, Hansen & Sorace (2007) を参照してください。

12　統制群ともいいます。本書では原則として、学習者のグループの実験の結果と比べるために設定する、母語話者のグループを指します。

プ＝8人（TOEIC 平均点 575・標準偏差値 146.53）、高習熟度グループ＝8人
（TOEIC 平均点 834・標準偏差値 78.58））が参加しました。両学習者グルー
プ間の TOEIC スコアには有意差（t (14) ＝ -4.412, p<.001）がありました。

　実験で使用した文は 45 文で、その中の 15 文が疑問詞疑問文でした。その
内訳は WH-in situ が 3 文、ask の疑問文が 6 文、そして think の疑問文が 6
文でした。

(27) a.　Describe what happened when you went to Osaka.　（WH-in situ）
　　 b.　*Susan sent what to her mother the other day.
(28) a.　Did you ask what John was doing at the library?　　（ask 疑問文）
　　 b.　*Which book did you ask Lauren liked most?
(29) a.　What do you think Jennifer bought for her mother?（think 疑問文）
　　 b.　*Did Joe think who prepared the dinner?

今回の調査では、すでに (10) で見たように、(11) の条件、つまり主文節の
動詞が補文節の Spec-CP に ［+WH］あるいは ［-WH］を要求するかによっ
て、WH 句が補文節の Spec-CP で留まるか、あるいは補文節を出て主文節
の Spec-CP に移動するかの区別が生じますが、この移動の違いを適切に理
解できるかどうかが調査の焦点でした。

4.1.3.　結果

　表1にまとめた実験結果を考察してみましょう。

表 1　文タイプ別容認性判定結果—大学生

文タイプ	WH-in situ		ask		think	
例文	(27a)	(27b)	(28a)	(28b)	(29a)	(29b)
コントロール	1.01	0.7	0.93	0.63	0.99	0.69
学習者	0.96	0.64	0.9	0.74	0.81	0.73

まず (27) の WH-in situ について、学習者グループはコントロールグループ

と同じく what が移動せず、元の目的語の位置に留まった文（27b）を容認性が低いと適切に判定しました。次に、ask 構文において、学習者グループはコントロールグループと同じく what を補文節の Spec-CP まで移動し、そこに留まった文（28a）を容認性が高く、一方 which book を主文節の Spec-CP まで移動した文（28b）を容認性が低いとそれぞれ適切に判定しました。学習者グループは、この容認性の高低の判定について習熟度別の違いはありませんでした（低習熟度グループ：0.91 対 0.73, t(46)＝3.237, $p<.002$、高習熟度グループ：0.90 対 0.74, t(46)＝2.528, $p<.015$）。しかしながら、think 構文では学習者グループはコントロールグループと異なり、(29a) と (29b) を区別して判定できませんでした（0.81 対 0.73, t(94)＝1.315, $p<.192$）。ただし、この違いを区別できなかったのは高習熟度グループではなく（0.84 対 0.60, t(46)＝2.408, $p<.020$）、低習熟度グループでした（0.78 対 0.87, t(46)＝−1.804, $p<.078$）。したがって、日本人学習者は習熟度レベルが英検 2 級（あるいは CEFR B1）[13] の段階では ask と think の区別ができず、まだ連続循環 WH–移動を習得していないということがわかりました。この結果は、前節で見た先行研究の結果と一致したものでした。

　これらの実験結果に基づいて日本人大学生の中間言語の文法についてわかる点をまとめると、次のようになります。(i) Spec-CP に素性 [+WH] が存在する場合、WH–移動が義務的な操作として起こることは文法知識として習得しているため、WH-in situ を容認せず、短距離 WH–移動が生じます。しかしながら、(ii) 習熟度が低い大学生の場合、補文節の Spec-CP の素性 [WH] が [+] あるいは [−] であることの重要性をまだよく理解していないため、それが [−] であるのにもかかわらず、連続循環 WH–移動を適用できず、WH–移動が補文節の Spec-CP に留まる結果となってしまい、制約 (11) の違反が起こります。ただし、(ii) の問題は中間言語が向上すれば解決される傾向にあることがわかりました。

13　CEFR＝Common European Framework of Reference for Languages（ヨーロッパ言語共通参照枠）。B1 は身近な話題について主要な点を理解し、筋の通った簡単な文章を作ることが可能で、たいていの事態に対処することができるレベルだと説明されています。

4.2. 実験2─英語教員

4.2.1. 被験者・実験文

以上の結果を踏まえて、第2の実験では、日本の中学校と高校で英語を教えている日本人教員 16 人[14] を対象に長距離 WH-移動について調査しました。実験文は前回のものに類似した 50 文で、その中の 15 文が疑問詞疑問文で、WH-in situ 3 文、ask WH 構文 4 文、think/say WH 構文 8 文でした。

(30) a.　Describe what happened when you went to Osaka. (= (27a))

　　　b. * Did David say whose house Bobby visited last night?

(31) a.　Did you ask what John was doing at the library? (= (28a))

　　　b. * Did Harry ask you Deb cooked what yesterday?

(32) a.　What does Cathy believe your friend drank?

　　　b. * Did Jay think what Amy drank this morning?

4.2.2. 結果

表2はこの実験の結果をまとめたものです 。

表2　文タイプ別容認性判定結果─英語教員

文タイプ	WH-in situ		ask		think	
例文	(30a)	(30b)	(31a)	(31b)	(32a)	(32b)
コントロール	1.01	0.7	0.93	0.63	0.99	0.69
教員	0.99	0.66	0.99	0.64	0.89	0.66

英語教員は、コントロールグループと同じく、(30) ～ (32) における対の文の容認性について有意差を示しました (t (38) ＝7.655, p<.000, t (62) ＝6.496, p<.000, t (62) ＝3.462, p<.001)。このことは、英語教員の中間言語の文法が習熟度の低い大学生グループのそれと異なり、補文節の Spec-CP が [+WH] か [−WH] かを適切に認識し、その制約に応じて WH-移動を短距離あるい

14　10年以上英語を教えている日本人教員。

第 3 章　WH- 移動 ｜ 43

は長距離として選択できることを示唆します。

4.2.3.　考察
　それでは、英語教員の中間言語の文法は英語母語話者の文法に類似したレベルに到達しているのでしょうか。たとえば、次の 3 文の容認性判定に関するマグニチュード推定タスクの変換対数を統計的に比較してみましょう。

(33) a.　What do you think Jennifer bought for her mother?

　　b.　What does Cathy believe your friend drank?

　　c.　*Which book did you ask Lauren liked most?

　まず、英語教員は文法的な think 文（たとえば、(33a) ＝ (29a)）に対して 0.88、非文法的な ask 文（たとえば、(33c) ＝ (28b)）に対して 0.78 と判定し、有意差が見られました（t (94) ＝ 2.068, p <.041）。次に、英語教員グループと英語母語話者グループの間で (33a) と (33b) を比較した結果、有意差が見られました（0.98 対 0.88, t (106) ＝ 3.633, p <.000）。これらの結果から、日本人英語教員の中間言語の文法は基本的には ask 構文と think 構文を区別できますが、補文節からの「短距離」対「長距離」の WH–移動、つまり連続循環 WH–移動の有無についてはまだ英語母語話者のレベルには達していないことがわかりました。

5.　まとめ
　本章では、英語の特徴の一つである WH–移動の習得について説明しました。まず、日本語のスクランブリングと WH–移動の根本的な違いはその操作が「義務的」対「随意的」にあることを確認した上で、その違いを最新の統語理論、ミニマリスト・プログラムの枠組みでコピー・削除として捉え直しました。ここで指摘されたのが長距離 WH–移動において補文節の Spec-CP の WH 素性に関する問題点でした。それは主文節の動詞が [+] か [−] の WH 素性を選択し、その選択が連続循環 WH–移動の有無を決定するという、日本語にない、英語特有の制約 (34) を日本人英語学習者が問題なく習

得できるかどうかでした。

(34) a.　［$_{CP1}$［$_{SPEC}$WH］［$_{TP1}$ think/say［$_{CP2}$［$_{SPEC}$~~WH~~］［$_{TP2}$…~~WH~~…］］］］］

　　b.　［$_{CP1}$［$_{TP1}$ ask/wonder［$_{CP2}$［$_{SPEC}$WH］［$_{TP2}$…~~WH~~…］］］］］

　続いて、これまでの先行研究を概観していく過程で日本人英語学習者にとって極めて重要な仮説が提示されたことがわかりました。それは、Hawkins & Hattori (2006) が主張した WH–スクランブリング仮説で、日本人英語学習者が習得するのは WH–移動 (34) ではなく、WH–スクランブリング (35) とする見解でした。

(35) a.　［$_{TP}$［$_{SPEC}$WH］［$_{TP}$…~~WH~~…］］ (短距離)

　　b.　［$_{TP1}$［$_{SPEC}$WH］［$_{TP1}$［$_{CP}$［$_{TP2}$［$_{SPEC}$~~WH~~］［$_{TP2}$…~~WH~~…］］］］］ (長距離)

WH 句が移動する着地点は Spec-CP ではなく、Spec-TP だとする提案です。この考え方は日本人英語学習者にとって大きな意味を持つ挑戦で、再検証する必要がありました。

　そこで、まず問題となったのは長距離移動を適切に理解しているかどうかで、この点を先行研究での調査結果から遡ってみたところ、日本人の高校生レベルでは長距離 WH–移動についての文法知識は未発達で定着していないことがわかりました (Kaneko 2005)。さらに、日本人英語学習者にとって、日本語に存在する前置詞随伴構文より日本語にない前置詞残留構文の方が習得が容易であるという研究結果 (Yamashita 2007) を見ました。これらの点を鑑みれば、WH–スクランブリング仮説が疑問視されるべきだと指摘しました。

　この指摘を踏まえて、日本人英語学習者の長距離 WH–移動の習得を防げる要因の所在を私たちが行なった 2 つの実験結果から考察しました。ここで再確認されたのが (34) に述べた think 構文と ask 構文の区別、すなわち補文節の Spec-CP の［+/−WH］の理解の問題でした。中級レベル以下の日本人学習者の中間言語文法はこの制約についての知識がまだ内在化していない

ために、実際の言語使用において長距離 WH-移動を適切に運用できないという結論に至りました。ただし、この文法知識は中間言語の向上に伴い習得が進むことがわかりました。

　最後に、Hawkins & Hattori (2006) の成果が示した点についてもう少し補足しておきます。第 2 節で述べたように、彼らの実験では日本人英語学習者にとって LF レベルでの WH 作用域の解釈が極めてむずかしい点がわかりました。たとえば、多重疑問詞疑問文における優位性の問題は上級レベルになってもなかなか習得できないことが明らかとなりました。LF レベルでの問題はコピー・削除の統語レベルでの操作とは区別して取り扱われなければならない点を Hawkins & Hattori の研究は実証的に示唆したものだと考えることができます。すなわち、Nakayama & Yoshimura (2015) で述べたように、第二言語習得研究は文法のモジュール性に留意して進めていくことが重要で、習得過程を適切に把握するためにはこのことが不可欠であることを強調しておきたいと思います。

第4章

再帰代名詞の解釈

1. はじめに

　第二言語習得研究の領域で早期に取り上げられた研究テーマの一つに再帰代名詞の束縛 (reflexive binding) があります。この研究は 1960 年代からの生成文法 (Generative Grammar) の進展の中で Chomsky (1981) が提案した「原理とパラミター」(Principles and Parameters) の理論に基づき行なわれるようになった調査で、第二言語学習者がパラミターの値を母語から第二言語へと適切に再設定 (parameter resetting) できるかどうかが考察の焦点でした。このパラミター値再設定仮説の背景には、2 つのパラミター値が異なる時、第二言語学習者は母語の干渉によって再設定に問題が生じて習得が困難となる、あるいは遅れるという前提がありました (Flynn 1987; White 1989, 1990, 2003)。この前提に基づき着目されたのが英語の再帰代名詞の習得でした。

　本章では、日本語と英語の間に再帰代名詞あるいは人称代名詞とその先行詞[1]との照応関係に齟齬がある点を概観した上で、これまでの先行研究の成果を歴史的に遡りつつ、パラミター値再設定仮説が第二言語習得の本質をどこまで明らかにできたかを説明したいと思います。そして、パラミター値再

1　別段に区別して記載しない限り、総称して「代名詞」とします。

設定の問題の本質を明らかにしつつ、これからの第二言語習得研究の方向性について原理とパラミターからミニマリスト・プログラムへと展望する手助けの一端になればと考えます。

2. 束縛理論—C- 統御と統率範疇

代表的な例文から始めてみましょう。

(1) a.　John$_i$ blamed himself$_i$/him$_{*i}$.
    b.　John$_i$ said that [Ken$_j$ praised himself$_{*i/j}$/him$_{i/*j}$].

(1a) は単文で、再帰代名詞 himself は主語の John でなければならず、 他方、人称代名詞 him は John と同一人物ではなく、他の男性でなければなりません。(1b) は主文節と補文節から成る複文で、that 節内の himself はその名詞節の主語の Ken でなければなりません。主文節の主語 John ではありません。しかしながら、that 節の him は Ken にはならず、John と同一人物である可能性があります。

　このような再帰代名詞・人称代名詞とその先行詞との照応関係について説明しているのが「束縛理論」(Binding Theory) で、本論で関係するのは以下のような 2 つの束縛原理です。

(2) 　束縛理論 (Chomsky 1981)
　　　原理 A—照応形は統率範疇 (governing category：GC) において束縛
　　　　　　されなければならない。
　　　原理 B—代名詞は統率範疇において自由でなければならない。

　　　統率範疇 (GC)
　　　α にとっての統率範疇は α、α の統率子、そして接近可能な大主語
　　　(accessible SUBJECT) を含む最小の範疇。

「AがBを束縛する」は「AとBが同一指標を持ち、AがBをC-統御[2]する」を意味し、「自由でなければならない」は「束縛されてはいけない」と言い換えることができます。また、統率子には屈折要素 (INFL)、動詞 (V)、前置詞 (P)、大主語には主語と一致要素 (AGR＝agreement) が含まれます[3]。

　それでは、(1) の文に戻って、束縛理論が文の文法性と非文法性をどのように説明するかを具体的に見てみます。まず、単文 (1a) の場合、himself は再帰代名詞で、束縛原理 A が次のように適用されます。Himself にとっての統率範疇は himself、himself を統率する動詞 blamed、そして主語 John を含む文全体 (root clause) で、その範疇内で同一指標を持つ John によって束縛されているので、himself＝John の解釈で文法的な文となります。他方、代名詞 him は束縛原理 B に従って同一指標を持つ John を先行詞として取ることはできません。次に、(1b) の複文の場合、補文節の目的語の位置にある himself は himself、統率子の動詞 praised、そして接近可能な主語 Ken を含む補文節が統率範疇で、その補文節内で同一指標の Ken によって束縛されているので、himself＝Ken の解釈で文法的な文となります。しかしながら、him は代名詞で Ken によって束縛されてはいけないため、Ken 以外の人物、たとえばこの場合 John を先行詞として取ることになります。

　それでは、英語の再帰代名詞と人称代名詞の分析を踏まえて、次のような日本語の例文を考えてみます。

2　C-統御 (c-command)
AがBを支配せず、Aを支配する最初の節点 (first branching node) がBを支配する時、AがBをC-統御する (Reinhart 1976, 1981)。

3　統率範疇パラミター (Manzini & Wexler 1987)
α is a governing category for β iff α is the minimal category which contains β and has
　　a.　a subject; or
　　b.　an Infl; or
　　c.　a Tense; or
　　d.　a 'referential' Tense; or
　　e.　a 'root' Tense.

本書では、日本語には AGR は存在しないという見解 (Kuroda 1988) に基づき、日本語の大主語は主語のみであると考えます。

(3) a. （試合に負けて）花子は自分を責めた。

b. 太郎は［花子が自分をほめたと］聞いた。

（3a）では再帰代名詞「自分」の先行詞は「花子」で、（3b）では補文節の主語「花子」に加えて、主文節の主語「太郎」も先行詞として取ることができます（Kuno 1973, 井上 1976）。ここで注視すべき点は（1b）の himself と異なり、（3b）の「自分」が主文節の主語も先行詞にすることができることにあります。

この英語と日本語の違いをまとめると、以下のような図式になります（Kuroda 1965）。

(4) a. $[DP_i \cdots [_{CP} DP_j \cdots himself_{i/j} \cdots] \cdots]$　短距離束縛

b. $[DP_i \cdots [_{CP} DP_j \cdots zibun_{i/j} \cdots] \cdots]$　短距離束縛と長距離束縛

このように、再帰代名詞と先行詞の照応関係は、（4a）は短距離束縛（short-distance binding）、（4b）は短距離束縛に加えて長距離束縛（long-distance binding）を示すもので、himself のように局所性（locality）に従う短距離再帰代名詞と区別するために、局所性に従わない「自分」を長距離再帰代名詞（long-distance reflexive pronoun）と呼ぶこともあります。

ここで生じる疑問点は、「自分」は再帰代名詞であるのにもかかわらず、himself と異なり、束縛原理 A に従わないのではないかと考えられる点です。（2）の定義に従うと、（3b）では、「自分」の統率範疇は「自分」、その統率子の「ほめる」、そして補文節の主語「花子」を含む補文節になります。しかしながら、実際の解釈では主文節の主語「太郎」も先行詞となり、問題が生じるわけです。この問題に対して、Manzini & Wexler (1987) は統率範疇については言語間に違いがあって、それをパラミター化する解決案を提案しました（注 3 参照）。

(5) 統率範疇パラミター
　　αにとっての統率範疇はαおよび主語、INFL、TNS、叙実時制あるいは文全体のいずれかを含む最小の範疇。

(Manzini & Wexler 1987, Wexler & Manzini 1987)

(5)によると、英語では主語を含む節が統率範疇なので、(1b)の himself にとっては himself と主語を含む補文節が統率範疇になります。それに対して、日本語では文全体が統率範疇なので、(3b)の「自分」にとっては主文節となります。その結果、束縛原理 A が適切に適用されれば、himself は Ken を、「自分」は「花子」か「太郎」をその先行詞として取ります。

　統率パラミターによる英語と日本語に見られる先行詞の選択の違いを踏まえて、パラミター値再設定仮説に話を戻すと、日本人が英語を学習する時は統率範疇を文全体から補文節に縮小し、逆に英語母語話者が日本語を学習する時は統率範疇を補文節から文全体に拡大することになります。この「縮小」対「拡大」に関連する概念として「サブセット原理」(Subset Principle; Berwick 1985) があります。これは設定するパラミター値は部分集合の小さい値を正しい文法として選択するという原理で、補文節は文全体の部分集合となり、図式に表わすと、図1のようになります。第二言語習得では、文全体から補文節に縮小する方（サブセット）(G2→G1) が補文節から文全体にする拡大する方（スーパーセット）(G1→G2) よりむずかしいと一般的に想定されるため、日本人学習者による英語の再帰代名詞の習得の方がパラミター値の再設定が統率範疇の縮小となるので、英語母語話者による日本語の再帰代名詞習得よりむずかしいことが理論的に予測されます。

図1　サブセット原理 (Berwick 1985)

52 |

　したがって、早期に行なわれた実証研究の焦点は、サブセット原理の予測通りに、統率範疇パラメター値の再設定のために日本人英語学習者の再帰代名詞の習得はむずかしく、遅れるかを検証することにありました。

3.　先行研究—himself

　本節では、「原理とパラメター」の枠組みで行なわれた英語と日本語の再帰代名詞の第二言語習得研究の成果を言語理論の展開に沿って概観していきます。

3.1.　パラメター設定とサブセット原理

　Finer & Broselow (1986) では、韓国語母語話者 6 人による英語の再帰代名詞の習得について検証しました。韓国語の再帰代名詞は日本語の「自分」と同様にパラメター値は文全体で、実験文は次のような時制節 (6a) と不定詞節 (6b) を用いました。

(6)　a.　Mr. Fat$_i$ thinks that Mr. Thin$_j$ will paint himself$_{i/j}$.

　　　b.　Mr. Fat$_i$ told Mr. Thin$_j$ to paint himself$_{i/j}$.

　報告された結果によると、被験者は時制節に現れた himself の先行詞として 91.7% の割合で Mr. Thin を、また不定詞節に現れた himself の先行詞として 58.3% の割合で Mr. Thin を選択しました。興味深い点は Mr. Fat を選択したのが時制節では僅か 8.3% であったのに対して、不定詞節では 37.5% であったことです。これらの結果から、Finer & Broselow は韓国語の被験者は統率範疇パラメター値として母語と第二言語の中間値を選択していると分析しました。つまり、サブセット原理がうまく機能していないのではないかと考えました[4]。

　Hirakawa (1990) では、日本人英語学習者 65 人（高校生と大学生）を対

4　その後の追跡調査 (Broselow & Finer 1991) でも同様な結果が報告されています。特に、日本語母語話者 37 人中、himself の先行詞として Mr. Thin を選択したのは時制節で 88%、不定詞節で 70%、一方 Mr. Fat を選択したのは時制節で 8%、不定詞節で 20% でした。

象に再帰代名詞の解釈について調査しました。その結果、時制節では 77%
の割合で正しく先行詞を選択できたのに対して、不定詞節ではその正答率
は 55.1% で、日本人英語学習者はパラミター値を L1 から L2 に、すなわち
スーパーセットからサブセットに適切に再設定することができないと分析し
ました。つまり、Finer & Broselow（1986）の発見を再確認すると同時に、
パラミター値の再設定仮説をもう一歩進めた見解を提示しました。

3.2. 局所性とインターフェイス仮説

　Finer & Broselow の研究以降、パラミター値再設定仮説は第二言語習得
研究において大きな影響力を持つようになりました。特に、日本語と同様
に、韓国語、中国語の再帰代名詞は英語のそれと統率範疇パラミターが異
なる点から、これらの東アジア言語を母語とする英語学習者による習得研
究が積極的に実施されるようになりました（たとえば、Flynn 1987, Thomas
1993, Yuan 1994）。ここでは、これらの母語話者による実証研究を紹介し
て、パラミター値再設定仮説が第二言語習得をどの範囲まで説明できたかを
考えてみます。

　Yoshimura, Nakayama, Sawasaki, Fujimori & Shimizu（2012）では、母語
が日本語、韓国語、中国語の英語学習者を対象にして再帰代名詞の習得を調
査しました。韓国語の caki と中国語の ziji は「自分」と同じ統率範疇を持
ち、himself と異なります。

(7)　a.　John said that Mary likes *himself/herself.
　　　b.　ジョン$_i$ がマリー$_j$ が自分$_{i/j}$ を嫌っていると言った。
　　　c.　John$_i$-i Mary$_j$-i caki$_{i/j}$-lulu coahan-n-ta-ko malha-yess-ta.
　　　　　'John$_i$ said that Mary$_j$ likes him$_i$/herself$_j$.'
　　　d.　Zhangsan$_i$ renwei Lisi$_j$ xiangxin ziji$_{i/j}$.
　　　　　'Zhangsan$_i$ thinks Lisi$_j$ trusts him$_i$/herself$_j$.'

英語と日本語の違いを再確認しておくと、英語 (7a) では再帰代名詞の先
行詞は Mary のみで、John にはなりません（したがって himself でなく、

herself のみが可能です)。日本語 (7b) では「自分」の先行詞はジョンでもマリーでも可能となります。(7c) と (7d) の例からわかるように、韓国語の caki と中国語 ziji は先行詞の選択において、日本語の「自分」と同じで、(4b) の図式にあるように、短距離束縛 (Mary, Lisi) も長距離束縛 (John, Zhangsan) も容認する再帰代名詞です。

　実験には、日本語母語話者が 127 人、韓国語母語話者が 52 人、中国語母語話者が 26 人、英語母語話者が 34 人、合計 239 人が参加しました。日本人被験者は全員が日本に住む学習者で、4 グループ (高校 1 年生 (JHS1) 15 人、高校 2 年生 (JHS2) 25 人、大学 1 年生 (JCS) 62 人、中高校の英語教員 (JET) 25 人) に、また韓国語母語話者は全員が韓国に住む大学生で、2 グループ (初級レベル (KCN)、中級レベル (KCI)) に分割しました。中国語母語話者 (CC) はカナダで学ぶ、北京語が母語の大学生でした[5]。実験の手法は真偽値判断課題 (Crain & McKee 1985) で、被験者はそれぞれの母語で書かれた短い話を読んで、それに続くテスト文が TRUE・「真」か FALSE・「偽」を判断するように指示されました。(8) 〜 (9) は英語での例です。

(8)　　Ann　：Lynn, why are you so depressed?

　　　　Lynn：Because I don't have a single good point…

　　　　Ann　：Yes, you do!

　　　　Lynn：I'm selfish, and not very kind to others… I don't like people who are like me!

　　　　a. Ann heard that Lynn didn't like herself.　　TRUE

　　　　b. Lynn heard that Ann didn't like herself.　　FALSE

(9)　　Mrs. Brown (Emily's mother)：Emily, come here.

　　　　Emily：What, Mom?

　　　　Mrs. Brown：You'll have to put your clothes on by yourself tomorrow morning because I'll be very busy. You are a grown up. So

---

5　したがって、厳密には、英語は日本語母語話者と韓国語母語話者にとっては foreign language、中国語母語話者にとっては second language となります。この違いが結果に現れたかどうかは結果分析を参照してください。

you can do it, right?

　Emily：O.K.

　a. Mrs. Brown asked Emily to dress herself. 　<u>TRUE</u>

　b. Emily asked Mrs. Brown to dress herself. 　<u>FALSE</u>

再帰代名詞が (8) のように時制節に現れるテスト文が 6 文、(9) のように不定詞節に現れるテスト文が 6 文、そしてそれぞれの 6 文の中で 3 文がTRUE、3 文が FALSE で、合計 12 問題、加えてフィラー文となる 12 文が含まれていました。

　実験の結果、表 1 にまとめたように、母語に関係なく、学習者グループは時制節と不定詞節の間に有意差が生じました（$F_{(1,218)} = 4.307, p = .039$）。

表 1　時制節・不定詞節における短距離束縛・長距離束縛の正答率 (%)

節	時制節		不定詞節	
束縛	短距離	長距離	短距離	長距離
コントロール (CG)	90	99	97	94
JHS1	93	47	93	62
JHS2	96	75	96	71
JCS	84	69	94	66
JET	93	88	88	90
KCN	95	65	95	52
KCI	85	79	96	67
CC	90	64	98	86

全体的に見ると、学習者グループは短距離束縛においてコントロールグループと同様の正答率を示したのに対して、グラフ 1 に示したように、長距離束縛においては補文節の種類に関係なく、コントロールグループとの間に誤答率に有意差がありました（$F_{(7,218)}, p < .001$）。これらの結果を集約すると、短距離束縛はほとんど問題ないのに対して、長距離束縛の容認から非容認に変更すること、つまり統率範疇をスーパーセットからサブセットに縮小することはむずかしいことがわかりました。ただし、JET による長距離束縛の

非容認率が高い点から考えると、習熟度が向上すれば、この問題は克服できると推察されます[6]。

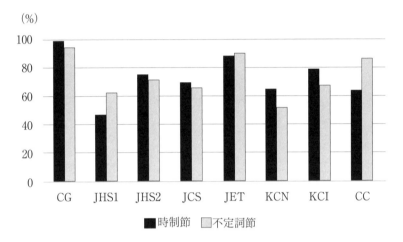

グラフ1　時制節・不定詞節における長距離束縛の適切な非容認率

したがって、再帰代名詞とその先行詞の関係は局所性によって制約されるという統語論の基本は、言語習得の本質にかかわる点で、第二言語習得においても早期に適切に適用されるという結論になりました。そして、長距離束縛の習得が遅れるのはこの束縛が談話構造に依存する解釈（Kuno 1973, Sells 1987, Abe 1997）、つまり統語と談話の接点で得られる照応関係（logopholic reflexives）であることから、インターフェイス仮説（Sorace & Filiaci 2006, Tsimpli & Sorace 2006）の予測するように、習得がむずかしいのではないかと分析されました。

6　実験に参加した中国語母語話者は、注5で説明したように、英語圏の大学で学ぶ大学生で、習熟度レベルは極めて高く、日常生活においてインプット量も多大であると考えられます。結果での不可解な点は、コントロールグループの正答率と比較すると、不定詞節では生じなかったのに対して、時制節では有意差があったことでした。そこで、個人別に正答率を精査したところ、26人中、4人が時制節においてほぼ一貫して間違った選択をしていたことがわかりました。この4人を除外して統計をやり直した結果、この学習者グループはコントロールグループと時制節においても有意差は生じませんでした。

3.3. 「局所性」対「非同一指示」

　上記の調査でも示唆されたように、局所性は母語習得のみならず、第二言語習得においても重要な役割を果たしますが、これはおそらく局所性が人間が生得的に持つ認知能力の根幹をなすものであるからだと考えられます (Pinker 1984)。この点について一つの疑問点が生じてきます。それは、前節の (1) で見たように、あるいは (2) の束縛理論に定義されているように、代名詞は先行詞選択において再帰代名詞と対極軸にあり、局所性に従いません。この点を (10)（＝(1) の再録）で確認しておくと、him は局所的な先行詞 John あるいは Ken と同一人物であってはいけない、つまり非同一指示 (disjoint reference) でなければなりません。

(10) a.　John$_i$ blamed himself$_i$/him$_{*i}$.

　　b.　John$_i$ said that [Ken$_j$ praised himself$_{*i/j}$/him$_{i/*j}$].

言語習得の観点から言い換えれば、第二言語学習者が再帰代名詞の束縛を真に習得しているかどうかは局所性を代名詞の非同一性と区別して理解できるかどうかを調査した上で議論するべき課題であると考えられます。

　日本人英語学習者を対象にして、局所性と非同一性を同時に調査した研究はこれまでほとんどありませんでした。そこで、私たちは再帰代名詞と代名詞を同時に検証する実験を試みました (Shirahata, Yoshimura, Nakayama & Sawasaki 2015)。実験には学習者グループとして日本人大学生 44 人 (低習熟度グループ 15 人：平均 TOEIC スコア 515 点、中習熟度グループ 14 人：平均 TOEIC スコア 652.3 点、高習熟度グループ 15 人：平均 TOEIC スコア 792 点) とコントロールグループとして英語母語話者 19 人が参加しました。被験者は、たとえば、次のような短い話を読んで、与えられた回答の中から正しいと思う答えを選択するように指示されました。なお、「Ø」は「何も入れない」という選択肢です。

(11)　ミキ：ね、お母さん、この間の英語の模試、100 点だったよ。
　　　　　　すごいでしょ！

母親：えー、そう！よかったね。次回もがんばってね。

ミキ：担任の先生がほめてくれたよ。

Miki told her mother that the teacher praised (1. she 2. her
3. herself 4. Ø) for her test score.

(12) 父親：夜、車を運転する時は充分に気をつけるように。

息子：わかりました。

父親：特に、よっぱらい運転には気をつけて。

The father advised his son to protect (1. he 2. him 3. himself
4. Ø) from drunk driving.

正しい答えは、(11) では代名詞 her、(12) では再帰代名詞 himself です。

　実験文は4タイプで、節の条件が時制節と不定詞節で、再帰代名詞と代名
詞が各3文ずつ、合計12文、そしてフィラー文が12文ありました。

(13) 4タイプの実験文

　　a. 代名詞—時制節 ((=11))

　　Miki$_i$ told her mother that the teacher praised her$_j$ for her test
　　score.

　　b. 再帰代名詞—時制節

　　Tom asked why Ken was looking at himself in the mirror.

　　c. 代名詞—不定詞節

　　Mami$_i$ told her mother to meet her$_j$ in front of the department
　　store.

　　d. 再帰代名詞—不定詞節 (=(12))

　　The father advised his son to protect himself from drunk driving.

(11)〜(12)で見たように、話の文脈は下線部の再帰代名詞か代名詞のいずれかが必ず答えになるように設定し、答えがあいまいとなる状況は排除しました。

表2は代名詞と再帰代名詞の正答率を区別してまとめたものです。全体的には、再帰代名詞の解釈が代名詞の解釈よりむずかしく、コントロールグループとの比較で有意差がありました（低グループ $p=.001$、高グループ $p=.044$）。特に興味深いのは、グラフ2に示したように、再帰代名詞は習熟度レベルにかかわらず、時制節より不定詞節の方が顕著に正答率が低かったことです。再帰代名詞の正答率について時制節と不定詞節を統計的に比較した場合、両グループに有意差がありました（低グループ $p=.001$、高グループ $p=.041$）。

表2　代名詞および再帰代名詞の正答率（%）

グループ	代名詞		再帰代名詞	
	時制節	不定詞節	時制節	不定詞節
低―習熟度	89.3	80	81.3	61.7
高―習熟度	89.3	86.7	86.7	71.7
コントロール	95.6	98.6	98.9	95.8

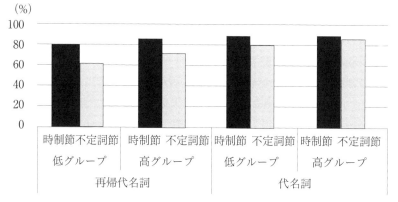

グラフ2　時制節・不定詞節における再帰代名詞の正答率

不定詞において再帰代名詞の解釈がむずかしいという結果は上で見た Finer & Broselow (1986) や Hirakawa (1990) のそれと同じように見えるのですが、ここで注視すべき点は、補文の時制節内の再帰代名詞は比較的容易に理解できたのに対して、不定詞節の再帰代名詞はむずかしかったという対比にあります。もしこれまで主張されてきたパラメーター値の再設定の失敗、すなわち、日本語（「自分」）から英語 (himself/herself) へと統率範疇パラメーター値を適切に再設定できないために問題が生じたのであれば、再帰代名詞の正答率は補文節の時制の有無にかかわらず同じように低くなければならないはずです。しかしながら、ここでの結果では時制の有無によって正答率に明らかな違いがあり、統計的にも有意差が生じました。したがって、Shirahata et al. (2015) では、再帰代名詞がむずかしいのは統率範疇パラメーター値の再設定に問題があるのではなく、不定詞節の構造上の複雑さに起因するのではないかと述べました。

3.4. まとめ

ここまでの議論を整理しておきます。まず、再帰代名詞の短距離束縛は人間が生得的に持つ「局所性」から早期に習得できると考えました。他方、初期の研究では再帰代名詞の習得問題は統率範疇パラメーター値再設定の失敗に起因すると考えられていましたが、研究が進展してきた結果、英語の不定詞節の構造がむずかしく容易に理解できないために習得に時間がかかるのではないかと指摘されました。この課題については第5節でさらに考察します。

4. 先行研究―「自分」

不定詞節内の再帰代名詞と代名詞の習得を考える前に、上記の (4b) で説明した「自分」の束縛に関する調査結果を2〜3紹介しておきます。

4.1. Thomas (1991)―英語母語話者

Thomas (1991) では、英語あるいは中国語が母語の学習者41人を対象に、上の (4b) で表わしたような構造における「自分」の短距離束縛と長距離束縛について調査しました。中国語の「自己」(ziji) は「自分」と振る舞いが

似ている再帰代名詞で（Huang & Tang 1991）、短距離束縛と長距離束縛を
容認する点から中国語母語話者はパラミター値の再設定は必要ではないと考
えられます。

(14) a. 　［DP$_i$… ［$_{CP}$ DP$_j$…himself$_{i^*j}$…］ …］　（短距離束縛のみ）
　　 b. 　［DP$_i$… ［$_{CP}$ DP$_j$…自己$_{i/j}$……］ …］　（短距離束縛・長距離束縛）

　表3は実験の結果をまとめたものです。正答率は英語母語話者グループで
は短距離・長距離のいずれの主語も先行詞として解釈できるとした正答率が
初級レベルで12.5%、上級レベルで30%でした。他方、中国語母語話者グ
ループでは両者の束縛を容認した正答率は0%で、皆無でした。また、長距
離束縛のみの選択率を見てみると、英語母語話者グループは中級レベルで
0%、上級レベルで7.7%でしたが、中国語母語話者グループは50%でした。
ここでの結果について、Thomasは英語母語話者には母語の影響が観察され
るが、中国語母語話者には好み（preference）によってパラミター値を選択
したために生じたのではないかと分析しました[7]。

表3　日本語学習者による「自分」の解釈の選択率（%）（Thomas 1991）

母　　語	日本語習熟度	短距離	長距離	いずれも可
英　　語	初　　級	37.5	12.5	12.5
	中　　級	83.3	0	8.3
	上　　級	23.1	7.7	30.8
中国語		25	50	0

4.2.　Yoshimura et al.（2012）―中国語母語話者

　Thomas（1991）の結果を踏まえて、Yoshimura, Nakayama, Shirahata,
Sawasaki & Terao（2012）では中国語母語話者による「自分」の束縛解釈
を中心に調査しました。実験には、中国語母語話者34人に加えて、コント

7　Thomasはこの結果は中国語母語話者の被験者が8人であったことによる影響かもしれ
ないと述べています。

ロールグループとして日本語母語話者 26 人、統率範疇パラミター値が異な
る学習者グループとして英語母語話者 13 人が参加しました。全員がアメリ
カで日本語を学ぶ学習者で、中級レベル (L1) 8 人と上級レベル (L2) 5 人に
グループ分けしました。そして中国語母語話者グループ は全員が日本に滞
在する学習者 34 人で、日本滞在が 1 年あるいは 1 年未満 (Y1) が 15 人、2
年以上 (Y2) が 19 人でした。

　実験では、真偽値判断課題を用いました。たとえば、被験者は次のような
状況を描いた説明文をそれぞれの母語（日本語、英語、中国語）で読んだ上
で、日本語で与えられたテスト文の真偽を判断するように指示されました。

(15)　日本語
　　　太郎と康夫は兄弟です。2 人はプラモデルのおもちゃを作っていま
　　　す。太郎は船を作っています。康夫は飛行機を作っています。昨日か
　　　ら作り始めてようやく完成しました。ところがその後、康夫の飛行機
　　　のプラモデルが壊れてゴミ箱に捨ててありました。
　　　太郎：どうして飛行機を捨てたの？
　　　康夫：うん、もう要らないから捨てたんだよ。
　　　太郎：そんなことすると、お母さんに怒られるよ。

(16)　英語
　　　Taro and Yasuo are twin brothers. They started making plastic
　　　models one week ago : Taro's been making a model ship while
　　　Yasuo a model airplane. They finally finished making them yesterday.
　　　But, today Yasuo's model plane was broken and the broken plane
　　　was found in a trash can.
　　　Taro 　：Why did you throw your model plane away?
　　　Yasuo：I threw it away because I don't need it any longer.
　　　Taro 　：Well, you'll be scolded by Mom.

(17)　中国語
　　　太郎和康夫是双胞胎兄弟。两人从一星期之前开始制作塑料模型玩具。
　　　太郎做的是船的塑料模型，康夫做的是飞机的塑料模型。昨天，两个人

第4章　再帰代名詞の解釈 | 63

終于同时做好了。可是到了今天，太郎偶然发现康夫的飞机模型被扔在垃圾箱里。

太郎：康夫，你的塑料模型在垃圾箱里，你把它扔了？

康夫：嗯，扔了。已经没意思了，就扔了。

太郎：啊！你这么做，妈妈会失望的。

テスト文：太郎は<u>康夫</u>が<u>自分</u>のプラモデルをゴミ箱に捨てたと知りました。

(18)　日本語

花子はスミス先生の誕生日パーティを来週の土曜日に計画しています。そのことで、今朝、花子はケンにメールを出しましたが、返事がありません。それで、電話をかけてみました。

花子：私のメール、読んだ？

ケン：ごめん、忙しくて、まだメールチェックしていない。

花子：そう。来週の土曜日にスミス先生の誕生日パーティをするけど、来れる？

ケン：いちおう大丈夫だけど。何時から？

花子：夕方5時からで、会費3,000円。サプライズパーティなので、スミス先生には内緒にしておいてね。

(19)　英語

Hanako is planning Prof. Smith's birthday party next Saturday. She e-mailed Ken on that matter this morning, but there was no reply. So she telephoned him.

Hanako ： Did you read my e-mail?

Ken　　： Sorry, I was busy and have not checked my e-mails.

Hanako ： I see. I plan to have Prof. Smith's birthday party next Saturday, but can you come?

Ken　　： I think so, but what time?

Hanako ： 5 pm. It's 3000 yen. Since it's a surprise party, please don't tell Prof. Smith.

(20)　中国語

　　花子计划在下周星期六举办史密斯老师的生日派对。今天早晨，花子为
　　了这事给阿健（ケン）发了邮件，可是一直没收到回复。于是打电话。
　　花子：我的邮件看过了S？
　　阿健：不好意思，有点忙，还没来得及收邮件。
　　花子：是吗。下周星期六我们开史密斯老师的生日派对，你能来吗？
　　阿健：应该没问题。几点开始？
　　花子：下午5点开始，会费3000日元哦。
　　我们要给史密斯老师一个惊喜，所以要对 老师保密哦。

テスト文：　<u>花子</u>はケンが<u>自分</u>のメールを読んだかたずねました。

　(15)～(17) では、「康夫がプラモデルの飛行機を捨てた」ので、「自分」
は短距離束縛で TRUE、(18)～(20) では、「花子が出したメールをケンが読
んだかを尋ねた」ので、「自分」は長距離束縛で TRUE が正答となります。
実験では、2 文の練習問題の後に、「自分」の短距離束縛と長距離束縛につ
いて TRUE（真）を各 3 文、FALSE（偽）を各 3 文、そしてフィラー文を 6
文、合計 18 文を順不同にして提示しました。なお、上記の例題からわかる
ように、Akiyama (2002) で指摘されたような問題、すなわち短距離束縛あ
るいは長距離束縛のいずれも可能となる課題は含まれないように配慮しまし
た。
　表 4 は被験者の母語グループ別に「自分」の短距離・長距離束縛について
平均正答率をまとめたものです。
　中国語と英語の被験者グループともに、滞在期間あるいは日本語習熟度レ
ベルに関係なく、短距離束縛についてはほとんど問題がなかったのに対し
て、長距離束縛についてはコントロールグループと有意差がありました。グ
ラフ 3 に示したように、特に TRUE 条件では、中国語母語グループの場合、
短距離束縛が 96.1%、長距離束縛が 68.6%（有意差あり $p < .001$）、英語母語
グループの場合、短距離束縛が 94.9%、長距離束縛が 56.4%（有意差あり p
$< .001$）でした。

表4　グループ別による短距離・長距離「自分」束縛の平均正答率（%）

グループ	短距離 TRUE	短距離 FALSE	長距離 TRUE	長距離 FALSE
中国語 Y1 [15]	86.7	93.3	55.6	75.6
中国語 Y2 [19]	96.5	93	78.9	93
合　計 [34人]	96.1	93.1	68.6	85.3
英　語 L1 [8]	91.7	70.8	50	95.8
英　語 L2 [5]	100	93.3	66.6	100
合　計 [13人]	94.9	91.2	56.4	97.4
日本語 [26人]	93.6	94.9	94.9	97.4

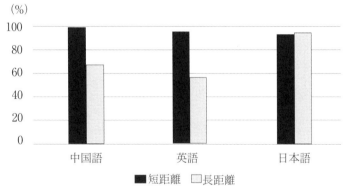

グラフ3　グループ別平均正答率—TRUE条件

このように、この実験では、母語が異なるにもかかわらず、「自分」の長距離束縛は理解が極めてむずかしいことがわかりました。母語の転移があったと仮定すれば、中国語母語話者グループにとって長距離束縛はある程度問題なく、容易に習得できると予測されたのですが、実際の結果は予測に反したものでした。「自分」の長距離束縛の習得において、英語母語話者と中国語母語話者はそれぞれコントロールグループとの間に有意差があり（$p < .001$）、他方、2つの学習者グループの間には有意差がなかったという結果はパラミター再設定仮説では適切に説明できません。ただし、中国語母

語話者の場合には、日本での滞在期間が長くなれば、「自分」の長距離束縛に関する知識が顕著に向上することがわかりました（TRUE 55.6%→78.9%・FALSE 75.6%→93%）。このことは、中国語の「自己」が日本語の「自分」に相当する再帰代名詞だと語彙的に理解できるようになれば、習得が効率よく促進されるからだと考えられます。つまり、これが第二言語習得において果たす母語の役割ではないかと思われます。

4.3.　Yoshimura et al. (2013)―トルコ語母語話者

　続いて、Yoshimura, Nakayama, Sawasaki, Fujimori & Kahraman (2013) では英語、中国語、トルコ語を母語とする日本語学習者を対象に「自分」の束縛について調査しました。英語母語話者グループの13人は前回の実験 (Yoshimura et al. 2012) と同じ被験者で、日本語レベルは中級〜上級でした。中国語母語話者48人は学習環境と日本語レベルによって日本で日本語を学習するL2グループ（18人）とカナダの大学で日本語を学習するL3グループ（30人）に分けました。日本語レベルはL2グループが中級〜上級レベル、L3グループは初級上レベル〜中級レベルでした。トルコ語母語話者グループは全員がトルコで日本語を学習していた被験者40人で、日本語レベルは中級上レベルでした[8]。

　トルコ語の再帰代名詞 kendi は、(21) にあるように、日本語の「自分」や中国語の「自己」と同じく短距離束縛と長距離束縛を容認します (Demirci 2001)。

(21) a.　太郎$_i$ がカズ$_j$ が自分$_{i/j}$ を責めたと言った。

　　 b.　John$_i$ thought Tom$_j$ blamed himself$_{i/j}$.

　　 c.　Zhangsan$_i$　renwei　Lisi$_j$　xiangxin ziji$_{i/j}$.
　　　　張三　　　　認為　　李四　相信　　自己
　　　　'Zhangsan thinks Lisi trusts self.'

8　日本語レベルは ACTFL (American Council on the Teaching of Foreign Languages)・OPI (Oral Proficiency Interview) の基準に基づいたものです。

第 4 章　再帰代名詞の解釈 ｜ 67

d.　Ali$_i$-　　Veli$_j$-　　kendi-si$_{i/j}$-ni sucla-di　diye dusun-du.
　　Ali-NOM　Veli-NOM　self-ACC　　criticized　that　thought

'Ali thought that Veli blamed himself/him.'

日本語の「自分」は「太郎」と「カズ」、中国語の「自己」は「張三」と「李四」、そしてトルコ語の kendi は Ali と Veli がそれぞれ可能な先行詞で、長距離束縛において英語の himself と大きく異なります。したがって、母語の統率範疇パラメーター値を L1 から L2 に再設定する必要はなく、その上、統率範疇パラメーター値が L2 に正の転移をすれば、中国語母語話者とトルコ語母語話者の両グループにとって「自分」の長距離束縛の習得は容易で、時間はそれほど必要ないであろうと予測されます。ここで興味があるのは、英語を日常生活で使用していた中国語母語話者 L3 グループと第二言語として英語をすでに学習したトルコ語母語話者グループが「自分」の長距離束縛についてどのような理解を示すか、つまり中国語母語話者 L2 グループと同じように早期の習得傾向を見せるのか、あるいは英語母語話者グループと同じように統率範疇パラメーター値の再設定のために習得の遅れが生じるのかという点にありました。より厳密には、パラメーター値再設定仮説における再設定過程がどのような状況であるか、たとえば、L1 の値と L2 の値は共存していて、必要であれば L1 の値に戻ることができるかどうかが検証できるかもしれないと考えました。

　以上の予測に沿って、今回は前回の研究（Yoshimura et al. 2012）で用いたものにトルコ語の実験課題を加えて調査しました。(22) は (15)〜(17)、(23) は (18)〜(20) にそれぞれ対応する短い話とテスト文です。

(22)　トルコ語

　　Taro ve Yasuo ikiz kardeşlerdir. Bir hafta önce plastik maketler yapmaya başladılar：Taro maket gemi yapıyor ve Yasuo maket bir uçak yapıyor. Sonuç başladılar：Taro maket gemi yapıyor ve Yasuo maket bir uçak yapıyor. Sonuç olarak, dün yapmayı bitirdiler.

Ancak bugün Yasuo'nun maket uçağı kırıldı ve kırık uçak çöp kutusunda bulundu.

Taro ：Neden maket uçağını çöpe attın?

Yasuo：Onu attım çünkü artık ona ihtiyacım yok.

Taro ：Hmm, annem seni azarlayacak.

テスト文：太郎は康夫が自分のプラモデルをゴミ箱に捨てたと知りました。

(23) Hanako, Profesör Smith'in doğumgünü partisini gelecek cumartesi yapmayı planlıyor. Bu sabah Ken'e konuyla ilgili mail attı, ancak daha cevap gelmedi. Bu yüzden ona telefon etti.

Hanako：Mailimi okudun mu?

Ken ：Pardon, meşguldüm ve maillerimi kontrol edemedim.

Hanako：Anladım. Haftaya cumartesi için profesör Smith'in doğumgünü partisini yapmayı planlıyorum, ama sen gelebilir misin?

Ken ：Gelirim galiba ama saat kaçta?

Hanako：akşam 5te. Parası 3000yen. Süpriz bir parti olduğu için, lütfen profesör Smith'e söyleme.

テスト文：花子はケンが自分のメールを読んだかたずねました。

　表5は「自分」の短距離束縛と長距離束縛の平均正答率を学習者グループの母語とL2、L3別にまとめたものです。

　短距離束縛の習得については、グループ間において有意差はなく、局所性が人間の認知に関する生得的な概念で、早期の習得に役立つのではないかとする上記の主張が支持されました。

表5 被験者グループと短距離・長距離の束縛に関する平均正答率（%）

母　語	被験者数	日本語	短距離 真	短距離 偽	長距離 真	長距離 偽
中国語	18	L2 中級～上級	94.4	87	66.7	77.8
中国語	30	L3 初級上～中級	83.3	97	80	97.8
英　語	13	L2 中級	92.3	79.5	56.4	91.4
トルコ語	40	L3 中級上	95	70	59.2	82.5
日本語	26	L1（母語）	92.3	94.9	93.6	96.1

　それでは、長距離束縛を短距離束縛と比較して見てみましょう。グラフ4はTRUE条件に絞って各学習者グループの束縛の平均正答率を表わしたものですが、次のようなことが明らかになりました。

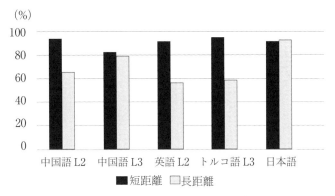

グラフ4　各学習者グループの束縛のTRUE条件平均正答率

(i) 短距離束縛ではコントロールグループと4つの学習者グループの間に有意差はありませんでした。(ii) 長距離束縛では、中国語母語話者L3グループ以外、すなわち中国語母語話者L2グループ、英語母語話者グループ、トルコ語母語話者グループはコントロールグループと有意差がありました（$p<.001, p=.009, p<.001$）。(iii) トルコ語母語話者グループと異なり、中国語母語話者L3グループには短距離束縛と長距離束縛の間に有意差がありませんでした（$p=.641$）。

これらの結果を総括して考えれば、第二言語習得において母語の影響が比較的少ない点は、明示的な指導がない限り、「自己」あるいは kendi が「自分」と語彙的に一致することを理解するのに時間がかかるためではないかと考えられます。第三言語習得においても母語の影響はなく、同様なことが言えるようです（Flynn 2009）。しかしながら、中国語母語話者 L3 グループが短距離束縛と長距離束縛の間に有意差がなく、両方とも 80% 前後の正答率で、その上、長距離束縛においてコントロールグループと有意差がない点は第二言語の himself を習得する過程で「自己」との違いに気付き、その L2 学習経験が「自分」を習得する上で役に立ったのではないかと推測されます。すなわち、母語と異なった外国語を習得した経験は学習者を言語学的に繊細にし、第三言語習得を促進する要因として機能するのではないでしょうか（Tsang 2009）。ただし、トルコ語母語話者グループの結果から、その促進作用は第二言語の習熟度レベルがある一定のレベルまで向上しなければ活用できないことがわかりました。

　さて、これらの結果はパラミター値再設定仮説に対して何を示唆するでしょうか。最も重要な点は、図1に示したように、「パラミター値の再設定」はサブセットとスーパーセットの間で縮小したり拡大したりするのではなく、私たちは言語にとって適切な統率範疇を定義する値を一つずつ個別に選択して（たとえば、日本語では G1、英語では G2）設定するのではないかと示唆されたことにあります。したがって、ここでカギとなるのは統率範疇値の選択で、この選択と設定の過程において値が L1 と L2 で異なる時、インプットが重要で、それが明示的でない場合には、習得に時間を要すると考えられます。逆に、L1 と L2 の値が同じ場合は両言語間において再帰代名詞の統率範疇が同一であると理解することが必要で、その理解がなされて初めて、母語が習得の促進要因として機能することが明らかになりました。

5.　不定詞節の主語—PRO

　さて、第3節で問題となった再帰代名詞の習得にかかわる不定詞節の複雑さについて考えていくことにします。まず英語の母語習得研究において重要な実験結果を説明した上で、日本人英語学習者による実験結果を検証します。

5.1. 英語母語話者の束縛理解

5.1.1. C. Chomsky の説明—最短距離

これまでの検証で用いた不定詞節、たとえば、(6b) (9) (12) は言語学においてコントロール文と称される構文で、不定詞の主語の位置には表層では見えない、発音されない、非顕在代名詞 (PRO) が存在すると一般的に想定されています[9]。

(24) a. $John_i$ promised Mary [PRO_i to protect $himself_i$ from drunk drivers].

    b. John advised $Mary_j$ [PRO_j to protect $herself_j$ from drunk drivers].

(24a) は主文節の主語 John が不定詞節の主語 PRO と同一人物で、その PRO を制御するという意味で主語コントロール構文、(24b) は主文節の目的語 Mary が不定詞節の主語 PRO と同一人物で、その PRO を制御するという意味で目的語コントロール構文と呼ばれています。

　この問題を母語習得研究で最初に取り上げたのが C. Chomsky (1969) で、調査の結果、英語が母語の子どもたちの間では主語コントロール構文が目的語コントロール構文より習得が 6 歳前後まで遅れると報告しました。そして、その遅れの原因は再帰代名詞とその先行詞との距離にあるとして、この遅れは Rosenbaum (1967) の「最短距離原理」(Minimal Distance Principle) によって適切に説明できると述べました。

(25) a. [X promised Y [to V himself]. (himself＝X)

    b. [X advised Y [to V herself]. (herself＝Y)

(25) は (24) のコントロール文の関連した部分のみを図式化したものですが、

9　コントロール文の主語は PRO ではなく、不定詞節の主語の位置から主文節の主語に移動したもので、不定詞節の主語はその痕跡だとする提案 (主語繰り上げ文のような名詞句移動; Landau 2000, 2015, Hornstein 2001, Boeckx, Hornstein & Nunes 2010) があります。

習得上の遅れは目的語コントロール構文 (25b) では再帰代名詞と先行詞との関係が局所的であるのに対して、主語コントロール構文 (25a) では経験者句 (Y) が介在しているのでその関係が局所的ではないために生じると考えました。したがって、主語コントロール構文は最短距離原理の違反に繋がり、このことが原因で主語コントロール構文の習得が遅くなると分析しました[10]。

5.1.2. Wexler (1992) の説明—PRO の問題

一方、Wexler (1992) では子どもの実験を行なった結果、主語コントロール構文の習得の遅れを確認しましたが、この遅れの原因は子どもたちが不定詞節の主語に生じる PRO を理解できないからだと主張しました (Chien & Wexler 1990)。具体的には、(24) の構造は大人の文法では (26) のように表示されるのに対して、6歳前後の子どもの文法では知識がまだ未熟なために (27) のように表示されてしまうと説明しました。

(26) a.　$[X_i$ promised Y_j $[PRO_i$ to V himself$_i$]]. （himself＝X）
　　 b.　$[X_i$ advised Y_j $[PRO_j$ to V herself$_j$]]. （herself＝Y）

(27) a.　*$[X_i$ promised Y_j to V himself$_i$].
　　 b.　*$[X_i$ advised Y_j to V herself$_j$].

(26) では、再帰代名詞とその先行詞 PRO の関係はいずれのコントロール文においても局所的で、最短距離原理あるいは相対的最小性 (Relativized Minimality; Rizzi 1990) の違反は起こらず、両者の照応関係の理解には障害が生じないのに対して、子どもの文法では PRO が欠落しているために構造は (27) のようになり、相対最小性理論に従って himself の先行詞として局所的な Y を誤って取るために主語コントロール構文に遅れが生じるのだと主張しました (Belletti & Rizzi 2013)[11]。

10　この点について、Belletti & Rizzi (2013) ではミニマリスト・プログラムの枠組みにおいて捉え直して、相対的最小性 (Rizzi 1990) に違反すると考えました。

11　PRO は適切な制御子 (コントローラ) によって指示詞を得なければなりませんが、その

5.2. 日本人英語学習者の束縛理解

　それでは、日本人英語学習者の場合はどうでしょうか。Yoshimura, Nakayama, Fujimori & Shimizu (2016, 2017) ではこの問題を取り上げました。その調査結果を概観してみましょう。

5.2.1.　Yoshimura et al. (2015)―「代名詞」対「再帰代名詞」の束縛

　この調査では、日本人英語学習者 90 人と英語母語話者 30 人を対象に「時制節」対「不定詞節」の統語環境における「代名詞」対「再帰代名詞」の習得を調査しました。習熟度別の習得過程を見るために、学習者グループの 90 人はさらに高校生グループ (30 人) と大学生 2 グループ (各 30 人、TOEIC 平均 384 点・687 点) の 3 グループに分けられました。実験では、前回と同様に、短い話を読み、4 つの選択肢の中から適切な回答を選択する調査方法で、代名詞が 12 テスト文、再帰代名詞が 12 テスト文、フィラー文が 8 文、合計 32 文を用いました。

　紙面の関係で、特に問題となった不定詞節を含む問題文を検討します。

<u>主語コントロール構文</u>

(28)　Tom：　I am going to invite you to my wedding ceremony. I hope
　　　　　　 you can come.
　　　 Ken：　Of course, I can. I am looking forward to it.

　　　 Tom promised Ken to invite (1. he　2. <u>him</u>　3. himself　4. Ø) to his wedding ceremony.

(29)　Father：Be very cautious when you drive at night.
　　　 Jim：　O. K.
　　　 Father：Particularly, you'd better watch out for drunk drivers.

場合、局所性が両者間に求められることになります。そのために、Wexler (1992) では、不定詞節を主文節の主語に隣接する位置まで「ひそかに」スマグルするアプローチ (smuggling approach; Collins 2005) を用いました。詳細は、本書の第 6 章を参照してください。

Jim promised his father to protect (1. he   2. him   3. himself   4. Ø)
from drunk drivers.

目的語コントロール構文

(30)   Ken：Tom, can you return 2,000 yen to me?
       Tom：Oh, I'm sorry. I completely forgot I had borrowed the money
            from you!

       Ken told Tom to return the money to (1. he   2. him   3. himself   4.
       Ø).

(31)   Hanako：60 points again!
       Parents：Believe in yourself, and do your best on the next exam.
       Hanako：I know.

       Her parents always encourage Hanako to believe in (1. she   2. her
       3. herself   4. Ø).

Want 構文

(32)   Jim：Dad, I'd like you to buy me an iPad, please.
       Dad：You'll have one if you promise that you'll study harder.

       Jim wanted his father to buy an iPad for (1. he   2. him   3. himself
       4. Ø).

(33)   Tom：Sam, what do you want to study at college?
       Sam：I haven't decided yet.
       Tom：Before you apply to college, you'd better ask yourself what
            you want to study in college.

       Tom wanted Sam to ask (1. he   2. him   3. himself   4. Ø) what to
       study in college.

（28）～（29）は主語コントロール構文、（30）～（31）は目的語コントロール構文、（32）～（33）は例外的格付与構文（Exceptional Case Marking, ECM; Chomsky 1981, 1986）に類似する want 構文で、各構文を図式化すると次のような構造となります。

（34）a.　$[X_i \text{ promise } Y_j \; [\text{PRO}_i \text{ to V } him_j/himself_i]]$. （28）～（29）

　　　b.　$[X_i \text{ tell/encourage } Y_j \; [\text{PRO}_j \text{ to V } him_i/herself_j]]$. （30）～（31）

　　　c.　$[X_i \text{ want } [Y_j \text{ to V } him_i/himself_j]]$. （32）～（33）

　不定詞内の代名詞と再帰代名詞とその先行詞の対照関係については（2）の束縛原理 A と B がそれぞれ適用されるので、指標で示したように、主語コントロール構文（34a）では PRO＝X, him＝Y, himself＝X、目的語コントロール構文（34b）では PRO＝Y, him＝X, herself＝Y、want 構文（34c）では him＝X, himself＝Y となります。したがって、先行詞との対照関係から考えれば、主語コントロール構文が他の2つの構文と異なっています。今回の調査ではここに有意差が生じるかどうかを注視しました。

　表6は調査結果をグループ別と構文別にまとめたものです。

表6　グループ別・構文別による代名詞および再帰代名詞の束縛正答率（%）

グループ	時制節		不定詞節					
			主　語コントロール		目的語コントロール		want 構文	
	代名詞	再帰代名詞	代名詞	再帰代名詞	代名詞	再帰代名詞	代名詞	再帰代名詞
高校生	86.7	75.7	46.7	29	57.7	72.3	71	89
大学生―低	85.7	82.3	73.4	41	66.7	80	77.7	64.4
大学生―高	95.7	95.7	86.7	71	83.3	97.7	83.4	96.4
コントロール（統制群）	98.7	89.3	90.3	95.3	96.3	98.7	91.7	95.3

まず、時制節においては代名詞、再帰代名詞の区別なく、いずれの学習者グループも束縛解釈は問題がないことがわかりました。次に、不定詞節での調査結果を総括的に見ると、正答率は代名詞と再帰代名詞の間には有意差はなかったのに対して、グループ ($F (2,87)=44.221, p<.0000$) および構文 ($F (3,261)=44.225, p<.0000$) において有意差がありました。特に、グループ別に違いがあったことは高校生から大学生へと束縛の習得が進むこと、また習熟度の高い大学生グループは代名詞と再帰代名詞の習得においてコントロールグループと有意差がなく、日本人英語学習者は習熟度が向上すれば、束縛の理解が英語母語話者のレベルに近づいていくことが示唆されました。

次に、構文別による結果では、グラフ5から見られるように、目的語コントロール構文より want 構文の理解度が高く、習得が進んでいるように考えられます。そして、主語コントロール構文の理解が最も遅いことが明らかになりました。この習得の順序は英語の子どもたちの習得過程と類似したものです（C. Chomsky 1969, Thornton & Wexler 1999）。続いて、主語コントロール構文と目的語コントロール構文の間で習得を比較してみると、グラフ6に示したように、代名詞の束縛解釈については有意差がなかったのに対して（$p>.05$）、再帰代名詞の束縛解釈には有意差がありました（$p<.000$）。

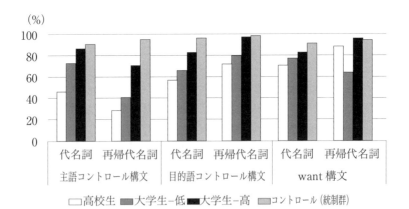

グラフ5　不定詞内におけるグループ別・構文別の束縛正答率

第 4 章 再帰代名詞の解釈 | 77

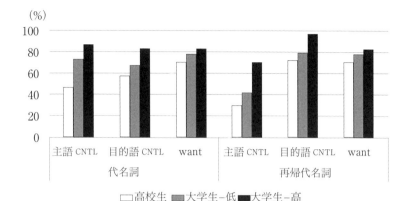

グラフ 6　グループ別・構文別の束縛正答率—「代名詞」対「再帰代名詞」

5.2.2. PRO 主語欠如仮説（Missing PRO Subject Hypothesis）

以上の結果、特に (i) 主語コントロール構文が最もむずかしいこと、そして (ii) 再帰代名詞の束縛の方が代名詞のそれよりむずかしいことをどのように説明したらよいでしょうか。

たとえば、日本人英語学習者の中間言語の文法では (34) が次のように表示されているのではないかと考えてみました。

(35) a.　X_i　promise　　　　[$_{CP}$ Y_j to V pronoun$_i$/reflexive$_j$]
　　 b.　X_i　tell/encourage [$_{CP}$ Y_j to V pronoun$_i$/reflexive$_j$]
　　 c.　X_i　want　　　　　 [$_{CP}$ Y_j to V pronoun$_i$/reflexive$_j$]

英語習熟度がまだ十分でないレベルでは、不定詞節の主語の位置に PRO があることを適切に理解できないために、(34) を (35) のように誤って理解するのではないか、すなわち「PRO 主語欠如仮説」(Missing PRO Subject Hypothesis) を想定するわけです[12]。とすると、目的語コントロール構文

12　この仮説は Wexler (1992) の見解、すなわち英語母語話者の子どもの文法には 6 歳くらいまで PRO 主語が存在しないとする主張に基づき、英語の中間文法を説明する一提案として取り入れました。

(35b) は want 構文 (35c) と同じ構造となり、束縛原理 A と B に従って代名詞が主文節の主語、そして再帰代名詞が目的語を先行詞として認識し、(35b) は間違った表示にもかかわらず、これらは正答と同じ結果となってしまい、高い正答率として現れると考えられます。一方、主語コントロール構文は (35a) の構造となり、PRO 主語がないために、代名詞が主文節の主語、そして再帰代名詞が目的語を先行詞として誤認するために、これらは正答と異なり、低い正答率となると想定されます。

　しかしながら、ここで大きな問題に直面します。グラフ5とグラフ6からわかるように、再帰代名詞の束縛解釈については (35) で予測した通りに主語コントロール構文と目的語コントロール構文では正答率に有意差があったので問題はありません。しかしながら、代名詞の束縛解釈については (35) の予測に反して両コントロール文の間には正答率に有意差はなく、PRO 主語欠如仮説では適切に説明できません。この点について補足すれば、英語を母語とする子どもたちは代名詞の習得が遅れるという指摘 (Chien & Wexler 1990) があり、もしかすると代名詞の習得そのものがむずかしいのかもしれません。

6.　今後の課題 ─PRO 主語欠如仮説

　以上の考察を踏まえて、今後の課題は英語の第二言語習得において提案した PRO 主語欠如仮説についてさらに実証的な研究を促進していく必要があります。今回の分析では、不定詞節の主語に生成された PRO が代名詞や再帰代名詞の先行詞として機能することを十分に理解するに至っていないと考えました。しかしながら、その後の調査 (Yoshimura et al. 2016) では、不定詞の動詞に関して主語が誰であるかを日本人英語学習者 62 人に尋ねたところ、平均正答率は 87% でした。

(36)　Jim promised his parents to solve the problem.
　　　Q：誰がその問題を解決するの。
　　　A：1. Jim　2. his parents　3. I don't know

したがって、主語コントロール構文は理解できるのに、なぜ主語コントロール構文では再帰代名詞の束縛解釈が適切に理解できないのか。このジレンマを解明するのが今後の課題の一つです。

第5章

束縛変項解釈

1. はじめに

　第4章では、日本人英語学習者による英語の再帰代名詞 himself と日本語非母語話者による日本語の再帰代名詞「自分」の束縛解釈の習得について説明し、これまでに明らかになったことを「原理とパラミター」による初期の研究からミニマリスト・プログラムによる最近の研究まで概観しました。その結果、時制節における束縛解釈は比較的容易であるのに対して、不定詞節における束縛解釈はむずかしいことがわかりました。この容易さは私たちが生得的に持つ「局所性」が原動力となっていると推測する一方、このむずかしさは統率範疇パラミターの再設定というよりむしろ不定詞節の構造の理解が不十分なために生じるのではないかという結論に至りました。

　本章では、この課題をさらに掘り下げて、外国語を学ぶ私たちにとって「局所性」と「パラミター」の持つ意味を再考したいと思います。特に、代名詞の束縛変項解釈について説明します。前章で説明した再帰代名詞の束縛解釈は先行詞が固有名詞あるいは普通名詞で指示的な読み（referential reading）でしたが、ここで取り上げる束縛変項解釈は先行詞が一般的に「数量詞」（quantifier）と呼ばれる単語や句（数詞 one, two, three、不定数量詞 each, every, many）および非指示的な（nonreferential）WH- 疑問詞になります。たとえば、次のような例を取り上げます。

(1) a.　Every child loves his mother.

　　b.　*His mother loves every child.

(1a) では、目的語の位置にある代名詞 his は主語の every child が「誰」か
によって解釈が異なります。every child が「太郎」や「ジョン」であれば、
his は「太郎の」あるいは「ジョンの」になります。この代名詞の解釈が
「束縛変項解釈」(bound variable interpretation) で、every child に与えら
れる値によって解釈が連動することから「連動読み」とも呼ばれています。
他方、後で説明しますが、(1b) は一定の統語条件をクリアしていないため
にそのような束縛変項解釈は可能ではなく、his は話し手と聞き手で共通に
理解する特定の人を指すので、「指示読み」となります。

　束縛変項解釈は、これまでの第二言語習得研究において高い関心をもって
議論されてきたトピックではありませんでした。最近の言語習得研究の動向
でもその傾向に大きな変化はないようですが、本章では、先行研究の成果や
私たちが行なった調査の結果を紹介しつつ、今後の研究に繋がるように議論
していきたいと思います。

2.　束縛変項と弱交差現象
2.1.　C-統御と文法項

　束縛変項解釈は一定の統語条件をクリアしていなければいけないと先ほど
述べましたが、その条件は Weak Crossover Constraint (弱交差制約) と呼
ばれる制約で、次のように定義することができます。

(2)　Weak Crossover Constraint (WCC)

　　代名詞はそれが文法項によって束縛されている場合、束縛変項として
　　解釈できる[1]。

1　A pronoun can be interpreted as a bound variable if and only if it is A-bound.　この定
義については、他に Higginbotham (1983), Reinhart (1983), Jaeggli (1984), Postal (1993),
Safir (2004) を参照ください。

第 5 章　束縛変項解釈　| 83

WCC は、移動による派生結果の書き出し領域（Spell-Out）以降に LF（logical form、論理形式）において適用される制約で、「文法項によって束縛される」は同一指標を持つ主語や目的語によって C-統御されることを意味します。たとえば、(1a) の LF 表示は (3) のようになります。

(3)　[Every child_i [~~Every child_i~~ loves his_i mother]]（(1a) の LF 構造）

every child は数量詞句（quantifier phrase, QP）で、作用域を定めるために LF では繰り上げ操作（quantifier raising, QR; May 1977）が起こり、主語の位置の every child は削除されます。削除前に同一指標を持ち、C-統御する his を束縛変項として認証すると想定されます。ここで可能となった束縛変項解釈は次のような意味を持ちます。

(4)　[every x, x＝child, x loves x's mother]

　他方、(1b) は目的語の every child を繰り上げ操作した後の LF 構造は (5) のようになり、主語の位置にある his は削除される前の every child によって C-統御されていないため、弱交差効果が起こり、束縛変項解釈は可能ではありません。なお、文頭にコピーされた every child は his を C-統御するのですが、その位置は文法項の位置[2]ではありませんので、先行詞とはなりません。

(5)　*[every child_i [his_i mother loves ~~every child_i~~].（(1b) at LF）

つまり、(1b) を弱交差の視座から捉え直すと、次のような図式となります。

(6)　*[QP/WH_i [pronoun_i……~~QP/WH_i~~]（＝(1b)）

2　QR は数量詞・WH- 疑問詞を文法項の位置ではない [Spec, CP] へ繰り上げると想定します（May 1977）。

2.2. 「彼」は束縛変項にならない

さて、日本語の「彼」は厳密の意味では代名詞ではなく、日本語には顕在代名詞は存在しません。それでは、束縛変項解釈は日本語に存在しないのでしょうか。Saito & Hoji (1983) では、次のような例を用いてこの問題について検証しました。

(7) a. Who$_i$ praised his$_i$ mother.
　　b. *誰$_i$ が彼$_i$ の母親をほめたの。

英語の (7a) では、his が WH 句の who に束縛されているので束縛変項解釈が可能です。しかしながら、日本語の (7b) では WH 句の「誰」が「彼」を C-統御しているのにもかかわらず、束縛変項解釈による連動読みは可能ではなく、特定の人を指す指示読みとなります。「なぜできないか」について、Saito & Hoji では「彼」が代名詞ではないからだと説明しました。

この英語と日本語の違いは「彼」が補文節においても生じます。

(8) a. Every student$_i$ believes that he$_i$ is the best.
　　b. *どの生徒$_i$ も彼$_i$ が一番だと信じている。

英語の (8a) では he は数量詞句の every student を先行詞として取り、束縛変項解釈ができるのに対して、日本語の (8b) は意図した束縛変項解釈では非文法的な文となり、「彼」は数量詞句の「どの生徒」を先行詞に取ることができないことがわかります。

2.3. 「自分」と非顕在代名詞 pro

Saito & Hoji (1983) では「自分」を束縛変項解釈のできる項目として紹介しました。また Saito (1985) や Hoji (1985) では、非顕在代名詞の pro が「自分」と同じように束縛変項解釈ができる代名詞として捉えることができると論じました。たとえば、(7b) と (8b) において「彼」の代わりに「自分」や pro を用いると、英語の (7a) や (8a) で見たように、変項解釈が可能とな

ります。

(9) a. 誰$_i$が自分$_i$/pro$_i$の母親をほめたの。
b. どの生徒$_i$も自分$_i$/pro$_i$が一番だと信じている。

「自分」と pro は「誰」と「どの生徒」に C-統御されて束縛されているので、変項解釈が可能です。たとえば、その値が「太郎」であれば、「太郎の母親」あるいは「太郎が一番だと信じている」のような束縛変項解釈が可能となります。

　WCC によれば、C-統御の関係が確立できない場合には、「自分」と pro は束縛変項解釈ができず、弱交差効果が起こると予測されます。

(10) a. *自分$_i$/pro$_i$の母親が誰$_i$をほめたの。
b. *自分$_i$/pro$_i$はどの生徒$_i$も一番だと信じている。

予測通りに、これらの例では変項解釈はできず、「自分」は話し手、pro は「特定の人」を意味する指示読みのみが容認されます。「誰」と「どの生徒も」は WH 句と数量詞句のため、繰り上げ操作されて LF 表示は (5) のような WCC 構造となり、「自分」と pro は文法項によって C-統御されていないために、弱交差効果によって非文法的な文だとして排除されることになります。

2.4. 顕在代名詞制約 (Overt Pronoun Constraint)

　これまでの検証によって、日本語では「彼」は数量詞句と WH 句を先行詞に取れず、束縛変項解釈が不可能であるのに対して、非顕在代名詞 pro はそれらを先行詞にして束縛変項解釈が可能であるという違いが確認されました。この対比にかかわる制約として Overt Pronoun Constraint (顕在代名詞制約) があります。これは Montalbetti (1984) によって提案されたもので、次のように定義されます。

(11) Overt Pronoun Constraint (OPC; Montalbetti 1984)

Overt pronouns cannot link to formal variables iff the alternation overt/empty obtains.

Montalbetti はスペイン語に見られる束縛変項解釈の「顕在」対「非顕在」の対比に基づき、「代名詞に顕在と非顕在がある場合、顕在代名詞は束縛変項として解釈することができない」とする制約を設定したわけです。そして、ロマンス語を中心とした空主語パラミター（null subject parameter）の提案[3]を踏まえて、OPC は普遍文法に基づく制約だと主張しました。

　OPC が日本語にも機能する制約だと考える研究者も多く、たとえば、(7b)(8b) 対 (9)(10) で見た「彼」と pro の対比がそれに相当するのではないかと考えます[4]。したがって、この立場に立てば、次のような例もまたその対比を示すものとなります。

(12) a. 誰も$_i$が先生に [pro$_i$/彼$_{*i}$ が本を買った] と言った。
　　 b. 誰$_i$が先生に [pro$_i$/彼$_{*i}$ が本を買った] と言ったの？

数量詞句「誰も」、また WH 句「誰」は主文節の主語の位置に生成されているので、補文節内の代名詞である顕在の「彼」と非顕在の pro を C-統御することができます。したがって、WCC の制約 (2) を満たし、本来なら両者とも束縛変項解釈が可能ですが、(11) の OPC 制約によって非顕在代名詞 pro のみが束縛変項になり、顕在代名詞「彼」はその解釈ができないことになります。

3　Null subject parameter については、たとえば、Rizzi (1982, 1986), Jaeggli & Safir (1989), Kayne (1994) を参照してください。

4　上に述べたように、「彼」を代名詞ではないと考える研究者にとって OPC が日本語に適用されるかどうかについては疑問が残るかもしれません。

3. 英語母語話者による束縛変項解釈

3.1. Kanno (1997, 1998)―「誰」

　普遍文法の観点から、あるいはもう少し厳密に言えば、OPC の観点から実施した日本語の束縛変項解釈の習得研究として Kanno (1997) があります。この研究では、英語が母語の日本語学習者が「彼」と区別して非顕在代名詞 pro を束縛変項として理解できるかどうかを調査しました。考察の焦点は、OPC は普遍文法の制約であるという前提から、顕在代名詞の「彼」は数量詞句や疑問詞を先行詞に取らず、束縛変項解釈が容認されないことを英語母語話者も習得の早期段階から理解できると予測し、それを検証することにありました。

　Kanno が実験で用いた手法は次のようなテスト文に対して適切な回答を選択肢の中から選ぶ多項選択式の方法でした。

(13)　　誰が先週ワープロを使ったと言ってるんですか。
　　　　質問：誰がワープロを使ったんでしょうか？
　　　　回答：(a) <u>誰と同じ人</u>　　　(b) 他の人　　　(a) & (b)

(14)　　誰が今日彼が遅くなると言ってるんですか。
　　　　質問：誰が今日遅くなるんでしょうか？
　　　　回答：(a) 誰と同じ人　　　(b) <u>他の人</u>　　　(a) & (b)

(13) のテスト文では、補文節の主語が空主語ですから、非顕在代名詞 pro がその位置に生成されています。他方、(14) のテスト文では、補文節の主語は「彼」となっています。繰上げ操作をした後の文構造をコピー・削除の考え方に基づいて捉え直すと、LF での表示は (15) のようになります。

(15) a.　[誰$_i$ [誰$_i$ が [先週 pro$_i$ ワープロを使ったと] 言ってるんですか]]。
　　 b.　*[誰$_i$ [誰$_i$ が [今日　彼$_i$ が遅くなると] 言ってるんですか]]。

(15a)（＝(13)）では、空主語の pro は削除前の「誰」によって C-統御さ

れているで、「誰」を先行詞に取り、束縛変項解釈ができます。同様に、(15b)（＝(14)）も「彼」は削除前の「誰」によって C–統御されているので、「誰」を先行詞に取ることは可能ですが、(11) の OPC によってこの束縛変項解釈は排除されなければなりません。したがって、(13) では (a) 誰と同じ人、(14) では (b) 他の人がそれぞれ正答となります。

　Kanno (1997) の分析によれば、実験に参加した日本語学習者（日本語 2 年生）は 81.5％の割合で非顕在代名詞 pro を束縛変項として適切に容認し、13％の割合で顕在代名詞「彼」を誤って束縛変項と解釈しました。これらの結果から、英語が母語の日本語学習者は顕在代名詞の束縛変項解釈が容認されないことをすでに文法知識として習得しているのだと Kanno は判断しました。そして、第二言語習得においても OPC が普遍文法の制約として機能すると述べました[5]。

　Kanno (1998) では Kanno (1997) の結果について追跡調査しました。この実験ではハワイ大学で日本語を学習し始めてから 4 学期目の日本語学習者を対象に学期の第 1 週目と第 12 週目に前回と同じテスト文を用いて調査しました。興味深い結果として、顕在代名詞に対する平均誤答率が学期初めには 29％だったのが 12 週目には 34％に上がったことが挙げられます。他方、非顕在代名詞の束縛変項解釈の正答率は学期の初めに 73％だったのが、12 週目も 73％で改善されませんでした。すなわち、Kanno (1998) は Kanno (1997) での結論が支持されたと述べています[6]。

3.2.　Yamada (2005)―「誰か」

　Yamada (2005) は、Kanno (1997) に類似した調査方法でイギリス英語が母語の日本語学習者 26 人を対象に「彼」と「自分」を比較して束縛変項解釈を調査しました。実験で使用された多項選択式課題は次のようなテスト文と回答から構成されていました。

5　ただし、この実験では顕在代名詞が普通名詞を先行詞として取る刺激文について 42％の割合でしか正答できなかったことを補記しておきます。

6　この結論に対して、Sheen (2000) は顕在代名詞構文の誤答が学習が進んだ 12 週目に増加したのはなぜかという疑問を呈しました。

(16)　　誰かが彼がカメラを持っていると言っていましたよ。
　　　　質問：誰がカメラを持っているのでしょうか。
　　　　回答：(a) 誰かと同じ人　　(b) <u>他の人</u>　　　(c) (a) と (b) 両方
(17)　　誰が夕飯の後、自分がお皿を洗うと言っていましたか。
　　　　質問：夕飯の後、誰がお皿を洗うのでしょうか。
　　　　回答：(a) <u>誰と同じ人</u>　　(b) 他の人　　　(c) (a) と (b) 両方

(16) 〜 (17) の LF 構造は (18) のようになると想定すれば、(18a) (＝(16)) では数量詞「誰か」が主文節の主語の位置から繰り上げ操作されて、補文節の主語である「彼」を C-統御し、また (18b) (＝(17)) では疑問詞「誰」が主文節の主語の位置から繰り上げ操作されて、「自分」を C-統御します。

(18) a.　[誰か$_i$ [誰か$_i$ が [彼$_i$ がカメラを持っていると] 言っていました]] よ。
　　　b.　[誰$_i$ [誰$_i$ が [夕飯の後、自分$_i$ がお皿を洗うと] 言っていましたか]。

　しかしながら、前述のように、「彼」ではなく、「自分」のみが束縛変項の解釈が可能ですから、回答は (16) に (b)、(17) に (a) を選択しなければなりません。Yamada の報告によれば、顕在代名詞の束縛変項解釈ができるとした誤答率は 50.8% で、Kanno (1997) より高い結果でした。つまり、ここでの結果は「彼」の解釈に関する文法知識の習得が比較的容易であるとする Kanno (1997, 1998) の主張を疑問視せざるを得ない結果となりました。

3.3.　Masumoto (2008)—「みんな」

　Masumoto (2008) では、英語母語話者による日本語の束縛変項解釈の習得についてさらに研究を進めました (Masumoto & Nakayama 2014 参照)。真偽値判断課題を用いたこの実験では、(19) に示したように、英語で書かれた短い話を読んだ上で、その内容に沿って、たとえば (20) のような日本語のテスト文が適切であるかどうかを判断しました。アメリカの大学で日本語を学ぶ大学生が被験者で、テスト文にはこれまでの調査では使用されなかった数量詞「みんな」を用いました。

(19) Atsushi, Takuro and Ryo are all working for different companies.
      Atsushi's company is in Hokkaido, Takuro's is in Kyushu, and
      Ryo's is in Tohoku. For the last 2 months, they were working on a
      very big project that their companies sponsored. The three worked
      on the project together in Tokyo so they haven't been back to
      their own companies for 2 months. In December, they completed
      their project work, so they went to their own offices to report the
      success of the project to their bosses.

(20) みんなが彼の会社に戻った。　　　　［真・偽］

　(19) での話では、「みんなはそれぞれ自分のオフィスに戻った」とあるの
で、束縛変項解釈とならなければなりませんが、「彼」では指示読みしか可
能でないため、正答は「偽」でした。大学 2 年生の 29 人中、テスト文 (20)
を「偽」と適切に判断した正答率は 39％でした。つまり、60％以上の被験
者が顕在代名詞の束縛変項解釈が可能であると誤って判断しました。

3.4.　Pimentel & Nakayama (2012 a, b)―「どの‥も」

　Pimentel & Nakayama (2012a) では、数量詞句「$_{DP}$ どの‥も」を用いて
「彼」を束縛変項として解釈するかどうかを調査しました[7]。実験は Masumoto
(2008) と同様に真偽値判断課題を用いました。

(21) Kenji, Takashi, and Shinsuke are cousins who went to a department
      store with their little sisters. Their grandfather accompanied them
      as well. They went to the department store in order to check out
      a large sale on electronics. While they were looking at televisions,
      their little sisters decided to go off in different areas of the store
      to see what else might be on sale. After looking at the televisions,

---

7　DP＝determiner phrase（名詞句と同等）。

第 5 章　束縛変項解釈 | 91

Kenji, Takashi, and Shinsuke went off to try to find their little sisters. Takashi found his little sister at the cosmetics counter looking at makeup so he called her. Kenji found his little sister in a café, so he called her. Shinsuke found his little sister, in the ladies apparel section so he called her. After they all found their sisters, they all got together and had lunch at a restaurant on the top floor of the department store.

(22)　どのいとこも彼の妹を呼んだ。　　　［真・偽］

(21) の話では、「3 人のいとこたちはそれぞれ自分の妹を探して呼んだ」ですから、束縛変項解釈とならなければなりません。しかしながら、「彼」は数量詞句「どのいとこも」を先行詞として取ることはできないため、適切な回答は「偽」となります。英語母語話者日本語学習者の大学生 18 人の正答率は 44％ でした。なお、この調査では非顕在代名詞 pro を含むテスト文もありましたが、数量詞句を先行詞として取ることが可能だと判断した正答率は 71％ でした。

　以上のように、Masumoto (2008) および Pimentel & Nakayama (2012a) の調査の結果は両方とも Kanno (1997) の結果と異なったものでした。ただし、これらの調査は真偽値判断課題を用いたもので、Kanno の多項肢選択課題とは異なっていたために異なる結果が生じたのかもしれないと考えられます。そこで、Pimentel & Nakayama (2012b) では追跡調査をしました。この実験では、Kanno と同じように多項肢選択課題を用いて、Pimentel & Nakayama (2012a) で利用したテスト文に Kanno のテスト文を加えて束縛変項解釈を検証しました。結果は、日本語を学ぶ大学 2 年生の 11 人中、「彼」が束縛変項となると答えた誤答率が 63.6％ でした。このことから、実験手法の違いが顕在代名詞の束縛変項解釈の誤答率の違いに繋がった可能性はほとんどないと Pimentel & Nakayama (2012b) は結論付けました。では、なぜ違いが生じたのでしょうか。

3.5.　何が起こっているのか—問題点

　これまでの実験の結果を日本語学習期間の観点から捉え直してみましょう。Masumoto (2008) の調査では、平均誤答率は日本語2年生（29人）の61％から日本語3年生（12人）の44％へ低くなりました。Pimentel & Nakayama (2012b) の調査では、日本語3年生（12人）の平均誤答率は25％でした。そして Pimentel & Nakayama (2012a) の調査では、日本語4年生（14人）の平均誤答率は2年生とほぼ同じの67％でしたが、日本語5年生以上（9人）になると17％に減少しました。これらの結果を総括すれば、日本語の習熟度の向上に比例して束縛変項解釈の誤答率が低くなっていく傾向にあることがわかりました。

　では、これらの被験者たちが学習していた日本語プログラムで2年生と3年生の学習内容において何が起こったのでしょうか。これが問題点を解明するカギとなるようです。実は、3年生になると、これまでの顕在代名詞と非顕在代名詞に加えて、再帰代名詞の「自分」が学習項目として導入されます。インプット量の増加のみならず、代名詞全般に関して学習者の語彙力や経験値が拡大すると考えられます。この点からすれば、Kanno (1997, 1998) の実験に参加した日本語学習者は習熟度が極めて高かったかもしれません。

　しかしながら、他の調査結果を見ると、日本語の第二言語習得においてOPC は機能しないようで、この制約が生得的で第二言語習得においても学習者は利用できるとする仮説は十分に説得できるものではないようです。OPC はロマンス語の言語では適切に機能すると考えれば、ここでの問題はOPC というより、むしろ「彼」の特質にあるかもしれません。あるいは、「彼」は he や him のような代名詞ではないので (2.2 節)、日本語には「顕在」対「非顕在」の交替が本質的に存在しないとする立場を取ることもできます。この場合、OPC は日本語には適用されないことになります。

4.　pro 脱落言語[8] の母語話者による束縛変項解釈

　第3節で炙り出された問題をもう少し調べるために、本節では英語以外の

8　pro-drop language

母語話者による日本語の束縛変項解釈の習得について考察します。特にここでは、日本語と同様に、顕在代名詞と非顕在代名詞が存在し、顕在代名詞が数量詞や疑問詞を先行詞として取ることができないトルコ語と中国語の母語話者による束縛変項解釈の習得について実証研究の結果を説明します。注視すべき点は、これらの学習者たちが第3節の英語母語話者のように変項解釈あるいは指示解釈のどちらを選択するかにあります。

4.1. Kahraman & Nakayama (2015)―トルコ語母語話者

(23) の例文は Kahraman & Nakayama (2015) から引用したものです。日本語と同様に、トルコ語でも顕在代名詞 [o] は非顕在代名詞と交替できることがわかります。

(23) a.   Yamada-san   [pro$_i$/o$_i$-nun kitap al-dığı-nı]   söyledi.
      Yamada-san-NOM   s/he-GEN   book buy-NML-ACC   said
      'Yamada$_i$ said that s/he$_i$ bought a book.'

    b.   Herkes$_i$ [pro$_i$/o$_{-i}$-nun kitap al-dığı-nı]   söyledi.
      everybody-NOM   s/he-GEN   book buy-NML-ACC   said
      'Everyone$_i$ said that s/he$_i$ bought a book.'

    c.   Kim$_i$ [pro$_i$/o$_{-i}$-nun kitap al-dığı-nı]   söyledi?
      Who-NOM   s/he-GEN   book   buy-NML-ACC   said
      'Who$_i$ said that s/he$_i$ bought a book?'

先行詞が固有名詞である (23a) では、[o] は pro と同様に「山田さん」を先行詞に取り、指示読みが可能です。他方、先行詞が数量詞の herkes 'everybody' である (23b)、また先行詞が疑問詞の kim 'who' である (23c) では顕在代名詞の束縛解釈は可能ではありません。空主語の pro はこれらの数量詞と疑問詞を先行詞に取り束縛変項の解釈が可能です。このように、[o] と pro は同じ統語環境で交替できるので、OPC はトルコ語にも適用される制約だと考えられます。

Kahraman & Nakayama (2015) では、トルコ語母語話者による束縛変項

解釈について調査しました。被験者は大学生32人で、日本語習熟度テストによって3グループ（最上級レベル9人、上級レベル7人、中級レベル14人）に分けられました[9]。テスト文は Pimentel & Nakayama (2012a) で用いたものをトルコ語に翻訳して利用しました。ただし、テスト文の固有名詞や未習の語彙は彼らの日本語学習レベルに応じて理解できる語彙に変更しました。手法はこれまでの実験と同じく真偽値判断課題を用いました。たとえば、(24) ～ (25) は前出の (21) ～ (22) をトルコ語に翻訳したもので、Doğru は「真」、Yanlış は「偽」を意味します。

(24) Kemal, Tugay ve Şaban, kız kardeşlerini yanlarına alarak bir alışveriş merkezine giden kuzenlerdir. Dedeleri de onlarla birlikteydi. Onlar büyük bir elektornik mağazasına girdiler. Onlar televizyonları incelerken, kız kardeşleri, diğer mağazaları gezmeye karar verdiler. Televizyonları inceledikten sonra, Kemal, Tugay ve Şaban kız kardeşlerine bakmaya gittiler. Tugay kardeşini kozmetik ürünler satan mağazada makyaj malzemelerine bakarken buldu ve yanına çağırdı. Kemal ise kardeşini bir cafede buldu ve yanına çağırdı. Şaban da kardeşini kadın elbiseleri satan bir mağazada buldu ve yanına çağırdı. Herkes kardeşini bulduktan sonra hep birlikte en üst kattaki restoranda öğle yemeği yediler.

(25) どのいとこも彼の妹を呼んだ[10]。   Doğru/ Yanlış

英語の時と同様に、「3人のいとこたちはそれぞれ自分の妹を呼んだ」で、「彼」は指示読みしか可能ではないので、テスト文 (25) への正答は Yanlış「偽」となります。

9　ここでは「最上級レベル」としましたが、論文の中では superior level でした。このグループの学習者は日本の大学で正規の授業を理解できる日本語力を持っていました。

10　実際の調査票には、すべての被験者がテスト文を理解できるように、漢字の「彼」、「妹」、「呼んだ」にはひらがなで送り仮名を付けました。

さて、OPC が第二言語習得において機能し、加えて母語から正の転移があることを前提にすれば、トルコ語母語話者は日本語の統語環境において代名詞が顕在・非顕在と交替できる時には顕在代名詞を数量詞や疑問詞を変項として取ることができないと適切に判断できるはずであると予測されました。

　それでは、結果を見てみましょう。表1は「顕在」対「非顕在」で、結果をグループ別にまとめて、わかりやすくグラフにしました。

表1　グループ別による束縛変項解釈の有無に関する正答率（%）

グループ	「彼」	pro	
	「偽」	「真」	「偽」
中級レベル　　（n=14）	46	96	93
上級レベル　　（n= 7）	68	93	100
最上級レベル　（n= 9）	100	89	100
コントロール　（n=15）	88	95	97

（Kahraman & Nakayama (2015) より抜粋）

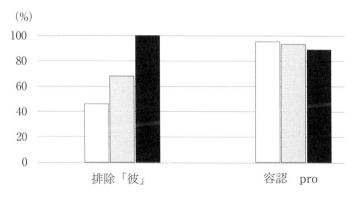

グラフ1　グループ別による束縛変項解釈―「排除率」対「容認率」

　まず、最上級レベルは「彼」が束縛変項とならないことを文法知識として習得していることがわかります。次に、中級レベルでは、「彼」を数量詞や疑

問詞と同一視できると判断する誤答率が54％でした。また、「彼」の束縛変項解釈を適切に排除できる学習者は上級レベルになっても70％に至りませんでした。

Kahraman & Nakayama の分析によると、非顕在代名詞 pro についてはグループ間に有意差はなく、まったく問題ありませんでした。しかし「彼」については、コントロールグループは最上級レベルとの間に有意差はありませんでした（$p>.26$）が、中級レベルと上級レベルの間には有意差がありました（上級レベル $p=.04$、中級レベル $p=.002$）。また、上級レベルと中級レベルの間にも有意差がありました（$p=.05$）。これらの結果から、英語母語話者と同じように、トルコ語母語話者は比較的高い日本語習熟度に到達するまでは顕在代名詞を束縛変項として誤認する傾向にあることがわかりました。

4.2.　Nakayama & Xie（2016）—中国語母語話者

中国語の顕在代名詞は、日本語の「彼」やトルコ語 [o] と同じく、束縛変項の解釈ができません。

(26) *Mei-ge　　tangxiongdi$_i$ dou　jiao　le　　ta$_i$　de　　meimei.
　　　every-CL　cousin　　　　DOU　call　ASP　he　MOD　sister
　　　'Every cousin$_i$ called his$_i$ sister.'

「いとこたちはそれぞれの妹を呼んだ」という解釈では (26) は非文法的な文で、このことは顕在代名詞 ta 'he' が数量詞句 mei ge tangxiongdi 'every cousin' を先行詞として取ることができないことを示しています。

Nakayama & Xie (2016) では、前出の実験と同じく、短い話を中国語で読み、それに続く日本語のテスト文がその内容と一致するかどうかを問う真偽値判断課題を用いました。たとえば、(27) は (21) ～ (22) を中国語に翻訳したもので、(28) がテスト文で、「对」は「真」、「错」は「偽」です。

(27) 建二、崇士和信介是堂兄弟，他们带着各自的妹妹去百货商店。他们的
　　　祖父 也跟他们一起去。他们去百货商店是为了看电子产品促销会。当

他们在看电视机的时候，他们的妹妹想去商场其它地方看看别的促销产品。看完电视机之后，建二、崇士和信介就去找他们的妹妹。崇士发现他的妹妹在化妆品专柜看化妆，他就叫回了她。建二发现他妹妹在咖啡厅，也叫回了她。信介发现他妹妹在女装部，同样也叫回了她。他们找回了各自的妹妹后，就去商场顶层的餐厅吃午饭。

(28)　どのいとこも彼の妹を呼んだ。　　　［対・错］

(27) では、(21)、(24) と同様に、「3 人のいとこはそれぞれ自分の妹を呼んだ」ですが、「彼」は指示読みしか可能ではありませんので、(28) では正答として「错」を選択することになります。

　実験に参加したのは上海で日本語を学ぶ大学生 12 人で、実験には 37 問ありました。平均正答率は「彼」が 29％、pro が「真」で 92％、「偽」で 96％でした。この結果は英語母語話者 (Pimentel & Nakayama (2012a, b) やトルコ語母語話者 (Kahraman & Nakayama 2015) に類似したもので、非顕在代名詞 pro の束縛変項解釈についてはまったく問題がない一方、中国語が母語の日本語学習者にとっても「彼」はむずかしく、束縛変項として誤認する傾向にあることがわかりました[11]。

4.3.　学習方略

　本節では、pro 脱落言語が母語のトルコ語話者と中国語話者による日本語の束縛変項解釈について「顕在代名詞」対「非顕在代名詞」の対比から検証してきました。その結果、学習者は日本語の習熟度が上級レベルになっても、代名詞が数量詞や疑問詞によって C-統御されていれば、顕在・非顕在の区別なく、束縛変項として解釈する傾向にあることがわかりました。第 3 節で概観した英語母語話者による束縛変項解釈の習得において見られた結果に類似したものでした。すなわち、日本語学習者は母語に関係なく「彼」を束縛変項として解釈する傾向にあることがわかりました。したがって、すで

11　Hong & Nakayama (2017) では、韓国語が母語の日本語学習者に対して同様の実験をした結果、顕在代名詞の束縛変項解釈の誤答率が高かったと報告しています。

に指摘されているように、この傾向は母語からの転移によって生じたもので
ないことが明らかになりました。

　それでは、この母語に左右されない習得過程をどのように説明したらよい
でしょうか。Pimentel (2014) によって提案された説明にディフォルト学習
方略があります。この方略は、束縛変項解釈の構造条件 (2) は普遍的なもの
で、その条件が満たされる場合、代名詞はすべて束縛変項解釈が容認される
という考え方です。日本語では顕在代名詞はほとんど文中に先行詞がないこ
とをインプットから学習し、指示詞のように機能する代名詞として理解する
ようになると Pimentel は述べています。そして、「自分」の束縛変項解釈を
学習するようになって始めて、「彼」は束縛変項とならないことを理解する
ようになるのではないかと提案しました[12]。このアプローチが妥当な仮説で
あるかどうかについては今後の研究成果が待たれます。

5.　日本人英語学習者の束縛変項解釈

　最後になりましたが、日本人英語学習者による英語の束縛変項解釈の習得
について概観します。英語では、すでに前出の (1a) (7a) (8a) で見たように、
(2) の条件を満たせば、代名詞は束縛変項解釈が容認されます。非顕在代名
詞 pro は英語には存在しませんので、OPC は関係ありません。

5.1.　Ito (2003)

　日本語母語話者による束縛変項解釈の習得について調査した初期の研究
に Ito (2003) があります。簡単に説明すると、この調査では日本の高校で英
語を学ぶ高校生 58 人を対象に絵を用いた真偽値判断課題を用いました。使
用したテスト文は次のような every woman と代名詞の関係を問うものでし
た。

(29)　Is every woman pointing at her?

12　「自分」の束縛変項解釈に関しては Kano & Nakayama (2004) を参照。

絵では、3人の女の人（woman）が片手の人差し指でそれぞれに自分を指さし、1人の女の子（girl）は両手を横に広げていたので、この場合の正答は「偽」となります[13]。

　報告された結果によれば、高校生の正答率はテスト文と絵が一致した「真」では73％〜79％（平均76％）、両者が一致しなかった「偽」では70％〜82％（平均76％）でした。したがって、Ito は代名詞の先行詞として数量詞句を取る束縛変項解釈は日本の高校生にとって比較的容易であると結論付けました。

5.2.　Oya（2006）

　Oya（2006）は、Ito（2003）を参考にした研究で、日本で英語を学ぶ高校生と大学生の束縛変項解釈の習得を調査しました[14]。実験では、まず予備テストによって107人の中から英語の代名詞と再帰代名詞の束縛解釈について基本的な文法知識を持つ高校生と大学生91人を選抜しました。これらの被験者を代名詞グループ（高校生18人+大学生22人）と再帰代名詞グループ（高校生21人+大学生30人）に分けました[15]。Ito と同じく真偽値判断課題を用いましたが、絵ではなく、日本語学習者による調査で用いたような短い話によって内容・状況を描写し説明しました。

　代名詞グループと再帰代名詞グループにはそれぞれテスト文が20問あり、10問が束縛変項問題、残りの10問がフィラー問題でした。そして、グループ別の束縛問題の10問中、5問がTRUE、残りの5問がFALSEを正答とする問題で、たとえば、次のような課題が用いられました。

(30)　美穂と百合子と理子は同じ小学校に通う姉妹です。ある日、美穂は
　　　Mのイニシャルが入ったスプーン、百合子はドナルドダックのスプーン、理子はミッキーマウスのスプーンを使って、リビングでデ

13　絵は調査用紙にプリントされたもので、合計で7枚が使用されました。

14　Oya（2006）では実験は2回行なわれましたが、ここでは2回目の実験結果について解説します。

15　高校生は2年生、大学生は2〜3年生。

ザートのアイスクリームを食べていました。そこへお母さんがやって来て、自分のスプーンは自分で洗ってから寝るように言いました。百合子は自分のスプーンを洗って寝ました。美穂は理子がソファーで寝ていたので、彼女のも洗ってあげようとしたところ、理子は突然起きて、『自分のは自分であらうよ』と言って洗いましたので、美穂は自分のスプーンだけを洗って寝室に行きました。

(31)　Everyone washed her spoon.　　　<u>TRUE</u>　　FALSE

(32)　田中さんと加藤さんはバレーボールの選手で、同じチームに所属しています。田中さんはチームのエースアタッカーです。ある日、田中さんが加藤さんにアドバイスをしていました。

田中さん―『ボールをよく見てジャンプしないと！　ブロックになってないよ。』

加藤さん―『でも、僕は一所懸命やっているよ。正直に言うと、君のアタックが最悪。アタックって100％完璧でなきゃいけないけど、君のはけっこう失敗ばかりだよね。』

(33)　Everyone blamed himself.　　TRUE　　<u>FALSE</u>

(30) では「3人とも各自のスプーンをそれぞれ洗いました」ので、(31) への正答は TRUE、(32) では「田中さんは加藤さんを、加藤さんは田中さんを責めました」ので、(33) への正答は FALSE を選択することになります。

　表2は結果をまとめたもので、カッコ内の数字は各グループの被験者数です。また、グラフ2は被験者グループ別に結果を示したものです。代名詞の束縛変項解釈の正答率は78.9％～91.7％で、初級レベルでもそれほど大きな問題はないように思えます。また再帰代名詞の束縛変項解釈の正答率は76.7％～93.6％で、特に大学生になると90％以上と極めて高い正答率となっ

ている点は着目すべき結果でした[16]。

表2　束縛変項解釈の正答率（％）

束縛変項課題（テスト文）		高校2年 (n)	大学2年 (n)	大学3年 (n)
代名詞　　　（n=40）	(31)	78.9 (18)	82　 (10)	91.7 (12)
再帰代名詞（n=51）	(33)	76.7 (21)	92.5 (16)	93.6 (14)

（Oya (2006) 実験2より抜粋）

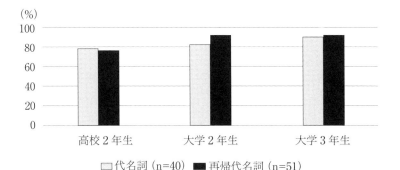

グラフ2　被験者グループ別束縛変項解釈の正答率

　Oya の分析によれば、代名詞の束縛変項解釈の正答率では、高校2年生と大学3年生の間に、また大学2年生と大学3年生の間にそれぞれ有意義がありました（$p=.012, p=.032$）。一方、再帰代名詞の束縛変項解釈の正答率では、高校2年生は大学2年生および大学3年生との間にそれぞれ有意差がありましたが（$p<.001, p<.001$）、2つの大学生グループ間には有意差がありませんでした。さらにグラフ2に示したように、高校2年生では代名詞と再帰代名詞の間に有意差はなかったのですが、大学生では両者間に有意差が生じました（$p=.04$）。特に、大学2年生グループでは、再帰代名詞の正答率が

16　この高い正答率について、Oya は TRUE に対する YES と答えてしまう傾向、「肯定バイアス」を指摘して、これを是正するためにノンパラメトリック測定を行ないました。その結果、代名詞の束縛変項解釈では高校生88％、大学生92％、再帰代名詞の束縛変項解釈では高校生81％、大学生96％の正答率であったと報告しています。

代名詞の正答率より約10%も高かったことがわかりました。

5.3.　文法知識の普遍性

　このように、総体的に見て、束縛変項解釈の正答率は習熟度によって上昇し、再帰代名詞の方が代名詞よりも比較的よく理解できることがわかりました。また、Oya の実験結果で強調したい点は、Ito の研究と同様に、高校2年生グループでも束縛変項解釈の正答率は高く、その習得が比較的容易であることです。言い換えれば、日本語の「彼」が束縛変項解釈を容認しないという母語からの転移はほとんどないと言えます。このことは、(2) に定義した束縛変項解釈の制約を第二言語学習者が習得過程の早期段階から文法知識として内在化していると仮定することがそれほど無理ではないと示唆しています。もしこの判断が妥当な考え方であるとすれば、束縛変項解釈の制約は普遍的なもので、基本的には学習する必要がない文法知識の一つであろうと想定できるのではないでしょうか。

6.　まとめ―「彼」と he

　本章では、日本語の「彼」と英語の he に考察の焦点を置いて、代名詞の束縛変項解釈の第二言語習得研究の成果を見てきました。実証的な結果から、束縛変項の習得では総体的に母語からの影響がないことが明らかになりました。「彼」の束縛変項解釈については、非顕在代名詞を持たない英語が母語の学習者でも、また顕在代名詞を持ち束縛変項解釈を容認しないトルコ語や中国語が母語の学習者でも、日本語習熟度がある程度上級レベルになるまでは「彼」を束縛変項になると誤認してしまう傾向が指摘されました。そして he あるいは himself の束縛変項解釈については、顕在代名詞が存在しない日本語が母語の日本人英語学習者は正答率が初級レベルの約80%から中級レベルの90%以上へ向上することがわかりました。つまり、いずれの代名詞についても弱交差制約の定義にあるような統語環境が満たされれば、学習者は束縛変項解釈を容認することが確認されました。

　この現象を「局所性」と「パラミター」の視点から考えれば、次のようなことが言えるようです。まず、照応関係を確立する時に学習者は先行詞とし

て局所的な文法項を探すことから始めます。この見方は、局所性が普遍文法の根底にある概念だと想定すれば、理解しがたいことでは決してありません。次に、母語からの転移が早期の習得過程において起こらない点は照応関係が普遍的に局所的であるからだと考えます。そして学習者が代名詞のパラミター的な特徴を理解できる学習段階に到達した時点で、修正が必要であれば適宜に修正することによって、適切に理解できるようになります。日本人英語学習者にとって he の束縛変項解釈にはそのような修正が必要でなく、日本語学習者にとって「彼」の束縛変項解釈では「できない」と修正しなければならないので、習得が遅れるのではないかという結論になります。この結論について今後さらに検証がなされることが期待されます。

第6章

コントロール・タフ・主語繰り上げ構文

1. はじめに

本章では、次のような3つの構文について考察します。

(1) a. John promised to study hard.

b. John is tough to please.

c. John seems to be friendly.

(1) の文はそれぞれ複雑な構造を持つ文で、一般的に (1a) がコントロール構文、(1b) がタフ構文、(1c) が主語繰り上げ構文と呼ばれています。3つの構文に共通する特徴は3つあります。第一に、埋め込みの補文節が不定詞、第二に、その不定詞の主語が無形で見えない・発音されない文法項 (主語あるいは目的語)、そして第三に、その不定詞節内の空項 (null argument) と先行詞の照応関係が長距離であることです。それでは、その3つの特徴を簡単に見ておきましょう。

まず、これらの構文は補文節が不定詞となる構造を持ちます。

(2) a. John$_i$ promised [PRO$_i$ to study hard].

b. John$_i$ is tough [PRO to please t$_i$].

c.　John$_i$ seems [~~John$_i$~~ to be friendly].

続いて、その不定詞節の主語がコントロール構文 (2a) では非顕在代名詞 PRO で、主文節の主語の John と同一でなければなりません[1]。タフ構文 (2b) でも主語は同じく PRO ですが、その解釈は特に制約されず、John 以外の誰か、もしくは「随意に選択した人」となります。興味深い点は不定詞の動詞 please の目的語が主文節における主語 John となって表出していることです。主語繰り上げ文 (2c) では不定詞の主語の John が主格を得るために主文節の主語の位置に移動 (あるいはコピー・削除) した「主語から主語へ」繰り上げした構文です。このように、本論ではこれらの不定詞には見えない主語が存在すると想定しますが、この考え方は「すべての文には主語が存在しなければならない」という「拡大投射原理」(Extended Projection Principle: EPP) に基づくものです (Chomsky 1981)。

　さらに、これらの構文では、主文節の主語とそれに随伴する空範疇はそれぞれ生成される節が異なるためにその照応関係は短距離ではなく、長距離となります。特に、文中に「経験者」(experiencer) の主題役割 (thematic role) を持つ経験者句が現れますと、この点がより顕著となります。たとえば、(2) の文に経験者の Mary を挿入して考えてみます。

(3)　a.　John$_i$ promised Mary [PRO$_i$ to study hard].

　　 b.　John$_i$ is tough for Mary [PRO to please t$_i$].

　　 c.　John$_i$ seems to Mary [~~John$_i$~~ to be friendly].

コントロール構文 (3a) では John と PRO の間、タフ構文 (3b) では John とその痕跡の間、そして主語繰り上げ構文 (3c) では John と削除された John (あるいはその痕跡) の間に、それぞれ Mary が介在しています。その結

1　本章では、コントロール構文は基底構造において不定詞の主語の位置に PRO の生成を仮定して議論を進めていきます。不定詞の主語が主文節の主語の位置に移動する仮説 (Hornstein 1999, 2001, Hornstein & Polinsky 2008)、すなわち「名詞句移動」の考え方もありますが、ここでの習得に関する議論には大きな影響はありません。

果、主文節の主語とその関連空範疇の照応関係は局所性の理論（たとえば、Rosenbaum (1967) の「最短距離の原則」(Minimal Distance Principle, MDP) あるいは Rizzi (1990) の「相対最小性理論」(Relativized Minimality, RM) に従うことができないため、通常であれば、この違反によって文は非文法的になるべきですが、その予測に反して、すべて文法的な文です。

この理論と事実の齟齬は、「局所性」が人間の認知の重要な部分に存在して言語習得に大きくかかわるという立場から考えますと、極めて不可解なパズルで、このズレが果たして習得に影響を与えるかどうかが重要な研究課題となります。この疑問に対して、これまで適切な答えを探そうとする取り組みがいろいろと実施されてきました。この章では、コントロール構文、タフ構文、主語繰り上げ構文の構造上の複雑性を踏まえつつ、この「局所性の違反」という言語習得上の大きな問題について、これまでの研究で明らかになったことを第二言語習得の視座からまとめていきたいと思います。そして、可能な限り、最新の研究成果も紹介することにします。

本章の構成は次の通りです。第2節では、ここで取り上げる3構文について統語上の仮説や特徴を簡単に説明し、第一言語習得研究の先行研究の成果を概観します。第3節では、第二言語習得の先行研究の成果を整理し、未解決の研究課題を明らかにしましょう。第4節では、私たちがこれまで数年間取り組んで来た一連の研究プロジェクトの実施経過を遡って、日本人英語学習者にとってこれらの3構文は習得がむずかしいかどうかを構文の複雑さと局所性の厳守という観点から検証します。この難易度に関する私たちの調査結果は今後の英語教育の指導上の指針や学習上の方策を考案する上で重要なカギとなると考えられます。

2.　構文の統語特徴と母語習得

1950年代以降の生成文法[2]の発展に基づいた研究の結果、次のような2つの隔たりが明らかになりました。第一点目は、子どもたちが母語を習得する過程で得る言語の質と量、そして実際に構築する文法構造の「多

2　Generative Grammar (Chomsky 1955, 1957)。

様」と「無限」の間に大きな隔たりがあることです。これは一般的に「刺激の貧困」（poverty of stimulus）として知られている現象で、言語学者や言語習得研究者にとって極めて興味深い事実です（Berwick, Chomsky & Piattelli-Palmarini 2013）。

　第二点目は、大人の文法と子どもの文法の間に隔たりがあることです。一例を挙げて説明すると、英語を母語とする5歳以下の子どもたちにとって主語関係節（4a）の方が目的語関係節（4b）より解釈が容易であるという研究結果があります（Friedmann, Belletti & Rizzi 2009）。

(4)　a.　Show me the elephant that is wetting the lion.
　　　b.　Show me the elephant that the lion is wetting.

この難易度の差は、先行詞 the elephant と関係節化の操作で生じた空範疇との間に the lion が介在するかどうかに起因すると考えられます（Belletti & Rizzi 2013）。つまり、主語関係節文ではそれが介在しないのに対して、目的語関係節文ではそれが介在するため、大人の文法と異なり、子どもの文法では両者間の照応関係が阻害されるからだと分析されます。つまり、大人の文法ではその阻害要因を排除する方法を習得済であるのに対して、子どもの文法はまだそれを習得していないと考えるわけです。

　それでは、これらの2点に着目して、英語のコントロール構文、タフ構文、主語繰り上げ構文の第一言語習得研究の主要な成果を概観します。

2.1.　コントロール構文

　ここで取り上げるコントロール構文は義務的コントロール構文（obligatory control construction）で、2種類あります。

(5)　a.　John promised Mary to study hard.
　　　b.　John persuaded Mary to study hard.

(5a) は主語コントロール構文、(5b) は目的語コントロール構文です。両者

の違いは不定詞の主語 (PRO) をコントロールするのが主文節の主語か目的語かによって生じます。

つまり、(5) の文構造を (6) のように想定すると、次のように説明することができます。

(6) a. John$_i$ promised Mary$_j$ [PRO$_{i/*j}$ to study hard].
 b. John$_i$ persuaded Mary$_j$ [PRO$_{*i/j}$ to study hard].

まず、補文節の不定詞の主語には見えない非顕在代名詞 PRO が現れると仮定します。次に、この空主語 PRO は身元を明らかにしなければ文の解釈ができませんから、(6a) の場合は主文節の主語 John、そして (6b) の場合は主文節の目的語 Mary と同一人物であると解釈します[3]。これがコントロール操作の果たす役割で、コントローラーが前者では主語、後者では目的語となります。

C. Chomsky (1969) は、英語が母語の子どもたちにとって目的語コントロール構文 (5b) の方が主語コントロール構文 (5a) より習得が容易であること、そして主語コントロール構文の習得については 6 歳以降になることを報告しています。彼女の分析によれば、主語コントロール構文の習得の遅れは早期の子どもの文法では Rosenbaum (1967) の提案した「最短距離の原則」(Minimal Distance Principle) に従う傾向が強いために、問題の PRO を誤って Mary にリンクさせてしまうと説明しました。

この見解に対して、Wexler (1992) は Borer & Wexler (1987) の「成熟仮説」(Maturation Hypothesis) に基づき、早期の子どもの文法には PRO が存在しないために主語コントロール構文の習得に遅れが生じると説明しました。すなわち、目的語コントロール構文の場合も同様に誤りが起こるのです

---

3 主語か目的語かという区別は、(5) の例文からわかるように、主文節の動詞によって決まります。補足しておきますと、目的語コントロール構文の動詞は persuade の他に、たとえば、ask, order, tell などがありますが、主語コントロール構文の動詞は promise 以外にはほとんどなく、たとえば、agree は前置詞 with が必要となってきます (John agreed with Mary to leave soon.)。

が、PRO が主文節の目的語 Mary と同一人物なので、実際には誤りとして現れないとしました。しかしながら、McDaniel, Cairns & Hsu (1990/1991) では 4 歳前後の子どもたちに次のような文について動作課題（act out）で実験を行なった結果、PRO は不定詞の主語として理解できるが、その空主語の解釈は随意であったと報告しています。

(7) a. Cookie Monster tells Grover to jump into the water.

　　 b. The zebra touches the lion before drinking some water.

さらに Goodluck, Terzi & Diaz (2001) では、英語以外の言語を母語とする 4 歳児たちを調査した結果、want や try のような主語コントロール構文は適切に理解できるのに対して、副詞節（たとえば、(7b) の before drinking some water) の主語の位置に生成される PRO は理解できなかったと述べています。つまり、これらの実験結果に沿って考えれば、4 歳までに PRO についての知識は習得していることになります[4]。

　さて、統語論の枠組みがミニマリスト・プログラム（Chomsky 1993, 1995) に移行して、この問題について新しい見解が提示されるようになりました。その中の一つが Belletti & Rizzi (2013) の「相対最小性理論」[5]に基づく分析です。つまり、重要な問題は「経験者」(experiencer) の意味役割

4　この主張は Pinker (1993) の基本的な考え方、「文法項（argument）を統語上に適切にリンクしマッピングする知識は生得的な言語習得メカニズムの一環である」と考える立場と一致するのではないでしょうか。

5　「相対最小性理論」(Relativized Minimality) の定義
In the following configuration X…Z…Y, a local relation between X and Y cannot hold if Z intervenes, and Z is a position of the same type Y.

Z が Y と同じ素性のものであれば、介在要素となり X と Y の照応関係はブロックされることになります。たとえば、(ib) では who が how と同じ素性を持つ [+wh] の演算子であるため、how とその痕跡 (t) の関係は who によってブロックされて成立しません。

(i) a. How$_i$ do you think John behaved t$_i$?
　　 b.* How$_i$ do you wonder who behaved t$_i$?

（theta role）を持つ文法項が不定詞の主語 PRO とその先行詞の間に介在するかどうかにあります。たとえば、(5) の例では、Mary が介在項ですが、目的語コントロール構文の構造 (6b) ではそれ自体が先行詞ですから PRO の間に照応関係が適切に成立するのに対して、主語コントロール構文の構造 (6a) では John と PRO の間に介在項 Mary があるために両者間の照応関係はブロックされてしまいます。大人の文法では、このブロックを解消する何らかの言語学的手立て[6] が入手可能であるために照応関係は構築できると考えられます。しかしながら、子どもの文法ではその手立てを習得できるまでに至っていないため、誤って Mary を PRO の先行詞として解釈してしまうと想定されます。

　つまり、目的語コントロール構文と比べて主語コントロール構文の習得に時間がかかるのはこの間接目的語による介在効果（intervention effect）が主たる要因、もう少し厳密に言えば、子どもの文法は相対最小性理論の違反の回避方法の理解あるいは習得に至っていないからだと考えられます。

2.2.　タフ構文

　タフ構文は述部に tough、hard、easy の形容詞が用いられる点からそのように称するようになったと思われます[7]。

(8)　a.　John is tough/hard to please.
　　　b.　Mary is easy/fun to please.

この構文では、不定詞節の動詞の目的語である構成要素（constituent）が表層上で主語の位置に現れます。この点は目的語をそのままにして次のように

6　たとえば、主文節主語に隣接する位置に不定詞を移動させる smuggling approach（Collins 2005）がその方法として提案されています（詳細は Wexler 2013, Belletti & Rizzi 2013, Yoshimura et al. 2016 参照）。この理論は介在効果を統語的なものと見ていますが、これを文処理の問題、特にワーキングメモリーの問題と考える研究者もいます（第 5 節参照）。

7　日本語では「難易構文」とも呼ばれています。

112 |

言い換えることができる点から理解できます。

(9) a. It is tough/hard to please John.
    b. It is easy/fun to please Mary.

文頭の it は虚辞代名詞で、「文には主語が必要である」という EPP の条件に基づき主文節の主語として機能します。

　タフ構文のもう一つの特徴は空演算子（null operator, OP）の移動が想定される点にあります。たとえば、(8) は次のような構造を持つと想定されます（Chomsky 1977, 1981）。

(10) a. John$_i$ is tough/hard [OP$_i$ to please t$_i$].
     b. Mary$_i$ is easy/fun [OP$_i$ to please t$_i$].

すなわち、目的語の位置に生成された OP は演算子のため不定詞節の指定部（Spec, CP）に移動し、その結果、文法項連鎖（A-chain）が [John/Mary-OP-痕跡 (t)] に形成されます。この関係が成立しなければ、OP が確認されないわけですから、この連鎖形成は文解釈にとって重要な意味を持ちます。

　さて、次の文は C. Chomsky (1969) が調査で用いた実験文で、言語習得研究の文献においてよく引用されるものです。

(11) a. Is the doll easy to see or hard to see?
     b. Would you make her easy/hard to see?

実験では、目隠しをされた人形を用いて、(11a) のような質問に Yes か No で答えるように英語が母語の子どもたちに指示されました。もちろん、子どもたちは目隠しをしていませんので、答えは easy to see は Yes、hard to see は No となります。しかしながら、the doll を see の目的語でなく、主文節の主語と理解した場合、逆の答え、つまり easy to see に No、hard to see に Yes と誤って答えてしまうと予想されました。誤った場合には、それ

を再確認するために (11b) の質問をしました。子どもたちの回答は、5 歳児では全員誤答、7 歳児〜8 歳児では正答と誤答の混合、9 歳児では全員正答であったと報告されています。すなわち、タフ構文の母語習得は非常に遅いことが示唆されました。

　Cromer (1970) は C. Chomsky の実験を再現してみました。特に興味深いのは、次のような一対の実験文を用いて調査した結果です。

(12) a.　The wolf$_i$ is eager [PRO$_i$ to bite].
　　 b.　The wolf$_i$ is easy [OP$_i$ to bite t$_i$].

(12a) は先に見た (5a) に類似したような主語形容詞文であり、the wolf は主文節の主語で不定詞節の主語 PRO を制御します。一方、(12b) はタフ構文で、the wolf は実際には動詞 bite の目的語ですが、主文節の主語に生成され、空演算子 OP が不定詞節の文頭 (Spec, CP) に移動して形成された文法項連鎖 [the wolf-OP-t] によって文が解釈されます。

　さて、分析によると、精神年齢[8]が 5 歳 7 ヶ月の子どもたち (17 人) は主語形容詞文では誤りが 5 つだったのに対して、タフ構文では 37 もあったことがわかりました。その後の追跡実験でも同様の結果を得たことから、Cromer はタフ構文の場合、10 歳以降にならないと大人と同じような解釈ができないという結論に至りました。上記で説明したように、タフ構文の解釈には文法項連鎖の形成が必要ですが、Wexler (2013) はタフ構文の習得の遅れは子ども (8 歳〜9 歳) の文法にそのメカニズムがまだ存在しないためだと説明しています。

2.3.　主語繰り上げ構文

　主語繰り上げ構文は、厳密には「主語から主語への繰り上げ構文」です。簡単に文構造を見てみましょう。

8　知能の発達程度を年齢で表現する尺度で、知能年齢とも呼ばれ、実年齢とは異なります。略称 MA。

(13) a. John$_i$ seems [~~John$_i$~~ to be happy].

b. The dog$_i$ appears [~~the dog$_i$~~ to be friendly].

指標で示したように、不定詞の主語の位置に生成された文法項は主格を得るために主文節の主語の位置に移動しました[9]。この移動は、不定詞の主語の位置では格を得ることができないために起こると考えられています[10]。

　この繰り上げが生じない場合は次のような構文となります。

(14) a. It seems that John is happy.

b. It seems that the dog is friendly.

これらの文を便宜上「主語非繰り上げ構文」と呼ぶことにしましょう。つまり、ここでは John と the dog が時制節の主語の位置に現れて that 節内で適切に主格が付与されます。なお、タフ構文の (9) と同様に、it は虚辞代名詞で、EPP の制約に従って主文節の主語として機能します。

　Hirsh & Wexler (2007) は、英語が母語の子どもたちは 7 歳になっても主語繰り上げ構文の理解が極めてむずかしいことを報告しています。特に興味深い点は、主語繰り上げ構文 (15a) に比べて、主語非繰り上げ構文 (15b) は理解が容易であることです。しかしながら、この点について、Hirsh & Wexler は、多くの子どもたちは seem/appear 構文を適切に理解しているのではなく、think 構文 (15c) として捉えているのではないかと分析しました。

(15) a. John seems to Mary to be happy.

b. It seems to Mary that John is happy.

9　文法項が文の主語や目的語の位置に移動する操作を A- 移動、[Spec, CP] の位置に移動する操作 (たとえば、WH- 移動) を A'- 移動と呼んで、両者を区別します (Chomsky 1981)。

10　理論によって主格を付与する要素 (GB 理論 (Chomsky 1981) では Tense、ミニマリスト・プログラム (Chomsky 1993, 1995) では Agree) が異なりますが、この考え方の違いはここでの議論に大きな影響を与えません。

c.　John thinks Mary is happy.

つまり、適切な理解の妨げになっているのは介在する経験者句（to Mary）であると分析しています。

　この見解に対して、Becker（2005a, 2007）は子どもたちが経験者句がない主語繰り上げ構文（13）についてはほとんど問題なく理解できたという結果を提示しました。この結果について、Becker は主語繰り上げ構文をコピュラ構文、たとえば、（13）を（16）として捉えているのではないかと主張しました。

(16) a.　John is happy.
　　 b.　The dog is friendly.

しかしながら、この考え方に対して、Hirsh, Orfitelli & Wexler（2009）ではさらに実験を行なった結果、経験者句の介在がなくても、主語繰り上げ構文（13）は全般的に習得が非常に遅れることを再確認したと述べています。

　以上、英語が母語の子どもたちの習得について研究成果を概観しました。つまり、母語習得では、主語コントロール構文、主語繰り上げ構文、タフ構文はむずかしいことがわかりました。そして、その習得上の遅れは統語上のむずかしさに加えて、介在する経験者句が局所性に与える影響が大きな要因であることがわかりました。

2.4.　大人の文法—'smuggling'

　それでは、この経験者句による局所性への影響を大人の文法はどのように克服するのでしょうか。一つの方法として、Belletti & Rizzi（2013）が目的語関係節や主語コントロール構文の解釈、また Hyams & Snyder（2005）が受動態の解釈で採用した Smuggling Approach（Collins 2005）が考えられます。この提案は、基本的に問題の PRO を含む構成要素をその先行詞に隣接する位置に移動させるという考え方です。

(17)

　すなわち、(17)に図式化したように、不定詞節YPをブロックする経験者句Wを越えてZのC-統御する位置に移動させることによって、XPは先行詞Zにアクセス可能となり、ZとXPの間に適切な照応関係が構築できるようになると想定します。この構造ではWは介在しません。(3)に戻って具体的に説明すると、不定詞節が経験者句Maryを越えて不定詞節をsmuggleすることによって、主文節の主語とPRO/tの間で照応関係、すなわち文法項連鎖が構築できるようになると考えるわけです。したがって、大人の文法では介在の問題が回避できます。

　このようなsmuggling approachが妥当な仮説であるという見解に立てば、コントロール構文、タフ構文、主語繰り上げ構文の習得の遅れは子どもの文法は局所性を厳守するが、「相対最小性理論」の違反の回避方法として、このアプローチをまだ習得していないためであるという結論になります。

3. 第二言語習得研究の成果―主語と介在効果
3.1. 「コントロール構文」対「want文」

　さて、これらの3構文に関して、第二言語習得研究はこれまでほとんど実施されていませんでした。この点を踏まえて、私たちは一連の研究プロジェクト（Yoshimura et al. 2015, 2016, 2017a, Nakayama et al. 2016a, 2017）を実施しました。最初の実験では、日本人英語学習者[11]によるwant文とコントロール構文の習得について調査しました。調査では、多肢選択質問課題を用いて、次のような実験文に対して3つの回答の中から適切な1つを選択する方法を用いました。

11　特に記載のない限り、1年以上の英語圏での留学経験を有する日本人英語学習者は含みません。

第6章 コントロール・タフ・主語繰り上げ構文 | 117

(18) a. Hanako wanted Kate to bring salad to the dinner party.

Q：誰がパーティにサラダをもってくることになりましたか。

A：1. Hanako　　　　2. <u>Kate</u>　　　　3. I don't know

b. Jim promised his parents to solve the problem.

Q：誰がその問題を解決するでしょうか。

A：1. <u>Jim</u>　　　　2. his parents　　　3. I don't know

c. May asked Susan to return home as soon as possible.

Q：誰がすぐ家に帰ることになるでしょうか。

A：1. May　　　　　2. <u>Susan</u>　　　　3. I don't know

(18a) は want 文、(18b) は主語コントロール構文、(18c) は目的語コント
ロール構文です[12]。調査では、問題文と回答は英語、質問は日本語で、3タ
イプの文について4つの問題が被験者に提示されました[13]。なお、下線部の
Kate、Jim、Susan がそれぞれの正答です。

　実験に参加した被験者は高校生30人と大学生32人、合計62人で、大学
生は TOEIC テストのスコアによって2グループ（中級18人、上級14人）
に分けられました。3グループは TOEIC スコア（高校生336.8点、大学生
中級548.6点、大学生上級756.4点）において有意差（F (2,679)＝2091.6, p
＜.000）がありました。

　実験の結果から、グループ間で有意差があったものの、構文間では有意差
がなかったことがわかりました。高校生グループはすべての構文において大
学生グループより正答率は低かった一方、大学生の2グループの正答率は
want 文が93％〜97％、主語コントロール構文が83％〜96％、目的語コン
トロール構文が87％〜98％で、大学生の2グループ間に有意差はありませ
んでした。これらの結果から、日本人英語学習者は大学生の習熟度レベルに

12　want 文は不定詞節の主語に PRO を想定せず、例外的格付与構文 (exceptional case
marking：ECM) で、目的語コントロール構文と異なります。

13　回答がよくわからない被験者に判断を無理強いしないように、'I don't know' を設定
し、この回答は分析から除外しました。

なると、want 構文・主語コントロール構文・目的語コントロール構文の理解に大きな差異がないことが明らかになりました。

3.2. 「繰り上げ構文」対「非繰り上げ構文」

主語繰り上げ構文に関する第二言語習得研究としては、Choe による一連の研究 (2010, 2012, 2015) があります。2015 年に発表された調査結果について概観してみましょう。被験者は母語が韓国語の英語学習者 30 人で、経験者句による介在が主語繰り上げ構文の習得に影響を与えるかどうかを真偽値判断課題 (Crain & McKee 1985) で調査しました。用いた刺激文は「繰り上げ」対「非繰り上げ」で、考察の焦点は非繰り上げ文 (19a) では経験者句 to Mary が John と述部 is happy との間に介在せず、繰り上げ文 (19b) ではそれが両者間に介在するという違いにありました。

(19) a.　It seems to Mary that John is happy.
　　 b.　John seems to Mary to be happy.

報告された結果によりますと、全体的な正答率は 83.3％対 41.7％で、主語繰り上げ構文 (19b) が非繰り上げ構文 (19a) に比べて解釈が極めてむずかしいことがわかりました。すなわち、繰り上げ文における経験者句による介在効果は極めて深刻で、言い換えれば、韓国人英語学習者は相対最小性理論を厳守し、大人の英語母語話者と異なり、その回避方法をまだ習得していないと推測されました。韓国語では主語が経験者句を越えて移動することはできないという事実に基づき、Choe は母語からの負の転移がその主要な要因であると分析しました。

3.3. 「コントロール構文」対「主語繰り上げ構文」

Yoshimura et al. (2016) では、日本人英語学習者にとってコントロール構文がそれほどむずかしくないという前回の調査結果を踏まえて、また同時に韓国語母語話者にとって英語の主語繰り上げ構文が極めて困難であるという報告に着目して、日本人英語学習者による習得についてさらに調査しまし

た。まず、第一の実験（2016）では、日本の高校で英語を学ぶ高校生30人を対象にコントロール構文と主語繰り上げ構文の習得過程を調査しました。実験の手法は3.1節で説明した多肢選択質問課題で、たとえば、繰り上げ構文では次のような実験文を用いました。

(20) Taro appeared to Miho to know the answer.
　　　Q：だれが答えを知っていそうでしたか？
　　　A：1.　<u>Taro</u>　2.　Miho　3.　both　4.　I don't know

予測では、相対最小性理論に従えば、経験者句の介在が文の解釈に影響を与えるため、被験者は誤ってMihoを選択するが、その影響を回避する方法、たとえばsmuggling approachを既習していれば、Taroを適切に選択できることになります。

　被験者30人からの回答を分析した結果、主語繰り上げ構文の正答率は28％で、コントロール構文の70.8％〜85.8％と比べると、極めて低いことがわかりました。また、主語繰り上げ構文の全問に適切に回答した高校生は30人中一人もいませんでした。この結果は、初級レベルの日本人英語学習者にとって経験者句の介在による影響は深刻で、主語繰り上げ構文の習得が遅れていることを示唆しています。また同時に、英語のような主語繰り上げ操作が日本語に存在しないために、seemやappearのような繰り上げ動詞の統語や意味を理解するのに多くの時間を要するので、習得が遅れることも考えられます。

3.4.　経験者句の影響とその回避について

　このように、日本人英語学習者にとって主語繰り上げ構文がむずかしいことがわかったのですが、このむずかしさがどこから生じるかを検証する必要があります。もう少し厳密に言えば、不定詞節の主語が経験者句を越えて主文節の主語の位置にコピー・削除するのがむずかしいためか（介在効果）、あるいはseem/appear構文の意味構造がむずかしいためか（A-移動）を特定しなければなりません。そこで、Yoshimura et al. (2017a)ではまず経験

者句の介在効果について再検証しました。

3.4.1. 実験

　日本人英語学習者 80 人がこの実験に参加しました。TOEIC テストのスコアによって 3 つのグループに分けて、英語の理解度による違いをより明白に調べるために、中習熟度 (Middle) グループ (27 人) を削除し、低習熟度 (L) グループ (28 人、平均点 443.36 点) と高習熟度 (H) グループ (25 人、平均点 732.92 点) の結果を比較分析しました。両グループは平均スコアにおいて有意でした (t (51) = 19.492, p < .000)。また、実験にはコントロールグループとして英語母語話者 18 人が参加しました[14]。調査方法は前回と同様に記述式のアンケート調査で、経験者句が介在する 3 構文 (主語コントロール構文 (21a)、主語繰り上げ構文 (21b)、タフ構文 (21c)) を各 5 文用いました[15]。

(21) a.　Hanako promised Susan to join the school tennis team.

　　　Q：誰が学校のテニスチームに参加しますか。

　　　A：<u>Hanako</u>　Susan　both　I don't know

　　b.　Jake appeared to Steve to have fun on his business trip.

　　　Q：誰が出張の時に楽しそうでしたか。

　　　A：<u>Jake</u>　Steve　both　I don't know

　　c.　Elizabeth is always difficult for Betty to please on her birthday.

　　　Q：誰を誕生日に喜ばすのがむずかしいですか。

　　　A：<u>Elizabeth</u>　Betty　both　I don't know

3.4.2. 結果

　習熟度別グループの結果から見ていきましょう。グラフ 1 にまとめたよう

14　アメリカ在住の大学生 11 人と日本在住の英語講師 7 人。

15　調査ではフィラー文が 25 文ありましたので、被験者は合計 40 文に回答しました。

に、英語力の向上に伴って、主語コントロール構文は74％から92％、またタフ構文は73％から92％へと理解力が伸びました。

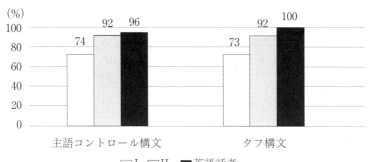

グラフ1　グループ別正答率―主語コントロール構文・タフ構文

つまり、この2構文については、日本人英語学習者は上級レベルになれば英語母語話者とほぼ同様に理解するところまで習得できることがわかりました。また、習熟度が低い学習者でも平均正答率が70％以上である結果から、主語コントロール構文とタフ構文の構造は習得するのにそれほどむずかしくなく、経験者句（間接目的語 Susan・前置詞句 for Betty）が文の理解に与える介在効果は回避できるのではないかと考えられます。

　しかしながら、主語繰り上げ構文の習得については異なった結果が出ました。グラフ2の結果を見てみましょう。

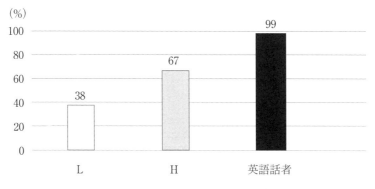

グラフ2　グループ別正答率―主語繰り上げ構文

平均正答率は、Lグループが38％、Hグループが67％でした。これらの結果は、主語コントロール構文やタフ構文と比べて、主語繰り上げ構文は習得が非常にむずかしいことがわかります。さらに注視すべき点は、主語繰り上げ構文は英語学習の初期段階から習得がむずかしく、英語力が上級レベルになっても英語母語話者のそれと大きく相違することです（32％の差）。この習得過程はグラフ1で見た他の構文と違い、構造の複雑さや経験句による介在効果が理解に負の影響を与えて、これらの問題点は容易に解決できないことを示唆しています。

4. 考察—seem 構文のむずかしさ

　主語繰り上げ構文が日本人英語学習者にとってむずかしい要因として、経験者句の介在あるいは seem/appear の構文性が想定される点について、上の2つの実験結果の示唆することを整理しておきます。

　まず、主語コントロール構文 (21a) とタフ構文 (21c) については、上のグラフ1で見たように、習熟度の低い学習者にとっても理解がむずかしくないという結果を得ました。このことはこれらの文構造の理解がむずかしくなく、経験者句介在の影響も回避できるのではないかと考えられます。特に、主語コントロール構文では不定詞節には非顕在代名詞 PRO が主語の位置に存在し、その主語が主文節の主語によって制御される点を理解できることを意味します。つまり、両者の間に介在する間接目的語の Susan はその照応関係の理解に対して顕著な介在効果を与えないという結果となりました。またタフ構文では、不定詞節の主語 PRO が前接する経験者と同一でなければならないという構造上の制約を習得しているようです。一方、先行詞との照応関係を確立する時には局所性に加えて、介在効果を適切に克服することが必要です。

　これらの調査でわかったこと、つまり主語コントロール構文とタフ構文を比較的容易に習得できる点を踏まえれば、日本人英語学習者は介在する経験者句を回避する方法、たとえば 2.4 節で概観した smuggling approach (Collins 2005) を適切に適用できると想定することができるのではないでしょうか。

4.1. むずかしさの要因―介在の影響か構文性か

さて、この点を踏まえて、グラフ2に示した主語繰り上げ構文の結果を考えますと、構文がむずかしい、あるいは smuggling approach を適用できないという2つの可能性が考えられます。この疑問への答えを探る手掛かりとして本実験に参加した53人の大学生が実際に正答だと考えた誤りを見てみます。

(22) a. Taro appeared to Miho to know the answer.
　　Q：誰が答えを知っていそうでしたか。
　　A：<u>Taro</u>　　Miho　　both　　I don't know

　b. Kenji seemed to Mary to be an excellent singer for the school festival.
　　Q：誰が学園祭にとって素晴らしい歌手でしょうか。
　　A：<u>Kenji</u>　　Mary　　both　　I don't know

　c. Jake appeared to Steve to have fun on his business trip.
　　Q：誰が出張の時に楽しそうでしたか。
　　A：<u>Jake</u>　　Steve　　both　　I don't know

正答は下線部の Taro, Kenji, Jake で、介在する経験者句は Miho, Mary, Steve です。誤答の結果はグラフ3のようになりました。

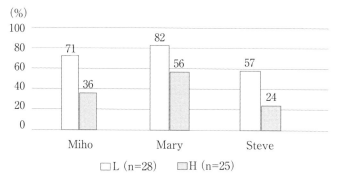

グラフ3　グループ別・経験者句別平均誤答率（％）

特に、習熟度が低い学習者 28 人中、(22a) で 20 人 (36%)、(22b) で 23 人 (56%)、そして (22c) で 16 人 (24%) が誤って不定詞節の主語として経験者句を選択しました。

　ここで注視すべき点は誤答率に多少のバラつきがあることです。すなわち、学習者による主語繰り上げ構文の理解は補文の不定詞節の動詞によって左右されるのではないかという可能性が考えられます。すなわち、seem/appear に相応する動詞が日本語に存在しないために (Takezawa 1993, 竹沢 2006)、英語の主語繰り上げ構文は未習の文法項目で、その統語知識は習得が遅れるため、日本人英語学習者は文を理解する時には語彙知識に依存してしまう傾向にあるのではないでしょうか。もしこの考え方が妥当であるとすれば、学習者が (22) の文を理解する過程で起こったことはおそらく経験者句を越える主語の A- 移動はなく、経験者句を不定詞節の主語として解釈したと考えられます。つまり、(22) を次のような構文として誤って捉え直した結果ではないかと思われます。

(23) a.　Taro appeared [to Miho to know the answer].
　　 b.　Kenji seemed [to Mary to be an excellent singer for the school festival].
　　 c.　Jake appeared [to Steve to have fun on his business trip].

つまり、経験者句を主文節の構成要素ではなく、不定詞節の主語として理解してしまったと考えられます。

4.2.　「think 構文」対「appear 構文」

　(23) で提案した説明は、Hirsch & Wexler (2007) や Hirsch, Orfitelli & Wexler (2007) が、英語を母語とする子どもたちが seem/appear 構文を think 構文として解釈すると想定した考え方とは異なります。(24) は (15a, c) を再録した例文です。

(24) a.　John seems to Mary to be happy.

b. John thinks Mary is happy.

すなわち、(24a) を (24b) として理解したのではないかというのが Hirsch & Wexler の説明です。

　日本人大学生にとって think 構文はすでに既習の文型ですから、子どものように think に置き換えて理解する可能性は低いかもしれません。むしろ次のような目的語コントロール構文として捉えている可能性があるかもしれません。

(25) a. Taro appealed to Miho to find an answer to the problem.
　　 b. Kenji tried for Mary to become an excellent singer.

経験者句の Miho や Mary を誤って不定詞節の主語として捉えるのではないかと考えるわけです。そして、(22c) が他の 2 文と比較して誤答率が低いのは不定詞節中の his が解釈において語彙的な手掛かりとなり、習熟度の低い学習者は正答の Jake をチャンスレベルに近い確率で選択することができたのでしょう[16]。

　この考え方が妥当な見解だとすれば、日本人英語学習者にとって主語繰り上げ構文の習得がむずかしいのは経験者句の介在効果に加えて、seem/appear の主語繰り上げ構文の習得がむずかしいためであると言えるでしょう。より厳密に述べると、経験者句による介在効果を負の要因として完全に排除するのではなく、主語コントロール構文やタフ構文において介在の影響を回避して高い確率で構文解釈が可能であったという結果 (グラフ 1)、また seem/appear 構文が習熟度の高い学習者にとって依然としてむずかしいという結果 (グラフ 2) に基づけば、主語繰り上げ構文の意味と構造の複雑さ (特に A- 移動) が習得のむずかしさの要因ではないかという結論となります。このことは、seem/appear に相応する動詞が日本語に存在しない点 (Takezawa 1993, 竹沢 2006) から見れば、母語の文法知識が主語繰り上げ

16　これはもちろん結果に即した推測ですから、さらに実証的な検証が要請されます。

構文の習得を促進する手助けとならないために、その習得には多大な時間と指導が必要であるからだろうと推測されます。

5. 今後の課題—経験者句の指示性

本章では、英語で複雑な構造を持つ3つの構文（コントロール構文、タフ構文、主語繰り上げ構文）の習得について説明してきました。特に、日本人英語学習者によるこれらの3構文の習得に関して、主文節の主語と不定詞節の空項（PRO、コピー・削除された文法項）の照応関係の解釈に焦点を絞って、これまでの研究で明らかになったことを考察しました。その結果、習得の順序は目的語コントロール構文が最も容易で早期に習得されて、続いて主語コントロール構文とタフ構文が習得されることがわかりました。主語繰り上げ構文については、習得が極めて遅いという結果です。この遅れは、経験者句の介在の影響、主語繰り上げ構文の構造上のむずかしさ、そして日本語からの負の母語転移に起因すると説明しました。特に、主語繰り上げ構文の構造、特に文法項の A-移動を理解するのが日本人英語学習者にとってむずかしいのではないかと推測しました。

一方、この日本人英語学習者による習得を英語が母語の子どもたちのそれと比較して見れば、主語コントロール構文とタフ構文の習得がそれほどむずかしくないことが注目されます。これは、日本語の習得で得た経験を通して、前者では smuggling approach の適用、後者では他動詞の項構造の知識が既習されていることが日本人英語学習者にとって習得過程で大きな手助けとなっていると説明しました。つまり、日本語からの正の母語転移が第二言語習得を促進すると考えられます。

5.1. 経験者句の指示性

最後に、今後の課題について少し述べておきたいと思います。主語繰り上げ構文は習得が極めてむずかしいことについて、母語からの正の転移がないために構文の複雑さ、特に A-移動による主語の繰り上げを理解するのがよりむずかしいようであると述べました。しかしながら、最新の Choe & Deen (2016) の研究では、英語を母語とする子どもたちにとって主語繰り上

げ構文の習得がむずかしいのは繰り上げ操作が原因ではなく、文処理の問題、つまり子どもたちの文の理解上の限界（performance limitation）から生じるものであると主張しています。

この主張は次のような実験文を用いた実験の結果に基づくものです。

(26) a.　Donald seems to Mickey to be short.
　　 b.　Donald seems to him to be short.
　　 c.　To Mickey, Donald seems to be short.

調査の焦点は、2通りの対比、すなわち、介在する経験者句が「固有名詞」（Mickey）(26a) 対「代名詞」(him) (26b) の指示性の違い、あるいは「経験者句が不定詞節の前に位置し介在する」(26a) 対「それが文頭に位置し顕在的に介在しない」(26c) という統語環境の違いによって解釈に差が生じるかどうかにありました。報告された結果によると、代名詞の方が固有名詞より正答率が高く、また経験者句が文頭に移動した方が介在より正答率が高いことがわかりました。これらの結果に基づき、Choe & Deen は主語繰り上げ構文が英語母語話者の子どもたちにとってむずかしいのは統語知識あるいは文法知識の未熟さではなく、外的な要因、たとえば経験者句の指示性の度合にその原因があると結論付けました（Cheo, Deen & O'Grady 2017）[17]。

5.2.　吉村・中山（2017）

主語繰り上げ構文の理解に影響を与えるのは経験者句の指示性であるとする結論は第二言語習得においても注視すべき指摘です。そこで、吉村・中山（2017）では日本人英語学習者を対象に次のような3タイプの実験文を用いて真偽値判断課題を実施しました。

17　つまり、Choe & Deen は主語繰り上げ構文に見られる英語母語話者の介在効果は相対最小性理論（Rizzi 1990）ではなく、依存位置理論（Dependency Locality Theory; Gibson 2000）によって適切に説明することができると主張しました。

(27) a. <u>Type I</u>

Martha thinks that Kenny learns Japanese well.

To Marsh, Kenny appears to learn Japanese well.　　YES　　NO

b. <u>Type II</u>

Miho thinks that Ken knows the answer to the question Emi asked.

Ken appears to Miho to know the answer.　　YES　　NO

c. <u>Type III</u>

Amy is Robert's guest. He thought she ate well, and looked full.

Amy appears to him to be full.　　YES　　NO

Type I は固有名詞の経験者句が文頭に位置し、Type II は固有名詞の経験者句が主文節の主語と不定詞節の間に介在し、そして Type III はその介在経験者句が代名詞です。実験文は各タイプ YES が 3 文、NO が 3 文で、6 文ずつです。Choe & Deen (2016) の結果を参考にすれば、最もむずかしい構造は Type II で、Type I と Type III は比較的容易であろうと予測されました。

　本実験の被験者は大人の英語母語話者 12 人と日本人大学生 67 人で[18]、表 1 は 2 つの条件の単純効果を、そしてグラフ 4 は条件別に正答率をまとめたものです。

　表 1 とグラフ 4 からわかることを整理すると、以下の 3 点になります。すなわち、(i) 経験者句が介在する場合、代名詞の方が固有名詞より有意に理解率が高い、(ii) 経験者句が固有名詞の場合、文頭の方が介在より有意に理解率が高い、そして (iii) 代名詞が介在する場合、介在効果はほとんど現れない。これらの結果は英語が母語の子どもたちの振る舞いと類似したものでした。ただし、固有名詞が経験者句として介在する Type II では、英語の習熟度が低い日本人学習者グループはチャンスレベル以下の正答率で、また上級レベルになっても 66.4% に向上しただけでした。このむずかしさがそれほど容易に克服できるものでないことが明らかになったわけです。

18　実際に参加したのは大学生 87 人でしたが、調査が未完了の者あるいはフィラー文・16 文の正答率が 74% 以下の者、計 20 人のデータは分析から除外しました。

表1　条件別単純主効果

位置	対比	p値	指示性	対比	p値
介在	名詞 vs. 代名詞	<.0001	名詞	介在 vs. 文頭	<.0001

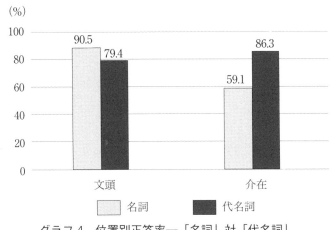

グラフ4　位置別正答率―「名詞」対「代名詞」

5.3. 課題

　以上の結果、次の2点が今後の課題です。第一に、Choe & Deen (2016) も述べているように、介在効果が問題であるとする主張はこの現象が見られる他の構文、たとえば、主語コントロール構文、タフ構文、関係節、話題文などにおいてさらに検証されるべきです。たとえば、これらの構文の解釈について、経験者句の「名詞」対「代名詞」の観点から調査した第二言語習得研究は私たちの知る限りではありません。第二に、日本人英語学習者にとって主語繰り上げ構文の習得がむずかしいのは経験者句による介在効果現象によるものであって、その構文の生成にかかわる A- 移動は本当にむずかしくないのかという課題をもう少し実証的に研究していく必要があるようです。

　Yoshimura & Nakayama (2010) では、次のような繰り上げ構文と虚辞代名詞 it を主語とする非繰り上げ構文について容認性判断課題を実施し、seem/appear 構文がむずかしいという結果を得ました。

(28) a. It appears that our students danced all night to celebrate their graduation.
b. *This time seems that he followed my advice.

大人の英語母語話者 20 人と異なり（$t(30)=1.450, p<.157$)、日本人の大学生 16 人（TOEIC 平均スコア＝704.7 点、標準偏差値＝151.5）は文法的な文 (28a) と非文法的な文 (28b) を区別することができませんでした（$t(38)=5.864, p<.000$)。つまり、this time を主語として誤って容認する傾向にありました。したがって、日本人英語学習者は英語の習熟度が中級以上のレベルになっても seem/appear 構文の主語の位置には意味役割が付与されないことを適切に理解しているとは言いがたい結果でした（Kuribara 2003)。

　今後の調査では、母語習得研究の成果を参照しつつ、経験者句の介在効果と A- 移動の複雑性の両要因に焦点を置いて、さらに検証していくことが期待されます。

| 131

第7章

テンス・アスペクト

1. はじめに

　日本人英語学習者にとって英語のテンスとアスペクトは一見それほどむずかしいようには思えないのですが、実証研究を進めていくと、かなりやっかいな問題であることがわかります。その大きな要因の一つに、個別の言語内で形式 (form) と意味 (meaning) が必ずしも 1 対 1 でないことが挙げられます。たとえば、テンスの例を考えてみますと、過去を表わす形式は一般的に「た」あるいは -ed ですが、その意味は必ずしも過去の出来事のみを表わすとは限りません。

(1) a. 健太は空港に着いた。

　　b. The cow jumped over the moon.

(1a) では、形式が過去形の「着いた」となっていますが、過去の時間が明記されていないため、発話時に出来事 (「空港に着く」) が完結したことを表わすことができます (Nakau 1976, 寺村 1978, 荻原 2016)。同様に、(1b) では、動詞が jumped と過去形ですが、出来事 (jumping over the moon) が完了したことを意味することができます。

　またアスペクトの例では、進行相の形式「ている」あるいは -ing は動詞

の意味との関係で共起できない場合があります。たとえば、(2) に示したように、「ている」は到達動詞、そして -ing は状態動詞といっしょに用いることができません (寺村 1984)。

(2)　a.　*花子が駅に着いている。
　　　b.　*John is living in Florida.

(2a) は、動詞の屈折辞が「ている」にもかかわらず、出来事の進行を表わすことはできません。「到着して (現在) 駅にいる」という完了の意味となります。一方、(2b) は発話時に「ジョンがフロリダに住んでいること」を表わすには、進行形の -ing ではなく、現在形を用いて John lives in Florida となります。

　もう一つの要因は、言語間で形式と意味が 1 対 1 の関係でないことが挙げられます。たとえば、英語では現在まで継続している出来事を現在完了形で表わしますが、日本語では現在進行形「ている」を用いることがあります。

(3)　a.　私たちはこの町に 20 年間住んでいる。
　　　b.　We have lived in this town for 20 years.

(3a) では、「住んでいる」と進行形となっていますが、英語では are living とはならず、have lived と完了形にしなければなりません。したがって、日本人英語学習者が「ている」を -ing と捉えているとすれば、母語からの転移が起こることが予測されます。

　このように、個別の言語内 (intra-language) で、また母語と目標言語の間 (inter-language) で、形式と意味が 1 対 1 の関係にないために、第二言語のテンスとアスペクトの習得はむずかしく、学習に多くの時間を要します。そして、これまでの調査では、学習者が完全に習得することはむずかしく、多くの場合、不完全な状態で化石化 (fossilization) されてしまうと報告されています (Lardiere 1998a, b, Hawkins 2000, White 2003, Yoshimura et al. 2014)。

本章では、これらの点を踏まえ、日本人英語学習者による英語のテンス・アスペクトの習得を中心にして、これまでの研究で明らかになったことを新しい言語理論の視座から捉え直し、問題の本質を系統立ててよりわかりやすく説明したいと思います。特に、外国語として英語や日本語を学ぶ学習者にとって何がむずかしいのかについて、形態統語部門（morphosyntax）と意味部門（semantics）の接点で起こるマッピングという観点から考察します。第2節で日本語と英語のテンス・アスペクトに関する基本的な事実を整理した上で、第3節では日本人英語学習者による V-ed、have V-en、be V-ing の習得、そして第4節では外国語としての日本語の学習者による「た」、「ている」の習得について、その過程と問題点を検証します。なお、本章では、理論的枠組みとして素性組立仮説（Feature Assembly Hypothesis; Lardiere 2005, 2008, 2009）を用いることにします。

2. 日本語と英語のアスペクト

2.1. テンス

テンスは、文の表わす事象を時間軸上に位置付ける文法カテゴリーで、過去と非過去に分類されます。したがって、その意味素性（semantic feature）は［＋／−過去（past）］です。その対比を形式的に表示すれば、日本語では「た」対「う」（/ta/ 対 /u/）、英語では接尾辞 -ed を動詞に付けるか、あるいは付けないかの語尾屈折によってそれぞれ表示されます。すなわち、「た」と -ed は過去形の形態素です。

しかしながら、ここに第二言語習得上の問題が潜んでいます。それは、第1節で簡単に触れたように、「た」が過去時制の形態素であるにもかかわらず、現代日本語には完了の形態素がないため、出来事の完了を表わすことも可能であることです。たとえば、(4) のような例を考えてみましょう。

(4)　ジョンが駅まで歩いた。

(4) は2通りの解釈が可能です。1つの解釈は「駅まで歩く」という出来事が過去において完結したことを示し、もう1つの解釈は「駅まで歩き終わった」

という完了を意味します。すなわち、(4) は英語では次の2文に相当します。

(5) a.　John walked to the station.

　　b.　John has walked to the station.

　このように、「た」が2重の役割を負担することは、日本人英語学習者が英語の過去と完了形にかかわる形式と意味の関係を習得する上でむずかしい問題となります。逆の立場から見れば、この2重役割負担は英語が母語の日本語学習者にとってもむずかしい問題となり、過去も完了形も過去の形態素「た」によって表示されることを習得する必要があります。

2.2.　アスペクト

　アスペクトは述語の表わす事象や出来事が完了か継続かを表現する文法カテゴリーで（Comrie 1976, Smith 1991）、語彙的アスペクト（lexical aspect）と文法的アスペクト（grammatical aspect）から成り立ちます。言い換えれば、アスペクトの意味（aspectual semantics）は述語動詞を中心とした動詞句と屈折形態素（inflectional morpheme）の組成によって決まります。

　語彙的アスペクトは動詞が内在的に持つ意味を核にして、項（argument）や付加詞（adjunct）とともに表わす「相」で、一般的には3つの意味素性―動態性（dynamic）、継続性（durative）、限界性（telic）―を用いて定義されます（Mourelatos 1981）。具体的には、Vendler (1967) の提案に沿って、動詞は表1にあるように4つに分類されます。

表1　動詞の4分類と意味素性

動詞／素性	動態性 (dynamic)	継続性 (durative)	限界性 (telic)
状態動詞 (Statives)	−	−	−
動作動詞 (Activities)	+	+	−
達成動詞 (Accomplishments)	+	+	+
到達動詞 (Achievements)	+	−	+

状態動詞は動きがない状態のもの（「ある」exist,「含む」contain,「住む」live 等）、動作動詞は継続的な動きがあるもの（「走る」run,「歩く」walk,「教える」teach 等）、達成動詞は動きが継続的で終結点（end point）があるもの（「（椅子を）作る」make a chair,「（家を）建てる」build a house,「（絵を）描く」draw a picture 等）、到達動詞は動きが非継続的で限界性があるもの（「死ぬ」die,「消える」appear,「現われる」arrive 等）を表わします。到達動詞は瞬間動詞とも呼ばれることもあります（金田一 1950, 1976）。

　つまり、表1にあるように、状態動詞はすべての意味素性において「−」（マイナス）で、動作動詞と達成動詞は継続性が到達動詞と異なり、動作動詞は限界性が達成動詞と到達動詞と異なるわけです。ただし、ここで注意しなければならない点は、類似する動詞が日本語と英語の間では必ずしも同じタイプになるとは限らないことです。たとえば、日本語の「知る」は到達動詞ですが、英語の know は状態動詞です（西・白井 2001）。

　さらに、動作動詞は for one hour（「1 時間」）のような期間を表わす副詞句（「期間句」）を伴って John walked for one hour と言うことができますが、walk to the station のように達成動詞句になると期間句とは共起できません。代わりに、in five minutes（「5 分で」）のような時間幅（時間量）の副詞句（「時間幅句」）を伴って John walks to the station in five minutes が可能となり、動作の達成「5 分で駅に着く」を表わすことができます。また、make a chair は「椅子を作る」という継続性の作業を示すため、John finished making a chair のように finish V-ing で出来事の終わりを表わすことができます。他方、drop a wallet（「財布を落とす」）は継続性を持たないために*John finished dropping a wallet とは言えないことになります[1]。さらに、(2) で見たように、プロセスを表示する進行形は一般的に状態動詞といっしょに用いることはできません。

　他方、文法的アスペクトは事象や出来事を時間的局面においてどのように捉えるかを表現する文法カテゴリーで、素性として完了相（perfective）［＋／−完了］と進行相（progressive）［＋／−進行］があります。形式とし

───────────────
1　ただし、反復読みは例外です。

ては、日本語では「た」が完了相、「ている」が進行相で、英語では have V-en が完了相、be V-ing が進行相として表示されます。すでに (4) で見たように、日本語には英語の have V-en のような完了相の形式が存在しないために、「た」がその機能を担っています。

さて、上に述べたように、文のアスペクトは語彙的アスペクトと文法的アスペクトの組成から成り立ちますが、(6) の例からわかるように、「た」は過去の出来事や現在の完了を表わすことができるのに対して、出来事の継続性に焦点を置いた場合には「ている」を用いても構いません。しかしながら、英語では、(7) に示したように、-ed は原則として過去を表わし、発話時までの出来事を表わす場合には現在完了 have V-en を使います（注 2 参照）。

(6) a. 花子は図書館で 1 時間勉強した。
    b. 花子は図書館で 1 時間勉強している。
(7) a. Hanako studied at the library for one hour.
    b. Hanako has been studying at the library for one hour.[2]
    c. *Hanako is studying at the library for one hour.

つまり、留意しなければならない点は (6b) が (7c) に対応しないことです。また、状態動詞の例を見れば、英語では状態動詞に -ed を付けて過去形にして過去の事象・出来事を表わすのに対して、日本語では状態動詞は一般的に「た」を取ることができず (8b)、「ている」に「た」を付けて過去形にしなければなりません (8c)。

(8) a. John lived in Tokyo.
    b. *?ジョンが東京に住んだ。
    c. ジョンが東京に住んでいた。

---

2 Hanako has studied at the library for one hour. は必ずしも文法的ではありません。継続を表わす for one hour では進行形を使用します。Hanako has studied at the library. は文法的ですが、この場合経験を意味する現在完了の用法となります。

第7章　テンス・アスペクト ｜ 137

　さらに、「ている」が結果と状態を表わすことはよく知られていますが、たとえば (2) に挙げた到達動詞の「着く」の場合、現在完了形 (9b) に相当し、進行相 (9c) の意味は持ちません。

(9) a.　電車が駅に着いている。
　　 b.　The train has arrived.
　　 c.　*The train is arriving.

2.3.　テンス・アスペクトのまとめ

　日本語と英語におけるテンス・アスペクトの形式と意味の関係について違いをまとめると、表2のようになります。

表2　日本語と英語のテンス・アスペクト―形式と意味

意味・解釈		日本語	英語
テンス	過去	「た」	-ed
アスペクト	完了	「ている」	have -en
	進行		be -ing

「た」は過去形の -ed と完了形の have -en に、「ている」は完了形の have -en と進行形の be -ing に相当します。すなわち、日本語と英語における形式―意味の関係は1対1ではなく、1対2です。このことが日本人英語学習者や英語が母語の日本語学習者にとってテンス・アスペクトを習得する上でむずかしい問題となります。

3.　日本人英語学習者による過去・現在完了の用法

　テンス・アスペクトは、統語から形態そして意味へと広がる複雑な領域である点に加えて、上で見たように、日本語と英語における形式―意味関係が1対1でないという問題があります。第二言語習得では、この2つの点から深刻な母語転移が生じることが予測されます。本節では、これまでの研究で明らかになった日本人英語学習者の問題点を整理した上で、第二言語習得研

究においてこれらの問題点をどのように説明したらよいかを最新の習得理論を紹介しつつ考察し、授業の中で何を優先的に、何を焦点にして指導するべきかを提案したいと思います。

3.1. Gabriele & Martohardjono (2005)

Gabriele & Martohardjono (2005) では、アメリカに滞在していた 19 人の日本人英語学習者を対象に形態素解釈課題 (morphology interpretation task) と形態素選択課題 (morphology preference task) を実施しました。調査には、コントロールグループに加えて、長期滞在グループ (3 年以上、平均 4 年、5 人) と短期滞在グループ (2 年未満、平均 13 カ月、14 人) が参加し、被験者は与えられた文に対して実験文が容認できるかどうかを判断するように指示されました。たとえば、(10a) に続く文として (10b) が可能かどうかについて、長期滞在グループはコントロールグループと同じ解釈を示したのに対して、短期滞在グループは (10b) を誤って容認しました。

(10) a. My father made the table for the new kitchen.

b. *He got tired and never finished the table.

一方、多肢選択課題では、被験者は与えられた 4 つの動詞の形式から適切な 1 つを選んで、文中の空欄に入れるように指示されました。たとえば、(11) のような実験文を用いました。

(11) a. Yesterday Sara (　　) a pizza for lunch.

b. is eating, ate, eats, was eating

この実験では、両グループとも (11a) の括弧の中に ate あるいは was eating を正しく挿入し、何の問題点もありませんでした。

これらの結果は、次のような重要な点を示唆します。まず、過去形の形式はそのアスペクトの意味より早期に習得されていること、そして習熟度が低い学習者にとって made the table の限界素性 (表 1) は習得がむずかしいこ

とです。Gabriele & Martohardjono によれば、前者は form-before-meaning（形式から意味へ）仮説を支持し、後者は母語転移の結果だと分析することができます。すなわち、この転移は英語と異なり、日本語では達成動詞の出来事がキャンセルできるために生じたと考えられます。

3.2. **Yoshimura & Nakayama（2009a, b）**

Yoshimura & Nakayama（2009a, b）では、海外短期英語研修に参加者した 30 人の英作文 44 編（8 文）[3] について屈折形態素の誤りを調査しました。表 3 はミシガンテストの低得点者 15 人と高得点者 15 人の作文結果をまとめたものです。主語はほぼ完ぺきに正しく産出されていたのに対して、屈折形態素の産出にはばらつきが見られました。平均欠落率では、3 人称単数 -s が高得点者グループで 12.7%、低得点者グループで 41.9%、過去形 -ed が 8.9% 対 2.7% でした。平均欠落率を比較してみると、3 人称単数のみに統計的に有意差がありました。この結果は、日本語には「た」に対応する -ed があるのに対して、3 人称単数 -s には対応する屈折形態素がないために生じると考えられます。つまり、日本語からの母語転移によって、3 人称単数 -s の方が過去形 -ed より習得がむずかしいと言えます。

表 3　日本人英語学習者の主語・3 人称単数・過去形の欠落率[4]

グループ	主語		3 人称単数		過去形	
	有	無（%）	有	無（%）	有	無（%）
低（15 人）	276	3（1.1）	16	19（41.9）	7	2（2.7）
高（15 人）	358	2（0.6）	27	7（12.7）	14	3（8.9）
計（n＝30）	634	5（0.8）	43	26（27.3）	21	5（5.8）

3　この資料は第 2 章で取り上げたものと同じ英作文です。

4　3 人称単数 -s や過去形 -ed のような屈折形態素は主語と密接な関係があること、また日本語が主語省略言語（null subject language）であることを踏まえて、主語の表出も調査しましたが、主語の欠落率は極めて低いものでした。この結果は、主語省略がほとんど影響を与えないことを示唆しています。なお、表の比率（%）は各被験者の平均値を平均したものです。

しかしながら、-ed の習得を形式と意味の関係からさらに検証すると、興味深い点が見えてきます。(12) の例文を考えてみましょう。

(12) a. *The internet influenced a lot on the business.

b. *The invention of the call phone gave people convenient.

動詞は過去形として正確であるように見えますが、作文の内容から考えると、両文とも現在完了形 (has influenced, has given) が適切な文脈でした。すなわち、これらの文は形式と意味の間に齟齬があり、アスペクトの意味は適切に形式に現れているとは言えません。この過去形の誤用について、Yoshimura & Nakayama では「た」が -ed と have -en に対応するために生じた結果だと分析しました。

3.3. Gabriele (2009)

Gabriele (2009) では、133 人の被験者 (日本人大学生＝101 人、日本人の英語ニアネイティブ話者＝9 人、英語母語話者＝23 人) を対象に絵を用いて達成動詞と到達動詞の過去形 (complete (A)) と現在進行形 (incomplete (B)) の解釈について調査しました。(13) の paint a portrait は達成動詞、(14) の arrive は到達動詞で、両文とも記載された時間との関係が解釈の重要なカギとなります。

(13) Ken is an artist. At 12 : 00 he begins to paint a portrait of his family.

A：At 8 : 00 he gives the portrait to his mother for her birthday.

B：At 12 : 30 he paints his mother and father.

a. Ken painted a portrait of his family.

b. Ken is painting a portrait of his family.

(14) This is the plane to Tokyo. At 4:00 the plane is near the airport.

A：At 5:00 the passengers are at the airport.

B：There is a lot of wind. At 4:30 the plane is still in the air.

a. The plane arrived at the airport.

b. The plane is arriving at the airport.

　主要な結果をまとめると、次の2点となります。過去形では、達成動詞
(13A)、到達動詞 (14A) ともに回答として正しく、a 文が容認されて、b 文
が排除されました。現在進行形では、達成動詞 (13B) は習熟度に関係なく、
正しく b 文が容認されて a 文が排除されたのに対して、到達動詞 (14B) は
習熟度の低い学習者グループ (85 人) では正答である b 文の容認度は極めて
低く (18%〜20%)、多くの学習者がチャンスレベル (68%〜50%) であった
ことがわかりました。Gabriele は、過去形は動詞の違いにかかわらず容易で
ある一方で、現在進行形は達成動詞と異なり到達動詞はむずかしい点に着目
し、このむずかしさは到達動詞そのものではなく、到達動詞と進行形の関係
が習得する上でむずかしいから生じるのではないかと分析しました。さら
に、このむずかしさの原因は、日本語では到達動詞の進行相が進行ではなく
結果を表わす点に (上の例 (9))、つまり母語からの転移にあると説明しまし
た。ただし、実験の結果から、習熟度の高い学習者はこの問題を克服できる
点がわかったので、到達動詞の結果は習得できない項目ではないと主張しま
した。

3.4.　吉村・中山 (2010)

　吉村・中山 (2010) では、日本人の大人で英語の習熟度レベルがほぼ母語
話者レベルに近い、ニアネイティブ話者2人による自然対話を録音し、分
析しました[5]。表4は屈折形態素の産出について欠落率をまとめたものです。
3人称単数の -s の平均欠落率は 12.5%で、3.2 節で説明した日本人大学生の
2グループの 27.3%と比べると、顕著に低いことがわかります。このことか
ら、3人称単数 -s は習熟度の向上に比例して、習得率が上がることがわかり
ます。一方、過去形の -ed の平均欠落率は 10.6%で、大学生高得点者グルー
プの 8.9%とあまり違わない点から、過去形は学習初期からさほどむずかし
くないが、学習の進行に伴って習得が速やかに促進されないようであると推

─────────
5　この2人のニアネイティブ話者は第2章で取り上げた学習者と同一で、分析も第2章で
取り扱った資料に基づくものです。

測されます。

表4 ニアネイティブ英語学習者の主語・3人称単数・過去形の欠落率

被験者	TOEIC	主語		3人称単数		過去形	
		有	無 (%)	有	無 (%)	有	無 (%)
A	980	451	2 (0.4)	10	1 (9.1)	35	5 (12.5)
B	970	165	0 (0)	4	1 (20)	7	0 (0)
計		616	2 (0.3)	14	2 (12.5)	42	5 (10.6)

　したがって、日本人英語学習者に見られる屈折形態素の誤りや欠落は表層屈折要素欠落仮説（第2章参照）が主張する単に運用上のミス（performance error）と捉えるのがより妥当な分析だと考えられます。

　以上、日本人英語学習者によるテンス・アスペクトに関する最新の第二言語習得研究成果をまとめると、次の4点に集約できると思います。

(15)　日本人英語学習者のテンス・アスペクトの習得
　　　(i) 意味より形式が習得が早い。
　　　(ii) 到達動詞の含有する限界性の理解がむずかしい。
　　　(iii) 完了相の現在完了形に過去形を代用する。
　　　(iv) 現在完了形に進行相を容認する。

これらの結果は、習得は形式から意味へ進むという仮説を支持し、日本人英語学習者の問題点は日本語と英語間の形式と意味の違い（表2）による母語転移に起因することを示唆します（Kawasaki 2014）。それでは、なぜ母語転移の克服はむずかしいのでしょうか。

4.　なぜ母語転移の克服はむずかしいか

　前節で見たように、日本人学習者にとって英語のテンス・アスペクトの習得でむずかしい問題は、主に日本語と英語の間にある形式と意味の齟齬に起因することが実証的に明らかになりました。そこで、この問題を4つの主要

な第二言語習得理論（表層屈折要素欠落仮説・表示欠陥仮説・Form-Before-Meaning 仮説・素性組立仮説）の視座から捉え直してみたいと思います。表層屈折要素欠落仮説と表示欠陥仮説は第2章「形態素 -s の習得」の第5節ですでに紹介しましたので、要点を復習しつつ、そして素性組立仮説についてはわかりやすく解説して、これらの理論が日本人英語学習者の直面する問題点について解明する点を検証します。そして、ここでの考察がテンス・アスペクトの効果的な学習指導の方向性や指針の構築に向けて何かを示唆してくれればと考えます。

4.1. 表層屈折要素欠落仮説

　表層屈折要素欠落仮説は、屈折形態素の母語転移を説明する理論的な手だてとして Prévost & White (2000) が提案した理論で、具体的には、第二言語学習者に見られる形態素の欠落は機能範疇[6]に関する文法的な知識が不十分であるためではなく、形態素の具現化ができないために生じると考えます。たとえば、過去形の -ed の欠落は時制素性の［＋／−過去］を音声形式部門 (phonological level, PF) で単に具現化できないために生じた誤りであると分析します。もう少し厳密に説明すると、この仮説では、素性［＋過去］は統語構造において T (tense) に存在しているにもかかわらず、音声形式部門でその［＋過去］に形態素 -ed が適切に挿入 (lexical insertion) されないために欠落が起こったと想定します。つまり、表層屈折要素欠落仮説では文法 (grammar) のモジュール性 (modularity)[7]を前提とし、情報が統語部門 (narrow syntax) から音声形式部門と意味形式部門 (LF) に送られた後、音声形式部門に送られたアスペクトの素性がその階層レベルで語彙化すると考えます。

6　機能範疇 (functional category) には時制素 (Tense, T)、冠詞 (Determiner, D)、補文標識 (Complementizer, C) があります。

7　文法の階層は統語部門、意味部門、音声部門、語用・談話部門のモジュールに分割されると想定されます (Nakayama & Yoshimura (2015) および本書第2章参照)。特に、この考え方は言語習得においてどの部門が生得的に獲得できる領域であるか (生得仮説 (Innate Hypothesis; Chomsky 1988)) を考える時に重要な役割を果たします (杉崎 2015)。

144 |

　たとえば、大人の中国語母語英語習得者 (Patty) を長年研究してきた Lardiere (1998a, b) は、発話とメールの資料を分析した結果、英語の習熟度が母語話者のそれに等しいレベルであるにもかかわらず、過去形形態素 -ed の産出率が極めて低い事実を発見しました。この点を踏まえ、音韻形態形式の習得は統語構造のそれから切り離して捉える方が第二言語習得過程に関してより妥当な説明が可能になると主張し、表層屈折要素欠落仮説を実証的に支持する立場を取りました。

4.2.　表示欠陥仮説

　表示欠陥仮説は Hawkins (2000) を中心とした研究グループ (Hawkins & Chan 1997, Franceschina 2001, Hawkins & Liszka 2003) が提唱した母語転移に関する仮説で、母語で活性化されない形式素性 (formal feature) は第二言語の学習ではアクセスできず、したがってそれらは習得できないと主張する理論です。つまり、臨界期 (critical period) までの母語習得過程において普遍的な素性目録 (universal inventory of features, [F]) から選択されなかった形式素性はその時点で消失してしまうと考えます。たとえば、中国語では時制の素性 [＋／－過去] が T に選択されないので、消失してしまった結果、中国人英語学習者は過去形 -ed を習得できないと考えるわけです。一方、日本語にはその素性が T に存在するので、日本人英語学習者は過去形 -ed を習得できるとします (Hawkins 2000)。

　もう少し厳密に説明すると、中国人英語学習者は母語習得で素性 [＋／－過去] を [F] から選択しなかったため、第二言語習得では統語構造の T にその素性が表示されません。その結果、英語の習熟度が向上しても、過去形の形態素は決して具現化されることはなく、それらは持続的な選択化石化 (persistent selective fossilization) に至ってしまうことになります。したがって、表示欠陥仮説では、Lardiere で取り上げた Patty の過去形欠落は、彼女の文法では T に素性 [＋／－過去] が存在せず、そのために語彙的に具現化されず、表示できなかったことになります。すなわち、普遍素性目録 [F] から母語に必要な形式素性が選択・構築された母語素性目録 [F_{L1}] において該当する素性がなければ、その素性は第二言語素性目録 [F_{L2}] に存在せ

ず、習得できません。

4.3. Form-Before-Meaning 仮説

　以上、表層屈折要素欠落仮説は音声形式部門において形式素性の具現化に問題ありと主張し、表示欠陥仮説は統語部門において形式素性の［＋／－］の選択に欠陥があると論じました。しかしながら、両仮説ではアスペクトの形式─意味の関係の習得について言及されていない点が問題となります（Lardiere 2005）。つまり、テンス・アスペクトの形式が間違いなく形態素として具現化し表示されていれば、「習得した」と判断されることになりますが、果たして本当にそうでしょうか。特に、文法のモジュール性を前提にすれば、形式と意味の部門は異なる 2 つの領域です。

　また、形式から意味へという仮説（Form-Before-Meaning Hypothesis; Bardovi-Harlig 2000）を視野に入れれば、この判断には疑問が残ります（Gabriele, Martohardjono & MaClure 2003, Montrul & Slabakova 2003）。さらに、表層屈折要素欠落仮説と表示欠陥仮説は産出データに基づく分析であるため、第二言語学習者の文法知識は産出した中間言語にすべて反映されていなければなりません。ところが、学習者は文法や語彙の用法に不安がある場合、それを避けようとする傾向（avoidance behavior）にあると指摘されています（Schachter 1974）。この「誤り回避」によって、誤りが表層上に出現しない可能性も考えられます。

4.4. 素性組立仮説

　Lardiere（2005, 2008）が新たに提案した習得理論、「素性組立仮説」（Feature Assembly Hypothesis）を紹介したいと思います。この仮説は 1990 年代に提案されたミニマリスト・プログラム（Chomsky 1993）に即した母語習得の考え方（Chomsky 2000）を第二言語習得に展開させた理論で、素性選択（feature selection）と素性組立（feature assembly）の 2 段階から構成されます。第二言語習得のカギは形式素性を統語部門で適切に選択し（$[F_{L2}]$）、それらを語彙範疇にまとめて組立て（$[LEX_{L2}]$）、音韻形式部門において意味─形式の関係に基づき適切にマッピングする過程にあると言えます。

もう少し具体的に説明すると、大人は母語の素性選択（[F_{L1}]）と素性組立（[LEX_{L1}]）が完了しているので、第二言語習得では (16) にあるように外国語の素性選択 [F_{L2}] と素性組立て [LEX_{L2}] をまず遂行することになります（Domínguez, Arche & Myles 2011）。

(16)　素性の選択（[F_{L1}]→[F_{L2}]）＋素性の組立（[LEX_{L1}]→[LEX_{L2}]）

[F_{L2}] は普遍素性目録 [F] から第二言語に関して新たに選択した素性の部分集合で、共有する素性が含まれるとしても、[F_{L1}] とは別の集合で、したがって [LEX_{L2}] は [LEX_{L1}] とは異なる新たな組立となります。素性組立仮説は、表示欠陥仮説の主張とは異なり、[F_{L2}] は [F_{L1}] で選択されなかった素性もアクセスできることを想定します（Full Transfer/Full Access Model; Schwartz & Sprouse 1996）。その結果、第二言語習得過程において素性の削除や追加による足し算や引き算の計算（computation）が可能で、この計算が第二言語習得過程において不可欠で、重要な学習になります。ただし、この計算はそれほどむずかしくなく、最も時間を要するむずかしい問題は素性の新たな選択であると考えられます。つまり、第二言語学習者の誤り、すなわち中間言語に見られる問題点やばらつき（variability）は素性選択の誤りによって生じたものだと考えられます。言い換えれば、素性組立仮説ではテンス・アスペクトの習得に見られる母語からの転移は母語が第二言語素性の選択に影響を与えるため、それが適切にできないという問題に起因すると捉えることができます。

5.　素性組立仮説に基づく分析

そこで、本節では、Form-Before-Meaning 仮説を再検証すると同時に、日本人学習者による英語のテンス・アスペクトの習得を素性組立仮説の新たな視点から捉え直してみたいと考えます。

5.1.　「過去形」対「現在完了形」

Yoshimura et al. (2014a) では、過去形と現在完了形についてアスペクト

の習得を調査し、その結果を分析しました。実験には3グループが参加し、第1グループは日本人大学生121人の学習者グループ、第2グループは英語習熟度レベルがニアネイティブの日本人17人、第3グループは英語母語話者話者34人のコントロールグループでした。学習者グループはTOEICスコアによって初級41人（平均TOEICスコア456.1点）、中級38人（537.4点）、上級42人（674.3点）の3つの小グループに分けられました。タスクは継続素性（[+/-durative]）（表1参照）の理解に関する真偽値判断課題（Crain & McKee 1985）で、特に次のような日本語と英語の違いに焦点を絞って考察しました。すなわち、[＋／−継続]にかかわらず、日本語では出来事が終了している場合には過去形形態素「た」、完了していない場合には進行形形態素「ている」を使用するのに対して、英語では出来事が発話時に完了している場合には過去形 -ed か現在完了形 have -en、完了していない場合には現在完了形 have -en か現在完了進行形 have been -ing を使用する点です。

　実験文は次の4つのタイプから構成されていて、内容がマッチするTRUE文が3文、内容がマッチしないFALSE文が3文（計24文）、そしてフィラー文が16文（TRUE 8文、FALSE 8文）、合計40文ありました。(17)はTRUE例を示したもので、Type I・IIが過去形、Type III・IVが現在完了形となります。対話は被験者が状況説明を間違いなく理解できるように日本語で提示されました。

(17) a.　Type I（完了・非継続）
　　　　ジョンは自分が買ったテーブルについて順子と話しています。
　　　　ジョン：『2週間前に家具屋さんでテーブルを注文してたんだけど、
　　　　　　　　やっと昨日、家まで配達してくれたよ。』
　　　John bought a table from the furniture company. 　TRUE　FALSE

　　b.　Type II（完了・継続）
　　　　ジェームズは自転車で買い物に行った帰り道、タイヤがパンクしてしまいました。1時間かけて自転車を引いて帰宅すると、アビーと会ったので説明しています。

ジェームズ：『1時間前に自転車のタイヤがパンクしちゃってさ』

James carried the bicycle for one hour.　　TRUE　　FALSE

c.　Type III（完了・非継続）

火曜の午前。ケイティはショッピングモールでアレックスと会っています。

ケイティ：『元気？アレックス』

アレックス：『うん、なんとかね。先週の火曜日に仕事を首になっちゃって。でも昨日、新しい仕事先を見つけたんだ。』

Alex has changed his job.　　TRUE　　FALSE

d.　Type IV（未完了・継続）

2011年8月15日。次郎はカナダでの生活について電話でメアリーと話しています。

次郎：『1週間前にワーキングホリデー・ビザでカナダに来たんだけど、今はモントリオールの大学で言語学を勉強しているんだ。学期が終わるまではここにいるよ。』

Jiro has stayed in Canada for one week.　　TRUE　　FALSE

　表5は実験の結果をまとめたものです。過去形および現在完了形は、出来事が完了あるいは進行中にかかわらず、日本人英語学習者にとって継続素性が［＋］の方が［－］よりむずかしいことがわかりました。特に、過去形では、初級学習者グループでは「継続」（Type II）対「非継続」（Type I）の平均正答率は80.5％ 対91.1％で、統計的に有意差が生じました。同様に、現在完了形では、「継続」（Type IV）対「非継続」（Type III）の平均正答率は初級学習者グループが74.8％ 対87.8％、中級学習者グループが75.4％対89.5％で、各グループにおける差はそれぞれ有意でした。習熟度が中級レベルになると、［＋継続］の理解については現在完了形にほとんど変化がなかったのに対して、過去形の平均正答率が85％に伸びていた点から、過去形の方が現在完了形より習得が容易であることが示唆されました。

第 7 章　テンス・アスペクト　｜ 149

表 5　「過去形」対「現在完了形」グループ別容認度（%）

形式	継続素性	初級 41 人	中級 38 人	上級 42 人	ニアネイティブ 17 人	ネイティブ 34 人
過去形	−	91.1	88.6	92.9	94.1	99.0
-ed	+	80.5	85.1	77.8	86.3	86.3
現在完了形	−	87.8	89.5	92.1	92.2	99.0
have -en	+	74.8	75.4	86.5	88.2	93.1

さらに、全般的な分析では、日本語の「ている」からの母語転移による影響が見られます。たとえば、（17b）と（17d）を日本語に直すと、次のようになります。

(18) a.　ジェームズは 1 時間自転車を押し<u>ていた</u>。

　　 b.　次郎はカナダに 1 週間滞在し<u>ている</u>。

すなわち、すでに（3）と（6）で見たように、日本語では継続素性を形式的に表示するためには動詞の語尾に「ている」を付けなければなりません。この形態素は英語では原則として進行相の -ing に対応すると考えられるために（表 2）、（17b）の過去形と（17d）の現在完了形は容認度が低くなったのではないかと推測されます。ただし、ニアネイティブグループが過去形 86.3%、現在完了形 88.2% であった結果を踏まえれば、これらは英語の習熟度が向上するに伴って克服できる問題点であろうと考えられます（吉村 2013, Yoshimura et al. 2014a）。

5.2.　「現在進行形」対「現在完了形」

　Yoshimura et al.（2014b）は、Yoshimura et al.（2014a）をさらに発展させた研究で、「現在進行形」対「現在完了形」に焦点を置いて、次のような疑問点を検証しました。

(19) a. 動作動詞が発話時までの継続性を表わす時、進行形を容認するか？

b. 到達動詞が結果状態を表わす時、進行形を容認するか？

c. 動詞の種類にかかわらず、完了相に進行形を排除できるか？

(19a)（＝(6)）および(19b)（＝(9)）が肯定されれば、母語転移が支持されることになる一方で、(19c)が肯定されれば、母語転移は支持されないことになります。実験には日本の大学で学ぶ日本人英語学習者152人が参加しました。英語習熟度によって理解度が向上するかを見るために、152人はTOEICスコアに沿って初級グループ（54人、TOEIC平均スコア438点）、中級グループ（40人、TOEIC平均スコア547点）、上級グループ（58人、TOEIC平均スコア675点）の3つの被験者グループに分けられました。

実験では、次のような対話や説明文を日本語で提示し、その内容に基づいて実験文の容認度を1（不適切）〜7（適切）の数値スケールで答えるように質問しました。なお、わからない場合は回答を無理に選択しなくてよいように「わかりません」を設けました。

(20)　先生：『顔色が悪いけど、ヒロシ君、どうしたの？』

　　　ヒロシ：『うーん、ちょっとお腹がすいてるだけ。発表の準備していて、朝から何も食べていないんです。』

a. Hiroshi is not eating anything since this morning.

b. Hiroshi has not eaten anything since this morning.

（不適切）1 ..... 2 ..... 3 ..... 4 ..... 5 ..... 6 ..... 7（適切）　わかりません

(21)　トモコは有能なプロジェクトリーダーです。締切りのレポートがあって、昨晩は徹夜しました。今、やっと終わって、ほっとしているところです。

a. Tomoko is finishing a project report.

b. Tomoko has finished a project report.

（不適切）1 ..... 2 ..... 3 ..... 4 ..... 5 ..... 6 ..... 7（適切）　わかりません

第7章 テンス・アスペクト | 151

(22) 　シカゴからの飛行機はすでに成田空港に着いています。ビルは友達が
　　　 税関から出てくるのを待っています。

　a.　The airplane is arriving at Narita from Chicago.

　b.　The airplane has arrived at Narita from Chicago.

（不適切）1 ..... 2 ..... 3 ..... 4 ..... 5 ..... 6 ..... 7（適切）　わかりません

　(20) は動作動詞 eat、(21) は達成動詞 finish a project report、(22) は到達
動詞 arrive の例です。問題にはそれぞれ a 文と b 文があって、a 文は現在
進行形、b 文は現在完了形の形式となっています。そして、ラテン方格法
(latin square design) を用いて、各被験者グループにおいて同数の完了形と
進行形の問題文を適切に測定できるように配慮しました（動作動詞 4 文 , 達
成動詞 4 文 , 到達動詞 6 文）[8]。たとえば、(20) ～ (22) では、a 文を提示され
た被験者は 1 を、b 文を提示された被験者は 7 をそれぞれスケール上で選ぶ
ことになります。

　結果は期待値からの差として表示し[9]、その差をグループ別と動詞別に表 6
とグラフ 1 にまとめました。

8　動作動詞として sleep, drive, talk, eat、達成動詞として invent games, finish homework,
produce movies, finish a report、到達動詞として disappear, fall, return home, appear, arrive,
recover を用いた。

9　(20) を例に説明すれば、期待値とは、a 文に対しては 1、b 文に対しては 7 で、その
差とは期待値と被験者の選択値の関係で、たとえば、被験者が a 文に 4 を選択した場合は
(4-1＝3)、あるいは b 文に対して 3 を選択した場合は (7-3＝4) となります。つまり、数
値が大きいほど、期待値より差があることを意味し、習得がむずかしいことを示します。

表6 完了形と進行形のグループ別・動詞別の期待値との差

グループ（人数）	平均TOEIC	動作動詞 have-en	動作動詞 be-ing	達成動詞 have-en	達成動詞 be-ing	到達動詞 have-en	到達動詞 be-ing
初級 (54)	438	0.5	5.5	1.1	4.5	0.4	5.2
中級 (40)	547	0.5	5.1	1.4	3.6	0.7	4.6
上級 (58)	675	0.6	4.2	1.3	3.1	1.0	3.8

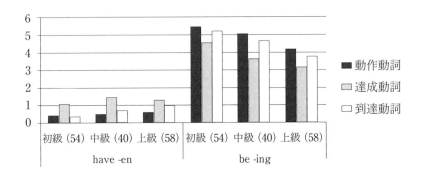

グラフ1 グループ別・動詞別の期待値との差

　全般的にみて、英語習熟度に関係なく、また動詞の種類にかかわらず、被験者グループにとっては現在完了形の方が現在進行形より容易であることがわかります。さらに、現在完了形は達成動詞が動作動詞あるいは到達動詞よりむずかしく、そして現在進行形は達成動詞が動作動詞あるいは到達動詞より容易であることがわかります。これらの結果は、日本人英語学習者にとって、現在完了形は正しい用法の場合に適切に容認するのがむずかしくないのに対して、現在進行形は間違った用法の場合に適切に除外することがむずかしいことを示しています。

　これらの結果は、(19)に挙げた3つの疑問点について次のように示唆すると考えられます。

(23) a. 動作動詞と到達動詞は誤って現在進行形を容認する傾向にある。

b. 全般的に完了相に進行形を代用する傾向にあり、排除できない。

つまり、この調査では日本人学習者が英語のテンス・アスペクトを習得する上で直面するむずかしさや誤りは母語の転移に起因することがわかりました。換言すれば、上の表2で見たように、「ている」がhave -en と be -ingの両方に相当すること、もう少し厳密に述べれば、動作動詞と達成動詞の場合、出来事が発話時まで継続して現在に何らかの関連性がある時には日本語では「ている」を用いるのに対して、英語では現在完了形でなければならず、さらに到達動詞の場合は「ている」が結果状態を表わすのに対して、英語では現在進行形ではなく現在完了形を用いなければならないことが形式と意味の間に存在する2つの齟齬で、これらが習得に重要な影響を与えていると考えられます。したがって、日本人英語学習者が現在完了形のアスペクトに現在進行形を代用する誤りを克服するためには、これらの違いを形式的に、また意味的に理解することから始めなければならないでしょう。

5.3. 素性組立仮説に基づく説明

これらの調査でわかったことを素性組立仮説の立場から説明してみたいと思います。まず、日本人英語学習者の場合、日本語の素性選択 $[F_{L1}]$ と組立 $[LEX_{L1}]$ がすでに終了しているので、「た」は［＋過去］・［＋完了］・［−進行］、そして「ている」は［−過去］・［−完了］・［＋進行］がすでに選択・組立されていると仮定します。素性組立仮説では、機能素性を再組立できるので、日本人英語学習者は英語を習得する過程において、新たに素性を選択し組立てることができることになります。つまり、have -en は［＋完了］・［−進行］、be -ing は［−完了］・［＋進行］を再選択 $[F_{L2}]$ して、再組立 $[LEX_{L2}]$ しなければなりません。しかしながら、たとえば、動作動詞「食べる」が「ている」と組成すれば、［−完了］・［＋進行］となり、これを英語にマッピングした場合、Hiroshi has not eaten anything (20b) ではなく、Hiroshi is not eating anything (20a) となります。また、到達動詞「着く」を「ている」と組成すると、［−完了］・［＋進行］となり、これを英語にマッ

ピングした場合、The airplane has arrived at Narita (22b) ではなく、The airplane is arriving at Narita (22a) となります。

　したがって、これらの誤りを克服し、それぞれの文が意図する意味を表わすためには、eat の語彙的アスペクト（［＋継続］、［−限界］）と be -ing の文法的アスペクト（［−完了］・［＋進行］）、また arrive の語彙的アスペクト（［−継続］・［＋限界］）と be -ing の文法的アスペクト（［−完了］・［＋進行］）について再組立を実行しないように学習する必要があります。これが第二言語習得過程における重要な「学習タスク」となり、このタスクに成功するかどうかが現在完了形の習得のカギになると言っても過言ではありません。

　以上、まとめますと、「た」は［＋過去］・［−進行］の素性組立が -ed に、［＋完了］・［−進行］の素性組立が have -en にそれぞれ相当します。この場合、「た」が完了を表わすことを前提にすれば、新たに素性を追加する必要はありませんので、「過去形」対「現在完了形」の習得は比較的容易で、それほど時間を要さないでしょう。しかしながら、「ている」は［−過去］・［−完了］・［＋進行］の素性組立が足し算や引き算なしで be -ing には対応するのですが、have -en には［完了］は「−」から「＋」へ、［進行］は「＋」から「−」へ素性の値を新しく再選択し、再組み立てされなければなりません。この素性値の変更はそれぞれのアスペクトの意味・概念の理解に基づくため、複雑な学習タスクとなることが推測されます。したがって、習得がむずかしく、誤りを克服するのに時間を要すると考えられます。

6.　日本語学習者による「た」・「ている」の習得

　本節では、日本語学習者にも母語転移が見られるかを考えてみます。日本語学習者による日本語のテンス・アスペクトの習得研究をいくつか紹介した上で、Nakayama, Yoshimura & Sawasaki (2014) と Fujimura et al. (2015) の研究成果を概観します。

6.1.　インプット・母語転移・アスペクト仮説
6.1.1.　許（2005）
　許（2005）では、中国語を母語とする日本語学習者による「ている」の習

得について調査しました。第2節の表2で英語と日本語では形式と意味が1対1の関係でないことを見ましたが、中国語も同様で、日本語との間に齟齬が存在します。この実験では、「ている」の進行形と結果を表わす完了形を検証した結果、進行形の方が完了形よりも容易であることがわかったと報告しています。要因として、許は中国語では進行を表わす形式が1つだけであるのに対し、完了を表わす形式は2つあるためであると分析しました。つまり、完了形の習得がむずかしいのは中国語からの母語転移によるものだと解説しました。さらに完了形の習得について、台湾で日本語を勉強する学習者の方が日本で日本語を勉強する学習者より遅いことがわかりました。これはインプット量の違いによるものだと述べています。

6.1.2. Sugaya & Shirai（2007）

Sugaya & Shirai（2007）では、「ている」の習得について、母語に進行形のある英語の学習者と母語に進行形のないドイツ語・ロシア語・ウクライナ語・ブルガリア語の学習者の間で比較調査しました。前提とする仮説はアスペクト仮説（Anderson & Shirai 1994; プロトタイプ仮説）で、母語のタイプによって「ている」の習得に違いがあるかを考察しました。実験では2枚の絵の違いを描写する課題と文中の空所を埋める課題を用いました。たとえば、（24）は空所に回答を入れて文を判断する質問ですが、適切な回答は1つではなく、（24c）に加えて（24b）も可能となります。

(24) 　高橋：『あれ、シャツに口紅（lipstick）が＿＿＿＿ね。』
　　　　山本：『え、ほんとうですか。』
　　　　a. つきます　b. つきました　c. ついています　d. ついていました

実験の結果、判断課題では母語にかかわりなく、習熟度の低い学習者は進行相の「ている」が結果相の「ている」より正答率が高く、習得が早いことが明らかになりました。この傾向は描写課題ではさらに顕著で、英語母語話者の場合、進行相91％に対して結果相72％でした。これらの結果に基づき、Sugaya & Shirai は基本的にアスペクト仮説が支持されて、学習者は日本語

の習熟度の向上に伴って形式と意味の関係が適切に理解できるようになると分析しました。

6.1.3. Ananth (2007)

　Ananth (2007) では、母語からの転移とアスペクト仮説について、副詞節の「時」節を用いて英語が母語の学習者と韓国語が母語の学習者の間で比較調査しました。たとえば、(25) に示したように、動詞「故障する」の場合、「る時」は非文法的な文、一方「た時」は文法的な文ですが、(26) のように「行く」の場合は全く反対となります。

(25) a.　*車が故障する時太郎に直してもらう。
　　　b.　　車が故障した時太郎に直してもらう。
(26) a.　　日本へ行く時 JAL で行く。
　　　b.　*日本へ行った時 JAL で行く。

「る時」や「う時」は、主文の時制に影響されるために「前読み」か「同時読み」となります。(24) では、車が壊れた後に修理するわけですから、(24a) は不可能になります。一方、「た時」は主文節の時制から「前読み」、「同時読み」、「後読み」の 3 通りが可能で、(24b) は文法的な文です。(25) の例では、「同時読み」が必要で、(25a) は「時」節の時制が主文節と同じ現在ですから可能ですが、「時」節の時制が過去で主文節の現在と異なりますから、(25b) は不可能となります。つまり、(24) の到達動詞は序列の読みを、そして (25) の継続動詞は同時進行の読みを伴うわけです。

　そこで、Ananth では「時」節における「る」と「た」の違いは動詞のアスペクトあるいは母語転移のどちらによって決定されるかを検証しました。また、「る」と「た」の両者が「時」節に使えるとき、どちらが優先的に選択されるか、そしてその選択のカギは何であるかを真偽値判断課題を用いて調査しました。たとえば、実験では被験者は次のような状況を母語で読んで、与えられた日本語文がその状況とマッチするかどうかを判断しました。

(27)　Jiroo is a second-year college student in Nagoya and he loves listening to the radio. His favorite radio talk show is aired every Saturday at 6pm. He plays tennis with his friends from around 4-5：30p.m. Yesterday（Saturday）, when he came back home from his tennis session he switched on the radio even before turning on the lights of his room. Just as he switched on the radio, the clock on the wall also rang. Jiroo was happy to have made it on time. He then turned on the lights and continued to listen to his favorite program.

　　　ラジオをつけた時、時計が鳴った。　　TRUE　　FALSE

実験の結果、「時」節が「達成動詞＋る」で、主文節が「た」の場合、「る－た」の正しい回答において、また「た－た」の誤りの回答において、習熟度の違いに関係なく、中国語、韓国語、英語の母語話者の間に統計的な差はありませんでした。しかしながら、「とき」節が「達成動詞＋た」で、主文節が「た」の場合、中国語と英語の母語話者の間には統計的な違いがありました。したがって、これらの結果は母語転移あるいはアスペクト仮説のいずれか一つによって説明できるものではないと結論付けました[10]。

6.1.4.　Sugita（2009）

　さらに、「ている」の継続や結果以外に習慣を表わす解釈の習得について、Sugita (2009) は興味深い報告をしています。たとえば、(28) のように、「ている」が副詞「毎年」と共起すると「習慣読み」となり、英語では現在形で表わします。

(28) a.　マリは毎年イギリスに行っている。

　　　b.　Mari goes to England every year.

10　日本語の時制とアスペクトの習得に関して、中国語母語話者との比較研究に Gabriele & McClure (2011; 英語母語話者との比較)、最近では Hirakawa (2016; タガログ語話者との比較) がありますが、「ていた」の習得がむずかしいと報告されています。

つまり、(28a) は「毎年イギリスに行く」と同じ解釈です。このように、「ている」が継続や結果と異なる読みの場合（たとえば Sheu 2000, Shirai 2002 参照）、英語が母語の日本語学習者は母語から意味や形式の関係を転移することはできません（Gabriele & Canales 2011）。したがって、新たに学習が必要で、Sugita の調査では、「ている」の習慣読みの習得には時間がかかり、顕著に遅れるという結果が提示されました（Gabriele & Sugita 2015）。

6.2. 母語転移・素性組立仮説
6.2.1. Nakayama, Yoshimura & Sawasaki (2014)

Nakayama, Yoshimura & Sawasaki (2014) では、英語を母語とする学習者を対象に「た」と「ている」の継続性の理解について動詞の種類別に調査しました。たとえば、被験者は英語で与えられた場面 (28) ～ (30) について日本語の実験文の容認度を 1（不適切）～7（適切）で判断するように指示されました。なお、「容認するかどうか」が不確かな場合を考慮して、「わからない」を回答として設けました。

(29) 動作動詞

Tom and Cathy were classmates in their high school days and they ran into each other at a shopping mall. Since Tom was asked about his job, he replied："After finishing school, I started teaching English at a high school and 10 years have passed. I am still teaching there."

トムは高校で 10 年間英語を教えています。

（不適切）1 …… 2 …… 3 …… 4 …… 5 …… 6 …… 7（適切）　わかりません

(30) 達成動詞

Today is my mother's birthday, so I am making a cake for her.

私はお母さんの誕生日にケーキを作っています。

（不適切）1 …… 2 …… 3 …… 4 …… 5 …… 6 …… 7（適切）　わかりません

(31)　到達動詞

The plane has arrived at Narita Airport from Chicago. Bill is
waiting for his friend to come out from the gate.

シカゴからの飛行機は成田空港についています。

(不適切) 1 ...... 2 ...... 3 ...... 4 ...... 5 ...... 6 ...... 7 (適切)　わかりません

　被験者は英語が母語の日本語学習者で、日本語2〜3級検定試験に沿って
作成したテストの結果によって、日本語習熟度の高い学習者14人（正解率
平均80％）と低い学習者14人（平均42％）に分けました。Lグループは低
習熟度グループ（n＝14人）、Hグループは高習熟度グループ（n＝14人）、
そしてNSグループは日本語母語話者のコントロールグループ（n＝20人）
です。

　分析の結果、グループ別、形式別（「た」対「ている」）、動詞別のすべて
において統計的な有意差が見られました（表7・グラフ2）。ただし、「た」
と「ている」に関しては学習者グループ間に傾向の違いはありませんでし
た。動作動詞と達成動詞では「た」がむずかしいことがわかりました。これ
は、第2節の（4）と（5）で説明したように、日本語には完了形がなく、過去
形の「た」が過去と完了の両方を表わすために混乱が生じるためだと考えら
れます。一方、「ている」については「継続」よりも「結果」の理解がむずか
しいことがわかりました。これは、第1節の（2）でも触れたように、英語で
は進行形は進行相のみを表わすために生じる誤りであると分析することがで
きます。

　このように、これらの2つの問題点は、先行研究で指摘されてきたよう
に、母語の英語からの転移に起因することは疑いのないところです（西・
白井 2000, Sugaya & Shirai 2007）。つまり、英語学習者の場合と同じく、
日本語学習者の場合にも形式と意味とが1対1の関係にない時に習得がむず
かしく、理解するのに時間を要することが再確認されました。

表7 「た」と「ている」のグループ別・動詞別の平均容認度

グループ (人数)	動作動詞 た	動作動詞 ている	達成動詞 た	達成動詞 ている	到達動詞 た	到達動詞 ている
L (n＝14)	3.26	5.88	2.98	6.19	5.21	5.10
H (n＝14)	2.98	5.60	2.74	5.98	4.98	4.81
NS (n＝20)	3.59	6.73	3.56	6.05	5.40	6.27

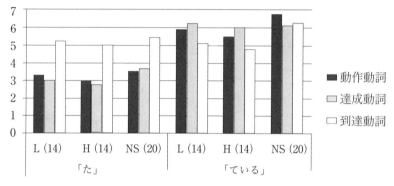

グラフ2 グループ別・動詞別の平均容認度

6.2.2. Fujimori et al. (2015)

Fujimori, Yoshimura, Nakayama & Sawasaki (2015) では、6.2.1. の実験で用いた質問表を用いて「た」と「ている」の習得状況を再度調査しました。今回の実験に参加した被験者グループは、2つの学習者グループ（英語母語話者18人・中国語母語話者17人）とコントロールグループ（日本語母語話者20人）で、学習者グループの35人は北米の2つの大学で日本語を学ぶ大学生で、日本語習熟度は全員上級レベルでした[11]。

質問の内容・数および回答の手順は上記のNakayama, Yoshimura & Sawasaki (2014) と同じなので、ここでは省略しますが、今回の実験の結果は表8の通りになりました。

---

11 日本語テスト (Itomitsu & Nakayama 2005) のレベル2〜3の習熟度。

表8 「た」と「ている」のグループ別・動詞別の平均容認度

グループ (人数)	動作動詞 た	動作動詞 ている	達成動詞 た	達成動詞 ている	到達動詞 た	到達動詞 ている
英語G	2.98	5.73	2.81	6.10	5.04	4.77
中国語G	4.02	5.58	3.60	5.58	5.08	4.46
日本語G	3.59	6.73	3.56	6.05	5.40	6.27

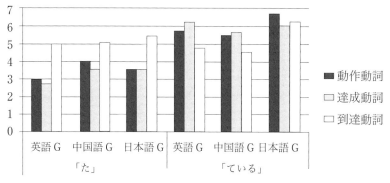

グラフ3　グループ別・動詞別の平均容認度

　「た」と「ている」を区別してグラフにすると、一般的な傾向として、学習者グループは動作動詞と達成動詞では「ている」が「た」よりも期待値7に近く、理解度が高い一方で、到達動詞では「た」が「ている」よりも期待値7に近く理解度の高いことがわかります。動作動詞と達成動詞で「た」が期待値より顕著に低い点は、上記で述べたように、この形式が完了相を表わすためだと考えられますが、日本語母語話者にも同様の傾向が見られることは興味深い点です。

　分析では、到達動詞は2つの学習者グループとコントロールグループの間に有意差があり、これは母語が英語、中国語にかかわらず、結果相の「ている」が上級レベルの日本語学習者にとっても習得がむずかしいことがわかりました。もう少し詳細に説明すると、まず、学習者は意味素性を選択する段階で、到達動詞には［−継続］を選択しなければなりません（表1参照）。次

に、この［−継続］は文法的アスペクトの［−進行・＋完了］と組立てを行な
いますが、学習者は、母語（英語や中国語）の影響により到達動詞に［＋進
行・−完了］を選択し［−継続］と組立てを行なうために、誤りが生じるので
はないかと考えられます。つまり、「ている」が到達動詞の場合には［−進
行・＋完了］の組立てを新たに学習しなければならないために、習得が遅れ
ると考えられます。

7.　まとめ―明示的指導に向けて

　本章では日本人英語学習者および日本語学習者のテンス・アスペクトの習
得に関する実験研究の結果を考察しました。日本語において、また英語にお
いて、さらには日本語と英語の間において、形式と意味が必ずしも 1 対 1 で
ないために深刻な母語転移が生じて習得が遅れることがわかりました。

　これらの結果を素性組立仮説の立場からまとめますと、次のようになりま
す。日本人英語学習者の場合、日本語の素性選択［F_{L1}］と組立［LEX_{L1}］で
は「た」は［＋過去］・［＋完了］・［−進行］、そして「ている」は［−過去］・
［−完了］・［＋進行］がすでに選択・組立てされています。そして英語を習得
する過程において、have -en は［＋完了］・［−進行］、be -ing は［−完了］・
［＋進行］を再選択［F_{L2}］・再組立［LEX_{L2}］することになります。言い換え
れば、日本人英語学習者は「た」は［＋過去］・［−進行］の組立てが -ed に、
［＋完了］・［−進行］の組立てが have -en に対応するので、「た」が完了を意
味する時には［＋過去］の代わりに［＋完了］を再選択・再組立てをしなけれ
ばならないことを学習する必要があります。一方、英語が母語の日本語学習
者は「ている」は［−過去］・［−完了］・［＋進行］の組立てが be -ing に対応
し、have -en に対応するためには［完了］が「−」から「＋」に、［進行］は
「＋」から「−」に素性の値を再選択・再組立てしなければなりません。こ
の学習は進行相と完了相の意味と概念の理解を含む複雑なもので、これまで
の研究結果が示唆するように、学習者にとって結果を表わす「ている」の完
了相の習得はむずかしく、その習得には多大な時間とインプットを必要とし
ます。

　このように、テンス・アスペクトが出来事の時間的な意味を表現すること

を踏まえれば、本章で明らかになった第二言語習得上の問題点の克服に繋がるような明示的な英語教育や日本語教育を行なっていくことが極めて重要であると考えられます。

第8章

談話構造における（代）名詞の用法

1. はじめに

本章では、談話構造における（代）名詞の表現と用法について考えます。特に、第二言語として英語や日本語を学ぶ学習者がストーリーテリングにおいて名詞や代名詞をどのように用いるのかに焦点を置いて考察します。

具体的には、代名詞に関する日本語と英語の相違点を簡単に説明した上で、日本語と英語の母語話者がストーリーテリングにおいて名詞や代名詞を照応表現としてどのように用いるかを見ます。続いて、日本人英語学習者の産出した資料と英語を母語とする日本語学習者の産出した資料を比較対照し、第二言語学習者の（代）名詞用法の特徴を炙り出します。

2. 顕在代名詞と非顕在代名詞

談話に現れる代名詞について、日本語と英語の間には重要な違いがあります。その特徴を簡単に概観しておきましょう。まず、日本語には英語の顕在代名詞のような文法項目は存在せず、「自分」がその役割を担うと考えられています（Kuroda 1965, 久野 1973, 柴谷 1978, 井上 1987）。たとえば、次のような代表的な例文を考えてみます。

(1) a. John_i told a story about him_j/himself_i.

   b. ジョン_i は自分_i ／*彼_i の話をした。

ここで着目したいのは、(1b) に示したように、「彼」が him と異なり、代名詞として機能しないことです (Hoji 1991)。このことは次のような補文節においても同じです。

(2) a. John_i thinks that he_i is the smartest student in his class.

   b. ジョン_i は［自分_i ／*彼_i がクラスで一番かしこい生徒だ］と思っている。

　次に、日本語には英語と異なり非顕在代名詞が存在します。空代名詞あるいは無形代名詞とも称される、この「見えない代名詞」は一般的に pro と表示されて、主語や目的語の位置に現れます。

(3) a. pro もう pro_i 食べた？

   b. pro まだ pro_i 食べていないよ。

(3a) では主語の pro は「あなた」で、目的語の pro は話し手が聞き手と共通に理解できる食べ物（たとえば「（お母さんが作った）ケーキ」）、また (3b) では主語の pro は「わたし」で、目的語の pro は (3a) と同じもの（したがって、「それ」）を意味します。この文を英語に直すと、次のような英文となります。

(4) a. Did you eat the cake_i?

   b. No, I didn't eat it_i.

特に、pro が前文の the cake に言及する代名詞 it となる点に注目してください。

　また (5) では、pro は補文節でも既出の名詞に言及できます。

(5) a. ジョン_i が［pro_i マリー_j と結婚したい］と言った。

b. ケン_k も［pro_k pro_j 結婚したい］と言った。

これは名詞削除（NP-ellipsis）[1] のような例文ですが、(5b) の目的語の pro は前文の「マリー」を意味することが可能です。この解釈を英文にすれば、(6) にあるように、ジョンやケンを示す he やマリーに言及する her の代名詞が用いられることになります。

(6) a. John_i said that［he_i wanted to marry Mary_j］.

b. Ken_k also said［he_k wanted to marry her_j］.

　このように、英語には顕在代名詞が存在し、非顕在代名詞は存在しません。一方、日本語には顕在代名詞がなくて、「自分」が代名詞的な機能を持ち、そして非顕在代名詞が存在します。この日本語と英語の違いが談話での代名詞用法の習得においてどのように影響するかに留意しながら、考察を進めていきましょう。

3.　母語話者の代名詞用法─子どもと大人

3.1.　子どもの英語─Clancy（1980）

　英語では、談話において既出の名詞を指し示す時は、主格主語の場合、3人称単数男性形は he を、3人称単数女性形は she を使用します。一方、日本語では、「彼」や「自分」に加えて非顕在代名詞 pro を用いることが可能です。Clancy（1980）では、日本語の母語話者は3人称単数の顕在代名詞はほとんど使用しなかったと報告されています。実験では、被験者は Pear Story[2] の映像を見ながら口頭でストーリーを作成した結果、たとえば、英語

1　厳密に言うと、(5b) の pro_j は空項の可能性があります（Oku 1998）。また (5b) には pro のほかに見えない後置詞があることになります。英語と異なって、日本語では「結婚する」は自動詞で、名詞句が非顕在代名詞で音形がないと後置詞の「と」も発音されません。

2　Pear Story は、談話構造の多様性と普遍性を検証することを目的に Chafe（1980）によって開発された6分間の映像素材です。

母語話者と日本語母語話者では次のように異なることがわかりました。

(7) a.　…a kid comes by on a bicycle, <u>he</u> stops, <u>he</u> gets off his bike.

 　 b.　<u>男の子</u>が通って、<u>その子</u>は自転車に乗っていました。

(8) <u>pro</u> その籠の、梨をこうじっと見るわけね？

英語では既出の a kid に言及するのに he を用いたのに対して、日本語では「男の子」に言及する時は「その子」という指示詞＋名詞、または pro を用いました。

　この用法の違いについて、Clancy は「彼」（「彼女」や「彼ら」）が使用されなかったのはそれが単に代名詞としてではなく、話者に関係ある特別の意味、たとえば「（特定の）男友達・女友達」に解釈されてしまう可能性があるからではないかと説明しました。これは上記の (1) 〜 (2) の例文で見たように、日本語には代名詞が存在せず、「彼」は指示性が高い名詞であるとする考え方 (Hoji 1991) と一致します。

3.2.　大人の英語—Tsuchiya et al.（2015）・Nakayama et al.（2015）

　英語母語話者は顕在代名詞を使い、日本語母語話者は非顕在代名詞や名詞を使う現象は Tsuchiya, Yoshimura & Nakayama (2015) でも観察されています。この実験では、5 人の英語母語話者がアンデルセンの「マッチ売りの少女」の絵本[3]（Erickson 1987）を見ながら英語でストーリーを作成するように指示されました。分析の結果、(9) 〜 (10) にあるように、段落の初めに a little girl を導入した後は 98% の割合で代名詞 she を使用することがわかりました。

(9)　There was once <u>a little girl</u>, in a little town, who did not have a home. It was snowing one night, and <u>she</u> collected match sticks to keep herself warm during the snow. Um, <u>she</u> traveled to find a nice

---

3　絵だけで文字なしの絵本を用いました。

第 8 章　談話構造における（代）名詞の用法 | 169

area of the, of the town to, to stay out for the night, (con) sidering <u>she</u> did not have a home to go to.

(10)　<u>She</u>, <u>the little match girl</u> was an orphan girl, and one day, it was a blizzard, it was snowing and blizzarding outside, and <u>she</u> was trying to find people to buy <u>her</u> matches.

　また、Nakayama, Yoshimura & Tsuchiya (2015) では別の 3 人の英語母語話者による「マッチ売りの少女」のストーリーを分析しました。この実験では、平均 93% の割合で she を使用しました。英語の場合、名詞や固有名詞で導入した後、それを言及するのに代名詞を用いるのが一般的であると言えます。

3.3.　子どもの日本語

　それでは、日本語の母語話者の場合はどうでしょうか。次のストーリーは 4 歳児が *Frog Story* (Mayer 2003) の絵本を見ながら口頭で話したものです（三上 2013）。

(11)　カエルがいる。[pro$_1$] 寝ている。[pro$_2$] 起きている。<u>犬</u>がコップの中に入った。<u>犬</u>が寝ている。<u>犬</u>がピョーンってしてる。

pro$_1$ はカエル、pro$_2$ は「男の子＋犬」に、それぞれ言及した非顕在代名詞です。ここで興味深い点は「犬」が続けて 3 回用いられており、おそらく犬の行動で起こったことを聞き手に強調して伝えたかったのではないかと考えられます。

　(12) も Frog Story を用いて 5 歳半の子どもが口頭で作成したストーリーからの抜粋です（三上 2013）。

(12)　<u>犬</u>がビンの中に入ったまま、<u>犬</u>が窓から出とる。<u>犬</u>が落ちた。<u>男の子</u>

が怒って、犬が変な顔しとる。男の子が叫んどる[4]。

ここでは非顕在代名詞は全く使用されず、「犬」と「男の子」が主語として繰り返して用いられました。おそらく (11) と同様に、犬と男の子に起こっている一連の出来事を生き生きと伝えたかったのではないかと思われます。

3.4. 大人の日本語

上の例にあるように、談話において名詞を繰り返して使用する現象を「名詞反復現象」と呼ぶことにしましょう。この名詞反復現象は大人の日本語においてもよく見られる事象です。たとえば、Inoi (2008) では次のような結果が報告されています。この実験では、被験者は絵を見ながら「3人家族が今度の週末何をしようか話していました」という導入に続けて作文するように指示されました。(13) に例示したように、「お父さん」や「お母さん」、そして非顕在代名詞が繰り返して使用されたのに対して、顕在代名詞はまったく使用されませんでした。

(13)　お父さんがキャンプに行こうと提案し、pro そうすることに決めました。お父さんと息子は釣りをお母さんはご飯の準備をしていました。ところがお母さんは、ご飯を焦がしてしまいました。結局 pro レストランで食事をすることになってしまいました。

このように、親族関係の名称（「お父さん」「お母さん」「おじいさん」「おばあさん」）は一般的に「擬似代名詞」と呼ばれるものですが、ここでも「名詞反復現象」が見られました。

さらに、同じような名詞反復現象が Tsuchiya, Yoshimura & Nakayama (2015) でも見られました。この実験では5人の日本人の大学生が「マッチ売りの少女」について口頭でストーリーを作成するように指示されました。合計122文（平均24.4文／人）が産出されましたが、そのうち77文に有生

4　静岡県西部地域の方言では、「とる」は進行形の形態素で、現代標準語の「ている」を意味します。

主語が使用されました。マッチ売りの少女に言及する「彼女」は一度だけ（1.5%）で、非顕在代名詞は 25 文（37.9%）で使用されていました。他方、名詞は 44 文（66.7%）で使用されており、名詞反復現象が明らかに観察されました。

(14)　あるところにマッチを売り歩いている<u>少女</u>がいました。その<u>女の子</u>は雪の降る寒い中なのにはだしで歩き、みすぼらしいかっこをしていました。　ある日<u>少女</u>はマッチを売り歩いていると今日もたくさん雪が降りとても寒い夜になりました。<u>少女</u>は疲れてしまい、街の片隅で膝を抱えて座り込んでしまいました。

例文 (14) では名詞は、「女の子」に加えて、「少女」が 2 回反復して使用されています。英語に直すと、これらはすべて代名詞の she となります。

　以上、談話における既出の名詞に言及する代名詞の用法を概観しました。日本語では、英語と異なり、名詞を反復して使用する名詞反復現象が確認されました。この用法は必ずしも非文法的というわけではなく、日本語と英語を区別する顕著な特徴です。この違いは第二言語習得において母語からの転移となる可能性があります。この観点から、次節では日本語母語話者の英語と英語母語話者の日本語について眺めてみます。

4.　第二言語習得者の（代）名詞用法
4.1.　日本語母語話者の英語

　日本語母語話者の英語から検証を始めることにしましょう。まず、母語からの転移を前提にすれば、非顕在代名詞と名詞反復用法が使用されることが予測されます。しかしながら、第 3 節で見たように、日本語母語話者は非顕在代名詞を英文の主語として使用しない傾向にあり、名詞反復現象が現れるかどうかが問題となります。

　たとえば、Inoi (2008) の実験では、日本語母語話者は刺激文 ‘*A family was talking about what to do next weekend.*’ に続けて英語でストーリーを完成するように指示されました。その結果、次のような英文が産出されました。

(15) Father suggested let's go camping. Today is the camp. Today is good weather. Father and his son are fishing. Mother is preparing for lunch. But it happens many failure. Father and his son didn't fishing any one. Mother was burning a pan. Eventually a family ate lunch in restaurant.

既出の親族関係名詞に言及するのに、代名詞の he や she でなく、Father, son, Mother が反復して使用されています (Inoi 2008: 138–139)。これは母語からの転移によって生じたものです。つまり、日本語の名詞反復現象が日本人英語学習者の英語において現れた結果です。

　さらに、岡野 (2013) では大学 1 年生が Frog Story (Mayer 2003) のストーリーを英作文した時に名詞反復現象がしばしば見られたと報告されています。たとえば、次の英文は、少年と愛犬が昼間に捕まえたカエルが夜にビンから逃げたので、そのカエルを探しているという場面を日本人の大学生が描写したものです。

(16) In midnight, the frog get out of the glass at, at home. In the morning, the dog and boy surprised because his friend frog Ah, go out. The boy and dogs have been searching but the frog is not in the room. The boy calls "where is my frog ? Where ?"

下線にあるように、代名詞 he、it、they が使用されるべき所で名詞 the boy、the dog、the frog が繰り返して使用されています。この名詞反復現象は別の大学 1 年生が書いた英文にも見られます。

(17) The boy put a frog into a bottle in his room. But the frog escaped from the bottle while the boy was sleeping. In the morning, the boy noticed that the frog is disappeared.

2 行目の the boy は he に、3 行目の the frog は it を使用するべきでした。

第 8 章　談話構造における（代）名詞の用法　|　173

　さらに Nakayama, Yoshimura & Tsuchiya (2015) では、「マッチ売りの少女」を日本語と英語を用いて口頭で産出した資料を比較検証しました。実験には、中学生、高校生、大学生からそれぞれ 1 人、また英語が母語の大学生で日本語の習熟度レベルが中級下、中級上、上級からそれぞれ 1 人が参加しました。録音時には、被験者は外国語の後に母語で産出するように指示されました。表 1 は 6 人全員のデータをまとめたものです。下線部の数値は母語で産出したものです [5]。

表 1　日本語・英語の母語話者による日英語の主語の産出（%）

参加者 (*n*=6)		英語		日本語		
		名詞	She	名詞	pro	彼女
日本語 母語話者	中学 3 年生	7	93	<u>45</u>	<u>50</u>	<u>5</u>**
	高校 2 年生	7	93	<u>14</u>	<u>58</u>	<u>28</u>
	大学 3 年生*	35	65	<u>46</u>	<u>45</u>	<u>9</u>
英語母語 大学生	日本語　中級下	<u>8</u>	<u>92</u>	28	72	0
	中級上	<u>5</u>	<u>95</u>	18	82	0
	上級***	<u>10</u>	<u>90</u>	43	57	0

注：*データはアメリカ交換留学中に採録。
　　**1 回産出の「自分」を含む。
　　***日本留学中に採録。

分析の結果、中学生と高校生は名詞を 7%、代名詞を 93% の頻度で用いたのに対して、大学生は名詞が 35%、代名詞 she を 65% の頻度で使用したことがわかりました。
　たとえば、(18) は高校生が産出したストーリーからの抜粋です。

(18)　　Next morning, *eeto*, people found <u>a girl</u> die. <u>Little Match Girl</u>, *eeto*, lives in heaven, lives with her mother in heaven.

5　日本語の中級下レベルの学習者は日本語の授業を約 300 時間、中級上レベルの人は 440 時間、上級は 520 時間以上受講した学生たちです。

最初の文で用いた目的語の名詞 a girl を次の文では Little Match Girl と言い換えて主語にしています。他方、(19) は大学生が産出したストーリーです。Little Match Girl を導入した後は she を使用し、最後のまとめにはまた Little Match Girl を使用しました。

(19) Then the Little Match Girl saw her grandmother, so she wanted her to stay there. So she light up the other all the matches, then she saw angels as well. After the fire has gone, the Little Match Girl feel sleepy and she slept.

　なぜ中学生と高校生が大学生よりも代名詞をより多く使用したのかはよくわかりません。もしかすると、言語学習でよく起きる U 字型の発達段階にその要因があるかもしれません。また大学生が日本語で 46% の割合で名詞を使用していた点を踏まえれば、母語からの転移が起きたかもしれません。英語の談話において先行名詞に言及する時には代名詞を使用することを授業の中で具体的に指導しない限り、日本人英語学習者に見られる名詞反復現象は改善されないと推測されます[6]。

4.2. 英語母語話者の日本語

　Tsuchiya, Yoshimura & Nakayama (2015) では、英語が母語の日本語学習者 18 人 (中級下 7 人、中級上 5 人、上級 6 人) による口頭でのストーリーテリングを調査しました。表 2 はストーリーの中で主語として使用された名詞の種類と頻度をまとめたものです。

6　名詞反復現象は、別の物語 (「三匹の子豚」と「わらしべ長者」) について日本人英語学習者が書いた英作文を調査した Sawasaki, Terao & Shirahata (2014) にも報告されています。彼らの分析では、この母語転移は次の 2 つの要因— (i) 学習者がその反復に気付いていないこと、そして (ii) それが間違いであるにも関わらず、非文とならないこと—から生じたものであると説明されています。

第 8 章　談話構造における（代）名詞の用法　|　175

表 2　産出主語の名詞タイプ

	中級下レベル	中級上レベル	上級レベル
産出文総数 （平均文数／人）	117 (16.7)	100 (20)	125 (20.8)
有生主語総数 （平均文数／人）	110 (15.7)	78 (15.6)	83 (13.8)
彼女 (%)	5 (8.8%)	0 (0%)	1 (2.1%)
非顕在代名詞 (%)	47 (82.5%)	32 (69.6%)	27 (56.3%)
名詞 (%)	8 (14 %)	15 (32.6%)	21 (43.8%)

日本語の習熟度が中級下の日本語学習者は合計 117 文を産出し（平均 16.7
文／人）、その中で有生主語は 110 回使用されました。マッチ売りの少女
に言及する「彼女」は 5 回だけ（8.8%）でしたが、非顕在代名詞は 47 回
（82.5%）、名詞は 8 回（14%）使用されました。中級上の日本語学習者からは
合計 100 文が産出され（平均 20 文／人）、有生主語は 78 回使用されました。
マッチ売りの少女に言及する「彼女」は産出されず、非顕在代名詞は 32 回
（69.6%）、名詞は 15 回（32.6%）使用されました。上級の日本語学習者は合
計 125 文を産出し（平均 20.8 文／人）、有生主語は 83 回使用しました。マッ
チ売りの少女を指し示す「彼女」は 1 回（2.1%）、非顕在代名詞 pro は 27 回
（56.3%）、名詞は 21 回（43.8%）使用されました。

　それでは、興味深い例文をいくつか具体的に見ていきましょう。たとえ
ば、次の日本語文（20）では、天使を「女の年寄り」、少女を「女の子」と説
明しています。このような名詞の用法は日本語でも英語でも可能で、表 2 で
は反復名詞の例として取り扱いませんでした。ただし、「女の年寄り」が再
度使用された場合には反復名詞現象として考えました。

（20）　それから、あの、pro 女の年寄りを見ました。あの、女の年寄りは、
　　　　あの、行きましょうって言っています。女の子は、あの、寝ますけ
　　　　ど、あの、全然起きません。

一方、全体的には顕在代名詞はほとんど現れず、中級下に 5 回見られただけ

でした[7]。(21) はその一例です。

(21)　本当に何もありませんでした。彼女はおなかがすいてとても寒かったです。

　しかしながら、非顕在代名詞の使用率はコントロールグループが 37.9% であったのに対して、中級下が 82.5%、中級上が 69.6%、上級が 56.3% で、日本語学習者は比較的高いと言えます。習熟度の低い学習者ほど非顕在代名詞の使用率は高く、上級になると日本語母語話者の使用率に近づく傾向にあることがわかりました。(22) は中級上レベルの学習者が産出した文で、「娘さん」を意味する名詞が非顕在代名詞となっています。

(22)　娘さんは本当にあの胃が、胃が、痛い、あの、pro 何も食べなかったんです。

(23) の文では、少女が主語として再登場したので、最初の主語は名詞「少女」が使用されるべきでしたが、非顕在代名詞が使用されています。3 番目の主語は非顕在代名詞のため、その前の「おばあさん」に言及することになりますが、実際にはこの主語は少女で、pro ではなく、名詞「少女」にすべきでした。

(23)　それから、pro おばあさんを見ました。でも、おばあさんは、でんし（天使）になりました。それから、あのう、pro 寝ていました。

　名詞の使用については、日本語母語話者 66.7%、中級下の学習者 14%、中級上の学習者 32.6%、上級の学習者 43.8% でした。すなわち、日本語の習熟度の低い学習者ほど名詞の反復使用率は低く、習熟度の向上に伴ってその使

---

[7]　日本語母語話者による顕在代名詞の使用率 1.5% と比較すれば、中級の下レベルの 8.8% は高いという印象を与えるかもしれませんが、使用回数 1 回と 5 回の違いですから、実質的にはそれほど違うわけではありません。

用率は上昇し、日本語母語話者のそれに近づく傾向にあることがわかりました。次の例はそれを示す上級学習者の文です。

(24) でも元気がなくてお腹もすいてて気が弱くなってきたから、<u>少女が</u>ちょっと休みを取ろうと思いました。

　これらの分析の結果、最も着目すべき点は日本語の習熟度が向上するに伴い、非顕在代名詞と名詞の使用率が日本語母語話者のそれに近づくことです。

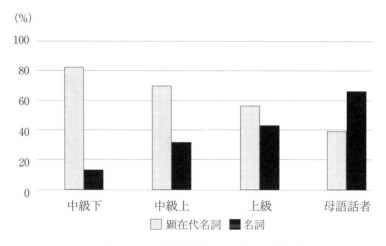

グラフ1　非顕在代名詞と名詞の使用率

　すなわち、習熟度の上昇に伴って非顕在代名詞の使用率は低下し、名詞の使用率は上昇します。予測では、英語には非顕在代名詞がないため、学習段階の早期ではその使用は少なく、習熟度の上昇に比例してその使用が増加するだろうと考えられました。しかしながら、結果は予測に反するものでした。また、英語では既出の名詞は一般的に（顕在）代名詞によって言及されるので、名詞反復現象は学習段階の早期では少なく、習熟度が上がるにつれて母語話者のように多くなるだろうと推測されましたが、結果はその通りでし

た。

さて、ここで問題なのは非顕在代名詞の使用についてです。特に早期の学習段階からその使用率が高く、習熟度の向上に反比例して低下する結果について、次のように考えることもできます。学習者は、初級のレベルから教科書で「日本語は主語を省略する言語」で、一般的に「主語を言わない」（非顕在代名詞を使用する）と学習するようですから、もしかすると非顕在代名詞を英語の代名詞に対応するカテゴリーであると考えているかもしれません。しかしながら、日本語のインプット量が増加し、習熟度が高くなると、談話では名詞反復現象が容認されることを学習し、その用法が習得できるようになるのではないかと考えられます。

以上の結果を踏まえて、Nakayama, Yoshimura & Tsuchiya (2016) では英語母語話者で日本語の習熟度が中級の日本語学習者5人による「シンデレラ物語」を分析しました。これらの学習者は上の実験に参加した被験者と異なる教科書で日本語を学習した大学生です。また、「マッチ売りの少女」と異なり、「シンデレラ物語」ではストーリーの焦点は特定の一人ではなく、ストーリーの推移によって数人の間で移動します。そのためかどうかわかりませんが、表3にあるように、顕在代名詞は一度しか使用されず、平均使用率は僅かに1%でした。(25) がその例です。

表3　中級中レベル日本語学習者による産出主語の名詞タイプ

日本語学習者	A	B	C	D	E	平均
産出文総数	34	26	34	28	45	33.4
主語（人物）総数	28	25	29	21	36	27.8
シンデレラ（新導入）	5 (29%)	4 (36%)	5 (28%)	3 (25%)	8 (62%)	5 (35%)
彼女	0	0	1 (6%)	0	0	0.2 (1%)
非顕在代名詞	5 (29%)	4 (36%)	11 (61%)	8 (67%)	1 (8%)	5.8 (41%)
シンデレラ（既出）	7 (41%)	3 (33%)	1 (6%)	1 (8%)	4 (31%)	3.2 (23%)

第 8 章　談話構造における（代）名詞の用法　｜　179

(25)　パーティーではプリンスさんはシンデレラを見ました。彼女はきれい
　　　ですね。

　次に、非顕在代名詞の使用についてですが、個人差はあるにせよ、被験者
5 人の平均使用率は 41% でした。たとえば、次のような例が産出されまし
た。

(26)　シンデレラだけ行くことできませんでしたけど、pro 行きたかったん
　　　です。

さらに、このストーリーでは登場人物が変わるので、シンデレラが焦点とし
て継続するのが多くないのにもかかわらず、平均 23% の使用率で「シンデ
レラ」を反復使用しました。(27) はその名詞反復現象の一例です。

(27)　シンデレラは新しいお母さんと一緒に住むことになりました。この継
　　　母は二人の娘さんがいました。娘たちはシンデレラにいじめました。
　　　シンデレラはいつも継母や娘たちの奴隷のように働きました。

この学習者は日本語の習熟度が中級で、発話全体では非顕在代名詞を固有名
詞のシンデレラよりも多く使用しました。この傾向は「マッチ売りの少女」
の場合と同じで、ストーリーにおいて名詞を代名詞のように繰り返して使用
する名詞反復現象は習得に時間をかかることが明らかになりました。そし
て、学習者が日本語の非顕在代名詞を英語の顕在代名詞に対応するものだと
捉えたとすれば、このむずかしさは母語からの転移によって生じたと言える
でしょう。
　名詞反復現象についてもう少し補足して説明しましょう。この現象は、
非顕在代名詞や顕在代名詞が存在する中国語では見られません。たとえ
ば Zhang (2016) では、5 人の中国語母語話者が Tsuchiya, Yoshimura &
Nakayama (2015) と同様の方法で「マッチ売りの少女」について中国語で
ストーリーを作成した結果を報告しています。それによると、産出された

343 文中で 210 文に有生主語が生じましたが、マッチ売りの少女に言及した 155 の主語では顕在代名詞「她」76 回（49%）、非顕在代名詞 53 回（34%）、名詞 26 回（17%）がそれぞれ使用されました。このように、中国語では顕在代名詞が多く使用されて、逆に名詞が使用されない傾向がわかりました。したがって、名詞反復現象は日本語特有のものだと考えられます。

5. まとめ―母語と外国語の転移

　本章では、日本語母語話者による英語のストーリーと英語母語話者による日本語のストーリーの分析を通して、談話構造における（代）名詞の用法を見てきました。考察の結果、いずれの場合にも母語からの影響、つまり母語転移が観察されました。日本人英語学習者は普通名詞や固有名詞を繰り返し使用する「名詞反復現象」、そして英語を母語とする日本語学習者は非顕在代名詞を顕在代名詞のように使用する傾向が顕著でした。

　ここで一つの疑問が生じます。それは同一話者が両言語を使用する場合、日本語と英語のそれぞれの特徴を適宜に使い分けることができるかどうかです。表 1 で見ましたが、Nakayama, Yoshimura & Tsuchiya（2016）では、「マッチ売りの少女」を日本語と英語を用いて口頭で産出した資料を比較検証しました。実験には、中学生、高校生、大学生からそれぞれ 1 人、また英語が母語の大学生で日本語の習熟度レベルが中級下、中級上、上級からそれぞれ 1 人が参加しました。　被験者は外国語の後に母語で産出しました。各習熟度レベルの被験者が 1 人のため、断定的なことは言えませんが、表 1 の結果から次のようなことがわかりました。まず、日本語母語話者は英語において代名詞をよく使用します。しかしながら、大学生は名詞の使用がやや多く、これはおそらく母語からの転移だと思われます。高校 2 年生の日本語では「彼女」が多く用いられましたが、これは英語からの転移ではないでしょうか。一方、英語母語話者の日本語の場合、中級では非顕在代名詞が英語における代名詞用法のように多く使用されましたが、上級になると、名詞と非顕在代名詞の使用がほぼ同等になりました。このことは、上級になると、日本語と英語を適切に使い分けられるようになると示唆されます。

第 8 章　談話構造における（代）名詞の用法　│ 181

それでは、いくつかの具体例を見てみましょう[8]。

(28)　日本人中学生
　　a.　女の子はあるお家の所に座りました。
　　b.　She was sitting (eeto) near the house.
(29)　日本人高校生
　　a.　そこで彼女はお母さんに会いたいと思いながらマッチをすりました。
　　b.　When she used her match and she found her mother.
(30)　アメリカ人大学生（中級下）
　　a.　そこで座ってから流星に見え、見ました。
　　b.　She sees in the sky a shooting star and wishes for a warm night.
(31)　アメリカ人大学生（中級上）
　　a.　あの、体が寒、冷たいから、冷たかったから、あの、マッチをつけました。
　　b.　And in order to stay warm she lights her match.

両言語間で翻訳したわけではないため、逐語的に完全に一致するわけではありませんが、もう少し詳細に見てみると、中学生では日本語は名詞「女の子」、英語は代名詞 she、高校生では日本語、英語とも代名詞「彼女」・she、アメリカ人大学生では習熟度にかかわらず日本語は pro、英語は代名詞 she を使用していることがわかりました。この高校生の場合、英語学習の影響が日本語に現れたのでしょうか。英語母語話者の大学生の場合、習熟度が高くはないが、非顕在代名詞と顕在代名詞を使い分けているように見えます。ただし、先に述べたように、これは 2 種類の代名詞を同じ文法項目として捉えて習得した結果であるという可能性も排除できません。この場合は、正の母語転移と言ってもよいでしょう。

　上に述べたように、被験者数が少ないので、一般化はむずかしいのです

8　例文の一対はそれぞれに同じ絵を見て発話されたものです。

が、中学生と高校生の産出を比較すると、U 字型学習の影響の結果、つまり習熟度の低い段階では、「既出の名詞に言及する時には代名詞を使用する」という学習指導に沿って代名詞を適宜に産出できますが、学習の進行にともなってさまざまな項目が多くインプットされるようになると混同が起こり、代名詞のアウトプットが一時的にできなくなってしまうのではないかと考えられます。他方、アメリカの日本語教育では、談話における日本語の（代）名詞の使い方を指導することがほとんどないため、日本語は pro 脱落言語だという知識に基いて、英語の顕在代名詞のように、日本語の非顕在代名詞を使用するのではないかと考えられます。結論として、日本語学習者にとって名詞反復の習得、また日本人英語学習者にとって名詞反復の克服は明示的な指導なしではその理解と運用はむずかしいと言えます。

第9章

プロソディ
——ポーズ・フォーカス語句・ピッチ幅

1. はじめに

　外国語の学習者にとって発音がむずかしいことはよく知られています。日本人英語学習者にとって日本語にない英語の子音（[f], [v], [θ], [ð]）などは識別することも産出することもむずかしく、日本語の摩擦音「フ」や「ブ」・「ス」・「ズ」と置き換えてしまいます。また、[r] と [l] や [z] と [dz] などをうまく区別できずに発音してしまったり、[i] と [y] や [n] と [ŋ] の違いがよく聞こえなかったりします。逆に、英語を母語とする日本語の学習者は [tu] と [tˢu] を間違えたり、[Φu] が発音できなかったり、短母音と長母音を聞いて区別できなかったりします。たとえば、フーリン（風鈴）と言いたいのにフリン（不倫）と発音してしまったとか、シュジン（主人）とすべきだったのにシュージン（囚人）と言ってしまったとか、発音上の失敗をいろいろと耳にします。

　最近では、このような個々の発音の問題に加えて、イントネーションや音調、音の高低や強弱、そしてポーズといった句レベルや文レベルでのプロソディと区切りに関する問題も着目されるようになりました。特に、グローバル化に伴ってオーラルコミュニケーションの機会が急増しているため、新しい外国語指導の実践では音読の重要性が強調されています。中学校の教科書を見てみると、前の単語の子音とそれに続く単語の母音を繋げて読むリエゾ

ンに留意した文の音読や、文中で強く読む単語の練習など、これまでにあまり注目されなかった音調の課題が多く取り上げられています。また、フレーズリーディングといったポーズを重視した読み方の指導も授業の中で多く実践されるようになってきました。今日の情報社会において、母語だけでなく外国語からの情報を得ることが私たちの生活に必要になった点を考えれば、速読、そして多読に繋がるフレーズリーディングは重要な言語学習です。このように、コミュニケーションのグローバル化によって外国語の授業においてプロソディ（イントネーション、トーン、ピッチ、ストレス等）やポーズ、そして音読・フレーズリーディングの重要性が見直されているわけです。

　本章では、ポーズとフォーカスプロソディの第二言語習得を中心にして、実証的な資料に即して特に何が問題であるかを明らかにし、その原因について理論的に説明したいと思います。発音の問題点を簡単に論じた上で、日本人英語学習者による英語プロソディとポーズの習得に焦点をあてて考察を進めていきます。

2.　モーラとシラブル

　まず、語彙レベルですが、単語の発音で顕著な問題はモーラ（拍、mora）とシラブル（音節、syllable）の違いに起因します。リズムの単位として、日本語はモーラを、英語はシラブルを用います（Otake 2015）。1 モーラはカナ文字の一つにあたり、たとえば「日本」（ニッポン）は 4 モーラとなりますが、これをシラブルに換算すると 2 シラブルになります。日本語の母語話者はそれぞれのモーラを同じくらいの長さに発音するので、「コンニチハ」となりますが、日本語の習熟度が低い英語の母語話者は「コニチハ」と発音してしまいます。これはシラブル読みによる誤りで、ンを一つのリズム単位として発音していないためです。また、日本語を長く勉強している学習者にとっても長母音と短母音の違いはむずかしく、なかなか習得できず、両者の適切な発音には時間がかかるようです（たとえば、Hirata 2015）。

　他方、日本人英語学習者の場合、それぞれの子音の後に母音を入れる傾向があるため、モーラ的な発音の誤りがよく見られます。たとえば、1 シラブルの [smiθ] が日本語のスミス [sumisu] のように 3 シラブルで発音されて、

その結果、単語の音が長くなってしまいます。カタカナ英語が英語母語話者にとってわからないことがよくありますが、これがその原因です。英語の場合は単語のアクセントからアクセントまでが一つのリズム単位にならなければなりません。

3. 韻律境界・ポーズの習得—右枝分かれ・左枝分かれ
3.1. 日英語の韻律境界について

次に問題となるのが句レベルのプロソディについてです。日本人英語学習者が英文を音読する時、英語のリズムや音調が適切になっていない場合が多くあります。単語レベルでの発音やアクセントと異なり、句や文のレベルのポーズは習得が遅いと一般的に言われています。

次のような英語の例を考えてみましょう。

(1)　a.　［old ［men and women］］
　　　b.　［［old men］and women］

(1a) は形容詞 old が等位名詞句 men and women を修飾する例で、(1b) は形容詞 old が名詞 men のみを修飾し、その old men と women が等位名詞句となっている例です。この統語上の違いはもちろん意味の違いに反映されますので、両者の間にはプロソディの境界 (prosodic boundary)、すなわちポーズの位置が違います。具体的には、句の中の［　］で示したように、(1a) では old の後、(1b) では men の後にポーズが生じることになります。

同じようなポーズの問題が日本語でも起こります。一例として、「かわいい子どもの帽子」を見てみましょう。

(2)　a.　［かわいい ［子どもの帽子］］
　　　b.　［［かわいい子ども］の帽子］

(2a) は「子ども」と「帽子」を所有格の格助詞「の」によって「子どもの帽子」を構成し、それを形容詞「かわいい」が修飾します。(2b) はまず形

容詞「かわいい」が名詞句「子ども」を修飾し、続いてその名詞句が「の」を伴って次の名詞句「帽子」を修飾します。この違いを図式で表示すれば、(3) のようになります (Tsujimura 2013)。

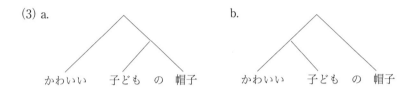

(3a) は右枝分かれ (right branching) で、(3b) は左枝分かれ (left branching) です。言い換えれば、このような複合名詞句の場合、ポーズは枝分かれの前後、つまり (3a) では「子どもの帽子」の前に、(3b) では「かわいい子どもの」の後に生じることになります。

　日本語の句境界について興味深い点は、所有格の「の」との関係にあります。たとえば、次のような例を眺めてみましょう。

(4) a.　［黄緑の［ひまわりの型紙］］　　'green sunflower pattern'
　　b.　［［黄緑のひまわりの］型紙］　　'green sunflower's pattern'

(4) は Venditti (1994) が統語構造が韻律構造に与える影響について説明した論文から引用した例です。問題の名詞句は両者とも3つの名詞「黄緑」・「ひまわり」・「型紙」が2つの所有格の格助詞「の」によって結合されています。しかしながら、カギ括弧の表示からわかるように、(4a) は右枝分かれ、(4b) は左枝分かれの構造で、意味が異なります。もう少し具体的に説明すると、どちらの「の」の後にポーズを置くかによって意味に違いが生じます。(4a) では、最初の「の」の後にポーズを置けば、「ひまわり」と「型紙」が結合して名詞句「ひまわりの型紙」が構成され、それを「黄緑」が修飾することになります。一方、(4b) のように、2番目の「の」の後にポーズを置くと、「型紙」がこの名詞句の主要部となるため、名詞句「黄緑のひまわり」は「型紙」を修飾することになります。すなわち、両者の意味の違

いは (4a) では「型紙」が黄緑色であるのに対して、(4b) では「ひまわり」が黄緑色である点にあります。

このように、ポーズが句構造のどこに起こるかによって意味に違いが生じるわけです (Hirose 2015)。この点を第二言語習得の観点から見れば、発話において韻律境界を適切に置くことがコミュニケーションの目的を達成する上で重要であるため、ポーズが母語と第二言語の間で異なる時、習得はむずかしくなると予測されます。

3.2. 先行研究

この問題に関する第二言語習得研究はまだ日が浅く、今後の研究が期待される領域である点を踏まえて、先行研究を 2 点紹介しておきます。

Shibata & Hurtig (2008) では、統語構造を反映するポーズによって意味に違いが起こる点を日本語学習者が理解し発話できるかを調査しました。実験で用いた例は前節で見た (2) や (4) に類似したもので、右枝分かれと左枝分かれの違いが理解できるかを調べました。

(5)　a.　［赤い［車のシート］］　　'red car-seat'（右枝分かれ）
　　　b.　［［赤い車の］シート］　　'red car's seat'（左枝分かれ）

被験者は日本語学習者 23 人で、日本語の習熟度によって 3 つのグループに分けました。実験の結果、初級グループ (7 人) では (5a) の右枝分かれ構造を 37%、(5b) の左枝分かれ構造を 51%、中級グループ (9 人) では右枝分かれ構造を 50%、左枝分かれ構造を 80%、上級グループ (7 人) では右枝分かれ構造を 74%、左枝分かれ構造を 88% の割合でそれぞれ正しく産出しました。習熟度の向上と比例して、意図する意味で文が産出できるようになりますが、全体的には左枝分かれ構造の方が容易であることがわかりました。

Goss & Nakayama (2011) では、英語を母語とする日本語学習者が意味があいまいな句とあいまいでない句について、その意味を区別して発話できるかどうかを調査しました。特に、あいまいな句の場合、ポーズによって意味が異なるので、日本語学習者がその境界に適切にポーズを入れることができ

るかどうかを検証しました。実験では、被験者によって産出された日本語文を2人の実験者（ネイティブとニアネイティブ）が聞いて、ポーズの位置を識別しました。そのポーズがはっきりしない場合には、音声ソフトのプラート（Praat）を用いてポーズの位置を決定しました。Shibata & Hurtig では提示された英文の意味を日本語文で単に産出させたのに対して、この実験では、被験者は与えられた日本語文を理解した上でその文を発話するように指示されました。被験者は日本語文が理解できているかどうかを質問によって確認されました。したがって、被験者がどのように日本語文を理解して、プロソディを産出しているかがわかることになります。

　実験では、次のような例文が用いられました[1]。

(6) a. 鈴木さんが [大きい [夏のミーティング]] でスピーチをしました。
　　b. 木村さんが [[安いアパートの] 外] でたばこを吸いました。
(7) a. ブラウンさんが [危ない [街の交差点]] で友だちに会いました。
　　b. ブラウンさんが [[危ない街の] 交差点] で友だちに会いました。

(6a) では、「大きい夏」ではなく、「大きいミーティング」とすべきですので、右枝分かれの構造で「大きい」の後にポーズを入れることになります。(6b) では、「安い外」ではなく、「安いアパート」とすべきですので、左枝分かれの構造で「安いアパートの」の後にポーズを入れる必要があります。一方、(7) の場合、「危ない」の後にポーズを入れると、「危ない交差点」となりますが、「危ない街の」の後にポーズを入れると「危ない街」となります。「危ない」のが「交差点」なのか「街」なのかはポーズによって区別されます。実験では、このような両者の違いを理解して文の産出ができるかが調査の焦点でした。

　被験者は 26 人で、日本語の習熟度によって中級グループ（18 人）と上級グループ（8 人）に分けました。(6a) の右枝分かれ構造の意味を正しく理解して産出できたのは、中級で 54%、上級で 50% でした。特に注視すべき

---

1 「会議」あるいは「会合」は被験者にとって必ずしも既習の単語ではありませんでしたので、「ミーティング」を使用しました。

点は、正解率が 50% 以下の被験者は中級で 8 人、上級で 5 人いたことです。
(6b) の左枝分かれ構造では、意味を正しく理解して産出できた被験者は中級で 73%、上級で 88% でした。さらに、解釈があいまいになる実験文 (7) では、右枝分かれ構造は中級で 29%、上級で 39% であったのに対して、左枝分かれ構造は中級で 71%、上級で 61% でした。

　これらの結果から、英語が母語の日本語学習者は左枝分かれ構造を用いる傾向にあることがわかりました。この傾向について Goss & Nakayama では、英語が左枝分かれ構造であるので、母語からの転移が原因ではないかと分析しています。ただし、単語間の「隣接性」(adjacency) も視野に入れる必要があるかもしれません。さらに、(6) は枝分かれ構造があいまいでないにもかかわらず、誤ったポーズの産出が 46〜50% ありました。このことは意味を考慮しないで産出したことを示唆しています。つまり、日本語学習者では文の理解とプロソディの産出が必ずしも一致するとはかぎらないことがわかりました。

4.　フォーカスプロソディの習得―核強勢・ピッチ・プロミネンス

　さらに、文レベルの音調やプロソディは外国語学習者にとってよりむずかしい問題となります。特にコミュニケーションにおいて重要な要素の一つであるフォーカスプロソディは、ニアネイティブの人たちでも完全に習得できないと報告されています (Ueyama & Jun 1998, Zubizarreta & Nava 2011, Yoshimura, Fujimori & Shirahata 2015)。この点を踏まえて、本節では具体的に何が問題で、その要因はどこにあるかを探ってみたいと思います。

4.1.　焦点化について

　まず、次のような疑問詞疑問文から考えてみましょう。

(8)　A：What did you eat for dinner?
　　　B：I ate [sushi]$_F$.
(9)　A：今晩夕食に何を食べたの？
　　　B：[お寿司]$_F$（です）。

A 文は疑問詞（what・「何」）についての情報を求め、B 文はそれに対して答えを提供しています。英語の (8) では sushi、日本語の (9) では「お寿司」が疑問詞に対する新情報で、フォーカス（F）と呼ばれています（郡 1989, Zubizarreta 1998）。

　一般的に、フォーカスには 2 種類あります。一つは「情報フォーカス」（information focus）または「広義フォーカス」（broad focus）、もう一つは「対比フォーカス」（contrastive focus）または「狭義フォーカス」（narrow focus）と呼ばれています。(8) 〜 (9) の場合、B 文の答えは聞き手が前提としていない新情報を伝えているので、情報フォーカスです。他方、聞き手の前提を覆そうとして伝えられるのが対比フォーカスで、次のような対話文がその例にあたります。

(10) a.　Did you see a black cat?

　　 b.　I saw a black $[DOG]_F$.

(11) a.　ネコを飼っているんだよね。

　　 b.　いや、$[イヌ]_F$ だよ。

聞き手が前提としたのは cat と「ネコ」ですが、そうではなく、dog と「イヌ」だと伝えています。すなわち、DOG (10) と「イヌ」(11) が対比フォーカスとなります。

　このように情報と対比のフォーカスはそれぞれ興味深い特徴を持っていますが、本節ではフォーカスの基本的な理解と産出という観点から情報フォーカスについて考察します。したがって、特別に記載しない限り、「フォーカス」は情報フォーカスで、慣行に従って F と記載することとします（Jackendoff 1972, Selkirk 1984）。

　フォーカスは疑問詞に対して新情報を提供する言語的要素で、コミュニケーションの目的や意図を達成する上で大きな役割を果たします。つまり、フォーカスは発話の中で話し手が最も伝えたい言語情報です。外国語学習者にとってむずかしい問題は、フォーカスが発話文においてどのように言語学的に表示されるか、つまり焦点化がどのように具現化されるかが言語によっ

て異なる点にあります (Ladd 1980, Gut & Pillai 2014)。

4.1.1.　英語

英語の例から見ることにしましょう。

(12) a.　What did John eat?

　　 b.　He ate [the cake]$_F$.

(13) a.　Who ate the cake?

　　 b.　[John]$_F$ ate it.

[ ]$_F$ で示したように、フォーカスのある語句（「フォーカス語句」）は、(12)
では what が eat の目的語ですから応答文の cake、(13) では who が主語で
すから応答文の John となります。わかりやすく言えば、応答文で、疑問詞
と同じ統語上の位置に答えとして現れるのが情報フォーカスです。

では、次のような疑問詞疑問文はどのようになるでしょうか。

(14)　Q：What happened?

　　　A：[John ate the cake]$_F$.

(15)　Q：Why is John so happy?

　　　A：[His friend arrived]$_F$.

(14) では、「何が起こったのか」と質問されているわけですから、John ate
the cake、すなわち文全体がフォーカスです。(15) では、「なぜジョンが
ハッピーなのか」と問われているので、文全体の his friend arrived が新情
報で、フォーカスとなります。つまり、質問によって文もフォーカスになる
ことができます。

このように、英語ではフォーカス語句が文脈に応じて統語的に現れるた
めに、プロソディによって焦点化されます。特に核強勢 (nuclear stress) に
よるプロミネンスは重要です。プロミネンスとは「フォーカスを音声表現
する発音法」(郡 1989) で、前出の例の場合、焦点語句の文法項 (argument)

(the cake (12)・John (13)) に核強勢が置かれて、プロミネンスによる焦点化が起こります。これが一般的にフォーカスプロソディと呼ばれるものです (Rochemont 1986, Zubizarreta 1998, Zubizarreta & Vergnaud 2005)。しかしながら、このフォーカスプロソディを文全体に置くことはもちろんできないため、文全体がフォーカスの場合、原則として、核強勢は他動詞の場合には文中の右端の語句に、また非能格動詞の場合には主語に置かれます。この原則を適用すれば、(14) では cake、(15) では friend にプロミネンスが置かれ、フォーカスプロソディがそこに生じます。

　まとめると、英語では、フォーカス語句が現れるのは疑問詞と同じ統語上の位置で、そこに核強勢が置かれ、プロミネンスが生じて焦点化されます。つまり、英語のフォーカスプロソディは統語的に固定しているわけではなく、談話構造における文脈によって決定されて、音声的に表出されるという特徴を持っています。

4.1.2. スペイン語

　スペイン語などのロマンス語では、フォーカスプロソディは英語と異なる特徴を持つことが報告されています (Kiss 1998, Zubizarreta 1998)。次のような例を考えてみましょう。

(16) a.　¿Quién se comió una manzana?
　　　　who is ate an apple
　　　　'Who ate an apple?'

    b.　Comió una manzana [Gianni] _F.
　　　　ate an apple Gianni
　　　　'<u>Gianni</u> ate an apple.'

    c.　*Gianni comió una manzana.
　　　　Gianni ate an apple　　　　　　　　(Zubizarreta 1998)

(17) a.　¿De qué te ríes?
　　　　at what you laugh-PRS-PROG
　　　　'What are you laughing at?'

第 9 章　プロソディ　| 193

b.　¡Un pingüíno está　　　　［bailando］_F!
　　a　penguin　be-PRS-3SG　　dance-PROG
　　'A penguin is dancing.'　　　　　　　　　　（Nava 2008）

（16a）では、Quién 'who' に対する答えは Gianni で、文法的な（16b）と非文法的な（16c）の対比から、新情報にあたる語句は統語上文末に位置しなければならないことがわかります。（17a）では、de que 'at what' に対する新情報は bailando 'dancing' ですから、（17b）にあるように、文末に現れて文法的な文となります。このように、スペイン語では、英語と異なり、フォーカス語句は統語的に文の右端に生成されて、それにプロミネンスが生じます。つまり、スペイン語のような言語の場合、フォーカスはどちらかと言うと統語の要素で、プロソディはそれに沿って表出されるものと理解することができます。

4.1.3.　日本語

　それでは、日本語の場合はどうでしょうか。文献によれば、格助詞「が」は主語だけでなく、フォーカスも表わすことができます（Heycock 2008）。たとえば、次のような対話を考えてみましょう。

（18）a.　（兄弟の中で）だれが独身ですか。
　　　b.　［太郎］_F が独身です。

久野（1973）の分析によれば、（18a）では「誰かが独身であること」を前提としているので、この「が」は主格ですが、（18b）の「太郎」は新情報であるので、こちらの「が」はフォーカスの格助詞になります。
　さらに、「が」によるフォーカス表示に加えて、日本語にはダウンステップ（downstep）と呼ばれるプロソディの手立てがあります。ダウンステップはピッチ（基本周波数 F_0）が局所的に下降する現象で（Beckman & Pierrehumbert 1986, Pierrehumbert & Beckman 1988, Kubozono 1993）、一般に発話の文頭が高く、徐々に下降を辿るピッチパターンです。たとえば、

(19) のような例の場合、文頭の「あおやま」が他の名詞句「山口」、「兄嫁」よりピッチが局所的に高く、その後は徐々に低くなって、「へ」の字型を描くパターンが生じます。これがダウンステップ（[H*+L]）です（Ishihara 2000, 石原 2014）。杉藤（1990, 2012）は日本語のダウンステップは文の左端に生起する傾向にあると述べています。

(19)　[あおやま]$_F$ が山口に兄嫁を呼んだ。　　　　（Selkirk & Tateishi 1991）

　ただし、（20）のような例もあります。

(20) a.　[山野]$_F$ が泳いでいる。
　　 b.　山野は [泳いでいる]$_F$。

Venditti, Maekawa & Beckman（2008）の分析によれば、（20a）の「山野」は新情報で、これに後接する「が」はフォーカスの格助詞です。ここにダウンステップが生起するのに対して、（20b）の「山野」は「は」が後接することから旧情報であるためにフォーカスになれません。その結果、述部「泳いでいる」がフォーカス語句で、ここにダウンステップが生じることになります。

4.1.4.　まとめ
　フォーカスプロソディを統語と音韻の接点（syntax-phonology interface）でまとめてみると、（21）のようになります。

(21) a.　統語的に疑問詞と同じ位置に生成されるため、プロソディによって表わされる。　　　　　　　　　　　　　　　　　　　　　　（英語）
　　 b.　右端に生成されなければならず、そこにプロソディが伴う。

　　　　　　　　　　　　　　　　　　　　　　　　　　　　（スペイン語）
　　 c.　i.「が」によって格表示される。
　　　　 ii. 左端からダウンステップが生ずる。　　　　　　　　（日本語）

第9章 プロソディ | 195

したがって、英語ではプロミネンス、スペイン語では右端位置、そして日本語では左端からのダウンステップが焦点化において重要なカギとなります。

4.2. 先行研究─応答文におけるプロソディ

フォーカスプロソディの習得は母語と外国語でそれが異なる場合、むずかしいことが予想されます。特にその習得過程に与える母語の影響が興味深い課題です。これらに関する研究はこれまでほとんど行なわれていませんが、報告されている数例の先行研究について概観しましょう。

4.2.1. スペイン語話者

Nava (2008) は 10 人のスペイン語母語話者による習得を調査しました。英語の習熟度は上級レベルが 5 人、中級レベルが 5 人で、実験では次のような質問に対する答えを口頭で産出するように指示しました。

(22) Q：Why are you looking out the window?
　　A：Madonna just walked [by]$_F$!　　　　　（スペイン語母語話者）
　　A：[Madonna]$_F$ just walked by!　　　　　（英語母語話者）

すでに (15) で見たように、walk は非能格動詞ですから、核強勢は主語の Madonna に置かれることになります。実験結果によると、英語母語話者は Madonna にフォーカスプロソディを置いたのに対して、スペイン語母語話者は応答文の右端にある by にフォーカスを置く傾向にありました。

この結果は、(16) ～ (17) で見たスペイン語の事実、すなわちフォーカスは右端に置かれる点から、母語からの転移によるものだと分析できます (Zubizarreta & Nava 2011)。さらに、Belletti, Bennati & Sorace (2007) では、逆に、英語が母語のイタリア語学習者にとっては文の右端にフォーカスプロソディを置くのがむずかしかったと報告されています。

4.2.2. 韓国語話者

MacDonald (2014) では、韓国語が母語の学習者 3 人が英語の疑問文を口

頭で音読する実験を行ないました。

(23) a.　What are you eating tonight?
　　 b.　Are we eating anything tonight?

(23a) では、核強勢は eating にあり、疑問詞疑問文ですから、イントネーションは下降調です。一方 (23b) では、核強勢は tonight にあり、Yes-No 疑問文ですから、イントネーションは上昇調です。

　実験の結果、(23a) では一人の上級レベルの学習者が英語母語話者のそれと類似したふるまいを見せたものの、中級〜初級レベルの学習者 2 人は tonight にプロミネンスを置き、イントネーションが上昇調でした。また (23b) では、3 人の被験者全員が文末で音調を高くする傾向にありました。これらの結果に基づき、MacDonald は韓国語の母語話者が母語の上昇イントネーションとプロソディパターンを英語の産出に転移させる傾向にあると述べています。

　以上、先行研究では英語のフォーカスプロソディの産出に母語のプロソディ要素が影響を与えて、母語転移による誤りが見られました。それでは、私たちが共同研究で調査した日本人英語学習者の場合を見てみましょう。

4.2.3.　日本語母語話者

Yoshimura, Fujimori & Shirahata (2014) では、日本人英語学習者による英語プロソディの習得について理解・産出・聴解の 3 種類の課題を用いて調査しました。被験者は日本人大学生 16 人で、学年によって 2 つのグループ（3 年生 6 人、1 年生 10 人）に分けました。実験方法は、質問―応答形式を採用し、文法や単語がむずかしくないように、資料は中学校の英語教科書 *Sunshine English Course 2*（開隆堂）から次の 3 つのダイアログを抜粋して用いました。

(24)　Q：Where did you go last Sunday?
　　　A：I went [F fishing] with my friend in the river.

(25)　Q：Did you catch any fish?

　　　A：Yes. I caught [_F three] fish.

(26)　（A：I saw your sister in the park this morning.）

　　　Q：Oh, really? What was she doing?

　　　A：She was [_F running] with her friend.

　最初に行なった理解タスクでは、被験者は印刷された (24) ～ (26) を読み、応答文において核強勢が置かれると考える語句に下線を引くように指示されました。表1はその結果をまとめたものですが、両グループともどの語句がフォーカス語句で、プロミネンスを置かなければならないかを理解できていることがわかります。なお、where に対応する新情報としては in the river も可能ではないかと考えられます。

表 1　読解タスクの結果―ピッチ

実験文	3年生グループ (6 人)		1年生グループ (10 人)	
(24)	fishing 83%	river 17%	fishing 50%	river 50%
(25)	three 83%	fish 17%	three 90%	caught 10%
(26)	running 100%		running 100%	

　次に行なった産出タスクでは、高性能のマイクをコンピューターに接続して、被験者が口頭で読んだ文を録音し、ピッチとプロミネンスを音声分析ソフト・プラートで測定しました。表2は産出の結果をまとめたものです。

表2　産出タスクの結果―ピッチ

実験文	強勢語	3年生グループ (6人)			1年生グループ (10人)		
(24)	fishing	I 67%	fishing 17%	friend 17%	I 60%	fishing 30%	friend 10%
(25)	three	I	three 67%	fish 33%	I 40%	caught 60%	
(26)	running	she 83%	running 17%		she 90%	running 10%	

プロミネンスの平均正答率は3年生が22%、1年生が13%でした。分析で最も注視すべき点は、左端にある主語にプロミネンスが置かれたことです。平均値にして、(24) では、主語のIに3年生67%（図1）、1年生60%、また (26) では、主語のsheにプロミネンスを置いたのが、3年生83%、1年生90%（図2）でした。(25) では、3年生の67%が適切にthreeにプロミネンスを置いたのに対し、1年生は全員がプロミネンスを適切に置くことができませんでした。つまり、図1と図2の音声波形とピッチ曲線から確認できるように、フォーカスプロソディが適切に産出できませんでした（Yoshimura, Fujimori & Shirahata 2015）。

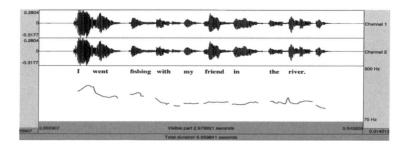

図1　Praatによる音声波形とピッチ曲線（3年生6人）―例 (24)

第9章 プロソディ | 199

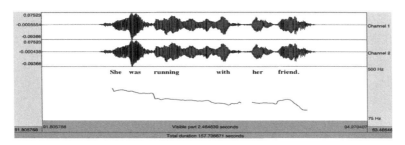

図2　Praatによる音声波形とピッチ曲線（3年生6人）―例（26）

表3は被験者グループの口頭産出の結果をまとめたものです。

表3　産出タスクの結果―プロミネンス

実験文	3年生グループ（6人）			1年生グループ（10人）			
(24)	I 67%	fishing 17%		I 20%	went 10%	my 10%	river 20%
(25)	I 67%	caught 17%	three 17%	I 40%	caught 20%	three 20%	fish 20%
(26)	she 17%	was 33%	running 50%	she 20%	was 40%	running 10%	with 30%

　3年生は(24)と(25)では誤って文頭の主語(I)に、そして(26)では適切にフォーカス語句(running)にプロミネンスを置いたのに対して、1年生は各文で語句間に"バラつき"が見られました。このことは、習熟度レベルが低い日本人英語学習者は文を産出する時、プロミネンスあるいはピッチについてほとんど関心を払わないのではないかと考えられます。

　このように、日本人英語学習者は英文を発話する時にフォーカス語句を強く発音しなければならないことを理解しているのにもかかわらず、実際に産出する時にはその理解を適切に具現化できず、文頭の主語にプロミネンスを置く傾向にあることが明らかになりました。この結果に基づき、Yoshimura, Fujimori & Shirahata (2015)では、文の左端にプロミネンスを置くピッチパターンの傾向は日本語のダウンステップからの転移によって生

じるものであると分析し、これは上記で見たスペイン語母語話者や韓国語母語話者による母語転移の結果と類似するものだと指摘しています。また、フォーカスプロソディが産出より理解の方がより早期に習得される点については、Klassen (2013) で報告された結果と同じでした。

5.　先端研究の成果と今後の課題

　英語のフォーカスプロソディの第二言語習得は、前節で検証した結果、母語から大きな影響を受けることが明らかになりました。本節では、ダイアログの産出データをさらに分析して、母語転移の問題について理解を深めていきます。特に、日本人英語学習者のフォーカスプロソディを英語母語話者のそれと比較して、問題点とその根底にある要因を具体的に探ってみましょう。

　ここで取り上げる研究は、私たちが 2015 年〜2017 年に共同プロジェクトとして実施したもので、その時点では日本人英語学習者を対象としたこの種の調査が第二言語習得研究の分野においてほとんどなかったため、手探り状態で開始したことを記憶しています。したがって、以下で紹介するのは先端研究の調査で、ここでの検証が今後の研究の方法や方向性を示すことができるように進めていきます。

5.1.　ダイアログの産出
5.1.1.　実験方法

　Fujimori, Yoshimura & Yamane (2015) では、前節での調査結果を踏まえて、日本人英語学習者によるフォーカスプロソディの産出を応答文 (24) 〜(26) よりもう少しはっきりした内容あるいは文脈のダイアログを用いて調査しました。被験者は日本の 2 つの大学で英語を学ぶ日本人英語学習者 32 人で、英語習熟度は中級下レベル (TOEIC テスト平均スコア 465.9 点) でした。

　調査は次のような手順で実施されました。まず、被験者はダイアログが印刷された実験シートを用いて強く発音すると思う単語に下線を引き (理解)、続いて、別の新しい実験シートを用いてダイアログを 1〜2 回口頭練習した

上で実際に産出し（産出）、最後に、教科書の CD を聞いて強く発音された
と思う単語に○を付けました（聴解）。ダイアログは *Sunshine English Course
2*（開隆堂）から抜粋したの 4 つ対話を使用しました。被験者の産出したダイ
アログはすべて録音しましたが、それらを分析した結果、4 つのダイアログ
の間に重要な差異は見られませんでしたので、ここでは 2 つの例について詳
細に紹介します[2]。

(27)　A：That's a beautiful picture.

　　　B：My father took it.

　　　A：Where was it taken?

　　　B：It was taken in Hokkaido.

(28)　A：Shall we go fishing tomorrow?

　　　B：Good idea. What time shall we meet?

　　　A：Let's meet at six.

　　　B：At six? It's hard for me to get up so early.

　下線部の応答文について検討してみましょう。初めに、被験者の理解・聴
解・産出について教科書の CD の音声と比較分析しました。実験担当者 2 人
が産出のデータを聞いて Rapid Prosody Transcription Method（Mo, Cole &
Lee 2008, Cole, Mo & Hasegawa-Johnson 2010, Mo 2011）に沿って強勢があ
ると識別した単語を特定し、その結果を P-スコア（probabilistic scores）で
算出しました。すなわち、P-スコアで 0（ゼロ）は"すべての被験者がその
単語にプロミネンスがない"、一方で 1（イチ）は"すべての被験者がその単
語にプロミネンスがある"と判断したということを意味します。調査では、
理解と聴解のデータについても同様の手法で P-スコアを算出しました。

5.1.2.　問題点―マッピングとダウンステッピング

　図 3 と図 4 は（27）と（28）について理解・聴解・産出の結果をまとめた

2　他の 2 つのダイアログについては、Yamane, Yoshimura & Fujimori (2015) を参照くだ
さい。

ものです (Yamane, Yoshimura & Fujimori 2015, 2016, Fujimori, Yoshimura & Yamane 2016)。全般的に見て、被験者グループは理解と聴解ではほとんど問題がありませんでしたが、産出では大きな問題に直面しました。疑問詞疑問文に対する新情報が (27) では Hokkaido、(28) では six ですから、これらがフォーカス語句で、CD ではこれらにプロミネンスが置かれていました。聴解での P-スコアは (27) が 0.8、(28) が 1.0 で、理解での P-スコアは (27) が 0.9、(28) が 0.6 で、被験者グループはフォーカス語句に高いプロミネンスが生起されるべきであると理解し、また CD を聞いてもそのように識別することができたことがわかります。

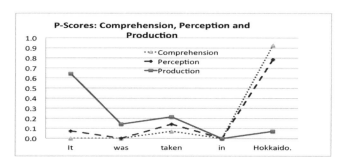

図 3　被験者グループの理解・聴解・産出の P-スコア─例 (27)

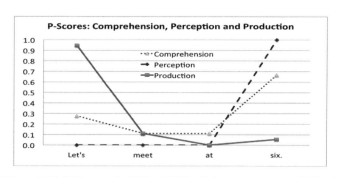

図 4　被験者グループの理解・聴解・産出の P-スコア─例 (28)

しかしながら、産出での P-スコアは Hokkaido と six ではそれぞれ 0.1 以下でした。この結果は、ほとんどの被験者がフォーカス語句にプロミネンス

を置かなかったことを意味します。言い換えれば、理解したことが実際の産出に適切にマッピングしていないことになります。したがって、分析では適切に理解はしているが、その知識を適切に産出に繋げることができないという深刻な問題が指摘されました。

図3と図4では、もう一つ大きな問題があることがわかります。それは産出に現れたダウンステップの現象です。被験者グループでは文頭の単語のP-スコアが1に近い数値でした。(27) の it は 0.65、(28) の Let's は 0.95 でした。これらのスコアは、第4節で見たダウンステップと同じ現象で、日本語からの母語転移によって生じた結果であると考えられます。

5.2. ストーリーの産出

さて、これまで見てきた応答文とダイアログの分析を通して、日本人英語学習者がフォーカスプロソディの習得において直面する問題点が理解から産出へのマッピングに生じて、それがダウンステップにあることが明らかになりました。そこで、Fujimori, Yoshimura & Yamane (2016, 2017) では、文脈や展開がもう少しわかりやすく、したがってフォーカスがより明らかに理解できる物語やストーリーを用いて、この問題をさらに検証することにしました。

5.2.1. 実験方法

被験者は、実験の性質上、上級レベル (TOEIC スコア 700 点以上、CEFR B1 レベル) の日本人英語学習者、大学生4人を選択しました。そして、アメリカ英語の母語話者4人がコントロールグループとして参加しました。実験はダイアログと同じ手順、つまり理解→聴解→産出で実施されました。実験で使用したのは *Sunshine English Course 3* (開隆堂) から抜粋したストーリーで、短い7つの単文から構成されています。

(29) ストーリー

Some years ago, Mr. Sato had a very kind student in his class. She had a pretty name, Aika. Her classmates liked her very much. Sometimes Mr. Sato saw her at school early in the morning. In her hands she always had very pretty flowers. She picked them from her garden. Everyone in her class loved the colorful flowers.

5.2.2. 問題点―プロミネンス

　上で見た結果と同様に、理解と聴解には問題がありませんでした。しかしながら、産出において7文中の5文で、日本人英語学習者の被験者グループには英語母語話者のコントロールグループと異なる「ふるまい」が見られました。特に、3文において文頭の単語にプロミネンスが起こったこと、そしてピッチ幅が極端に狭かったことが顕著な違いでした。

　まず、プロミネンスの問題です。たとえば、3人の英語母語話者はpickedにプロミネンスを置いたのに対して、日本人英語学習者は4人のうち3人が主語のSheにプロミネンスを置きました。

(30) a.　She [picked]$_F$ them from her garden.（英語母語話者）
　　 b.　[She]$_F$ picked them from her garden.（日本人英語学習者）

この違いを波形とピッチ曲線で示すと、次のようになります。図5〜図8はFujimori, Yoshimura & Yamane (2015) から引用したものです。

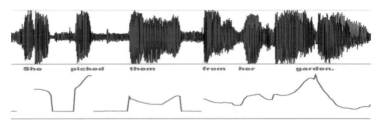

図5　Praatによる音声波形とピッチ曲線（英語母語話者3人）

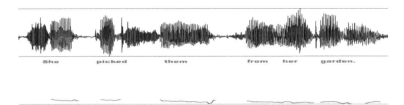

図6　Praatによる音声波形とピッチ曲線（日本人英語学習者3人）

また、次の例においても同じような結果が生じました。

(31) a.　In her hands she [always]_F had very pretty flowers.

（英語母語話者／CD）

　　 b.　[In]_F her hands she always had very pretty flowers.

（日本人英語学習者3人）

図7と図8を比較すると、教科書のCDではalwaysが強く発音されていましたが、日本人英語学習者グループは文頭のInにプロミネンスを置きました。

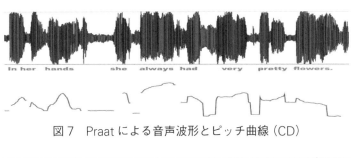

図7　Praatによる音声波形とピッチ曲線（CD）

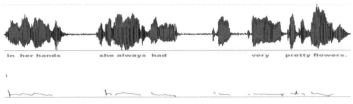

図8　Praatによる音声波形とピッチ曲線（日本人英語学習者3人）

つまり、理解や聴解ではフォーカス語句を適切に理解していたにもかかわらず、産出では文頭にプロミネンスを置いたことが音声波形とピッチ曲線から明らかです。この傾向は、上でも指摘したように、日本語のダウンステップからの転移だと考えられます。

5.2.3. 問題点―ピッチ幅

第2の問題点として、ピッチ幅が挙げられます。分析の結果、全般的に、日本人英語学習者のピッチ幅は英語母語話者のそれより極めて狭いことがわかります。図9と図10はFujimori, Yoshimura & Yamane (2016) から引用したものです。

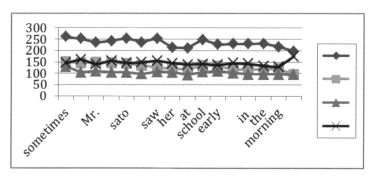

図9　Praatによるピッチ幅（日本人英語学習者4人）[Hz]

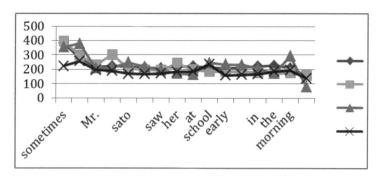

図10　Praatによるピッチ幅（英語母語話者4人）[Hz]

ピッチ曲線を比較すると、日本人英語学習者のピッチ幅が英語母語話者のそれと異なり、比較的平板で、音声的にメリハリに欠けることがわかります。この傾向は杉藤（1990）でも指摘されているように、日本語はピッチ幅が比較的平坦で高低の変化が見えにくい点から、日本語からの転移によるものであると考えられます。

6.　まとめ—母語転移の 3 ステップ

　本章では、日本語と英語のポーズとフォーカスプロソディの第二言語習得について実証研究の数例を概観してきました。考察の結果、英語が母語の日本語学習者はポーズを適切に産出できないため、意味とプロソディが適切にマッチしないこと、そして日本人英語学習者は英語のフォーカスプロソディを適切に産出できないことが明らかになりました。特に、フォーカスプロソディは談話の内容と構造に基づくものですが、日本人英語学習者は読解においてそれを適切に理解できるにもかかわらず、その理解を実際の産出に適切にマッピングできないという問題が実証的に炙り出されました。これは、長い間、学校で英語教育を受けていてもなかなか克服できないやっかいな問題であることを示唆しています。

　そして、この問題の根底には日本語のダウンステップと平坦な音調の転移が大きな要因として存在することがわかりました。したがって、この母語転移をできる限り効率よく軽減できるような学習指導が実践されるべきであることは言うまでもありません。その実践において、次のような 3 つのステップを段階的に進めていくことが日本人学習者にとって重要です。第一に、英語ではフォーカス語句にプロミネンスを置く必要があり、それによって高低差のあるピッチパターンが産出されることを理解しなければなりません。第二に、知識として得たその理解を産出において適切にマッピングできるように練習することが重要です。第三に、強弱のピッチでプロミネンスができれば、高低差のあるピッチ曲線を描くことができるようになり、それが適切なイントネーションや音調の産出に繋がることを実践的に習得していくように練習しなければなりません。

　円滑なコミュニケーションには、談話の構造や展開と密接な関係にある

ポーズやプロソディの習得が必要で、これらの3つのステップを「あせら
ず、腰を落ち着けて」学習し、適切なプロソディをフォーカス語句に置き、
ピッチは適切なピッチ幅ができるように学校教育の中で留意して指導するこ
とが期待されます。

第 10 章

応答ストラテジー

1. はじめに

　談話の形式には、第 8 章で考察したストーリーテリングに加えて、ダイアログ（対話）があります。本章では、ダイアログでの質問に対する「答え方の方策」、すなわち応答ストラテジーの第二言語習得研究についてこれまでの調査でわかったことを概観し、今後の研究の方向性について考えます。

　言語コミュニケーションの目的は、「話し手は求められている情報を提供し、聞き手は必要な情報を得る」といった情報の授受で、キャッチボールのようなものです。このコミュニケーションの目的を効率よく達成するためには、相手の意図を適切に理解した上で的確に応答する必要があります。この応答の手立てがストラテジーです。応答ストラテジーでは提供されるべき情報を効率よく、端的に、そして間違いなく伝達することが期待されます。このことを第二言語習得の観点から見ると、情報の提示方法が母語と外国語の間で一致すれば問題は生じないのですが、異なった場合、その習得は学習者にとってむずかしい問題となります。この視点から、英語と日本語の応答ストラテジーの第二言語習得研究の成果を眺めてみましょう。

　本章の構成は、次のようになります。まず、応答ストラテジーとはどのような方策で、どのような言語形式で具現化されるかを類型的に観察します。次に、英語と日本語の応答ストラテジーについて概観し、両言語間の相違点

および類似点について説明します。続いて、先行研究の成果をまとめた上で、私たちが行なった実験結果を紹介して、今後の研究課題について提案したいと考えます。

2. 応答ストラテジーのタイプと特徴

2.1. 応答ストラテジーとは

　応答ストラテジーは、オーラルコミュニケーションにおいて質問に答える方法であると一般的に定義されます (Belletti 2007, 2008)。もう少し厳密に説明すると、疑問詞疑問文の疑問詞に必要な情報を提供する方法です。この情報提供において、話し手は聞き手に対して求められている応答をフォーカス語句として端的に、そして効率的に表現することが必要です。

　それでは、具体例を見てみましょう。

(1) a.　Who ate the cake?

　　b.　John did.

　　c.　John ate it.

質問 (1a) は疑問詞 who に対する情報を求めて発話されたもので、これに対する短い応答は (1b)、長い応答は (1c) となります。つまり、John が聞き手の求めている答えで、この応答文の焦点となります。応答文において焦点化された語句がフォーカス語句 (郡 1989) です。

2.2. 3種類の応答タイプ

　第9章ですでに見たように、フォーカス語句は言語コミュニケーションにおいてどのように具現化されて表示されるかは、普遍的ではなく、言語によって異なります。Belletti (2007) の分析によれば、応答ストラテジーとして用いられる構文は類型的に見て次の3つの構文タイプに分類されます (Kiss 1998, 2010)。

(2) a.　Who spoke?　　　　　　　（英語）

第 10 章　応答ストラテジー　|　211

  b. John spoke/did.

(3) a. Chi　ha　parlato?　　　（イタリア語）
　　 who　has　spoken

  b. É　ha　parlato　Gianni.
　　 is　has　spoken　Gianni

(4) a. Qui　a parlé?　　　　（フランス語）
　　 who　spoke

  b. C'est　Jean (qui　a parlé).
　　 it was　Jean (who　spoke)

　(2) は、(1) と同様に、応答で疑問詞の位置にフォーカス語句を挿入する
「焦点挿入型」(in-situ focus) で、その代表的な言語として英語やドイツ語が
あります。(3)はフォーカス語句が文末の位置に現れる「焦点右端型」(focus
at the right edge)[1] で、イタリア語やスペイン語などのロマンス語はこの構
造を用います (Zubizarreta 1998)。(4) は分裂文の that 節以下を省略した
「省略分裂文型」(reduced cleft) で、フランス語やノルウェー語はこれを選
択します。

2.3.　「焦点挿入型」対「省略分裂文型」

　英語の応答ストラテジーは、(1) ～ (2) で見たように、「焦点挿入型」で
す。もう少し例文を見てみましょう。

(5) a.　What did John eat?

  b.　He ate the cake.

(6) a.　What did John do?

  b.　He ate the cake.

(7) a.　What happened?

  b.　John ate the cake.

1　Belletti (2007) はこれを 'free inversion' と称しましたが、本書ではフォーカス語句が文
末（右の端）に来ることから、わかりやすく「焦点右端型」と呼ぶことにします。

(5) は「何を食べたか」に対する答え the cake が目的語の位置に，また (6) は「ジョンが何をしたか」に対する答え ate the cake が動詞句の位置にそれぞれ挿入されていることがわかります。(7) はさらに興味深い例で、「何が起こったか」に対して John ate the case が答えとなります。

　それでは、日本語の応答ストラテジーはどうでしょうか。次のような例を検討してみましょう。

(8) a. 誰が来たの。

　　b. 隣の山田さん (だ／です)。

(9) a. 何を読んでいるの。

　　b. イタリアのガイドブック (です)。

このように、日本語は「焦点挿入型」ではなく、「省略分裂文型」を用います (吉村 2014)。応答文において、(8b) では主語、(9b) では目的語がそれぞれフォーカス語句で、疑問詞の位置に挿入されるのではなく、フランス語の (4) と同じように、応答が省略分裂文で発話されます[2]。

　しかしながら、日本語の省略分裂文はフランス語など (ノルウェー語・注2参照) のそれと次の2点で異なることに留意する必要があります。まず、日本語には虚辞の顕在代名詞は存在せず、虚辞の非顕在代名詞が存在すると想定すれば、分裂文の主語は虚辞非顕在代名詞、すなわち pro になり、次のように表示されます[3]。

2　Belletti (2007) は、フランス語の例からわかるように、質問文は省略分裂文でなく、普通の疑問文である点を指摘しています。この方策はあまり稀有な現象ではなく、他にノルウェー語等に観察されると説明しています。

　(i) a. Hvem var det som rignte?　　(ノルウェー語)
　　　　'Who was it that called?'
　　b. Det var Hans.
　　　　'It was Hans.'

3　日本語に虚辞の pro が存在するか否かは議論の余地がある問題です。ただし、この虚辞非顕在代名詞説を積極的に排除する実証的根拠は特にないように思われます (吉村 2014)。

（10）a.　C'est Jean ~~[~CP~ qui a parlé]~~　　　（＝（4b））

　　 b.　~~[~CP~ 来たの]~~ᵢ は［pro$_i$［隣の山田さん］だ／です］

つまり、フランス語（10a）と日本語（10b）の両文は通常の分裂文から埋込み節の CP を省略した構造となっています。異なる点は、フランス語では省略分裂文の主語が顕在代名詞 ce（c'）であるのに対して、日本語ではそれが非顕在代名詞となっています[4]。なお、日本語は主要部終端型（head-final）なので、フランス語と異なり、省略した CP がフォーカス節の前に位置します[5]。

　次に、2 つ目の相違点です。フランス語やノルウェー語ではこの省略分裂文型が主語のみに限定して適用が可能な構文ですが（Belletti 2007）、日本語ではフォーカス語句が目的語あるいは後置詞句についても可能である点に着目してください。（11）〜（12）はフランス語の例文（Belletti 2007）で、（13）〜（15）は日本語の例文（吉村 2014）です。

（11）a.　Qu'est-ce-que t'as acheté?
　　　　　'What have you bought?'

　　 b.　*C'est un livre.
　　　　　'It is a book.'

（12）a.　Avec qui es-tu sorti?
　　　　　'With whom did you get out?'

　　 b.　*C'est avec Jean.
　　　　　'It is with Jean.'

（13）a.　何を買ったの。

　　 b.　本（を）だ／です（よ）。

4　Abe（2014）はこの応答文が関係節を含む構文だとする仮説を提案しました。しかしながら、本章では Belletti（2007）の分析に沿って省略分裂文だと想定して議論を進めていくことにします。

　（i）　　［$_{DP（関係節）}$［…pro$_i$…］の$_i$］—は pro$_i$［$_{フォーカス}$ XP$_i$］だ。

5　日本語の分裂文の構造については Hoji（1990）、吉村（2001）、吉村・仁科（2004）、またフォーカス節については天野（1998）をそれぞれ参照してください。

(14) a.　だれと出かけたの。

　　 b.　太郎とだ／です（よ）。

(15) a.　だれから電話がかかってきたの。

　　 b.　おかあさんからだ／です（よ）。

(11b) では目的語、(12b) では前置詞句が省略分裂文の対象となっていますが、フランス語では容認されないため、両文とも非文法的な応答文となります。他方、(13b) では目的語、(14b) と (15b) では後置詞句が対象ですが、日本語では容認されるため、両文とも文法的な応答文となっています。この違いについて、吉村 (2014) では、日本語では非顕在代名詞 pro が主語以外の位置でも可能で (Saito 1985, Hoji 1985)、時や場所を表わす（金水 2000）ことができるからだと説明しました[6]。

　このような日本語の応答ストラテジーの特徴を踏まえ、省略分裂文 (10b) を図式化して表示すれば、(16) のように想定することができます。

(16)　　$[_{CPj}[\cdots ec_i \cdots]$ の] は $[pro_j$ だ／です]。

これまでの例からわかるように、ec は空範疇 (empty category) で、名詞句あるいは後置詞句に相当します。

2.4.　日本人英語学習者の課題

　それでは、日本人学習者が英語コミュニケーションにおいて疑問詞疑問文に応答する場合、何が課題となるでしょうか。

　第一の課題として、母語の影響があります。つまり、英語の場合には応答は疑問詞の位置に挿入されるのに対して、日本語の場合には省略分裂文が用いられるため、この両者間の齟齬が母語からの転移として応答ストラテジーの第二言語習得に影響を与える可能性があります。第二の課題は、もしこの

6　格助詞や後置詞が比較的容易に省略できることをその根拠として指摘しました。もう一つの要因として、日本語にはフォーカスの位置が構造的にそれほど厳格に指定されていないため、格助詞の「が」や「は」が形態素的な手立てとして用いられる点が考えられます。

ような母語からの影響があるとすれば、それが指導によって克服できるかどうかです。そこで、母語からの転移の有無と学習の効率性について実証的に検証することが必要となります。

3. 先行研究―イタリア語・フランス語

応答ストラテジーの第二言語習得は研究歴が極めて浅いため、これまでに報告された研究はほとんどありません。数少ない先行研究の中、Belletti & Leonini (2004) ではイタリア語を学習しているフランス語母語話者とドイツ語母語話者、そしてイタリア語母語話者によるイタリア語の応答ストラテジーの習得を調査しました。イタリア語学習者の習熟度は上級レベルではありませんでした。実験方法は誘導法で、被験者は (17a)（＝(3)）のような疑問文について口頭で応答するように指示されました。

(17) a.　Chi　ha　parlato?　　　　　　　　　　　　（イタリア語）
　　　　who　has　spoken
　　 b.　É　ha　parlato　Gianni.
　　　　is　has　spoken　Gianni

イタリア語母語話者は 98% の割合で (17b) のように主語を動詞の後（「動詞＋主語」）に発話したのに対して、フランス語母語話者は 69% の割合で省略分裂文（たとえば (4b)）を、またドイツ語母語話者は 68% の割合で疑問詞の位置に答えを挿入する応答（「主語＋動詞」）を用いました。Belletti & Leonini (2004) は、これらの結果は「強い」母語からの転移を示すものだと分析しました。

一方、Belletti, Bennai & Sorace (2007) では英語母語話者とドイツ語母語話者によるフランス語の応答ストラテジーの習得を調査しました。実験方法は Belletti & Leonini と同じく誘導法で、この実験の被験者はフランス語の習熟度がほぼネイティブレベルでした。なお、前節で見たように、英語とドイツ語はフランス語の省略分裂文型と異なり、焦点挿入型を用います。実験の結果、両被験者グループとも 71% の割合で疑問詞の位置に挿入する応答

（「主語＋動詞」）でした。したがって、Belletti, Bennai & Sorace は、Belletti & Leonini と同じ結論、つまり強い母語転移が生じたと分析しました[7]。

　このように、応答ストラテジーの第二言語習得は母語からの影響が強く現れる領域であるようです。しかしながら、日本人英語学習者による英語応答ストラテジーの習得に関する研究はまったく実施されていないので、この点についてはよくわかりませんでした。オーラルコミュニケーションにおける応答ストラテジーの役割を考えれば、母語の影響と指導の効果を検証することが必要です。

4.　日本人英語学習者の応答ストラテジー
4.1.　実験方法

　日本人英語学習者が英語の応答ストラテジーを習得する過程で、母語の影響を受けるかどうか、また受ける場合にはその克服に指導が役立つかどうかを調査しました。大学一年生 12 人が参加し、平均の TOEIC テストスコアは 554.2 点でした（Kondo & Yoshimura 2016）。なお、学生たちの英語力は中級レベルで CEFR（ヨーロッパ言語共通参照枠）では B1 に換算することができます[8]。

　実験では、各被験者に対して 2 回の個別インタビューを実施し、応答を誘導する方法を用いました。1 回目と 2 回目の個別インタビューの間には 2 か月の間隔があり、その期間中に Yes-No 疑問文と疑問詞疑問文の応答方法の違いについて明示的に指導した上で、プリントを用いて、ペアで練習しました。この学習は 1 回約 30 分間で、2 回（1 回／月）実施されました。インタビューで用いた実験文は (18) ～ (20) にあるような疑問文で、合計 15 文から構成されていました。

(18) a.　What is your favorite Japanese food?

　　 b.　Who taught you Oral Communication in the first semester?

7　ここでは、応答文において主語にプロミネンスが置かれた結果から、母語転移は構造上のみならず、プロソディにおいても顕著であったと主張しています。

8　第 3 章注 13 参照。

(19) a.　What did you study last night?

　　 b.　Which fruit do you like best?

(20) a.　When did you graduate from high school?

　　 b.　How often do you have your favorite Japanese food?

(18) は主語の疑問詞疑問文、(19) は目的語の疑問詞疑問文、そして (20) は前置詞句の疑問詞疑問文の例です。2 回の個別インタビューで合計 180 の応答文が収集されました。

4.2.　分析結果

4.2.1.　指導前の応答ストラテジー

　表 1 は第 1 回インタビューで使用された省略分裂文の結果をまとめたものです。

表 1　第 1 回インタビューの結果—省略分裂文の平均使用率

疑問詞	疑問詞疑問文		
	主語 (18)	目的語 (19)	前置詞句 (20)
使用率 (%)	83.3	16.7	55.6

省略分裂文の使用率が最も高かったのは主語が疑問詞の場合で、平均 83.3% でした。たとえば、(18b) の場合、12 人中 10 人が (21a) にあるように答えました。次に省略分裂文が多く使用されたのは前置詞句が疑問詞疑問文の対象で、平均 55.6% でした。たとえば、(20a) の場合、12 人中 10 人が (21b) のように応答しました[9]。

(21) a.　Mr. Bailey/Mr. Huang.

　　 b.　Last year/This spring.

9　ただし、習熟度が比較的高い被験者 (TOEIC 685 点) は応答ストラテジーとして省略分裂文を全く使用しませんでした。

これらは次のような分裂文から取消し線の部分を省略した応答だと考えられます。

(22) a. ~~It was~~ Mr. Bailey/Mr. Huang ~~who taught us Oral Communication.~~
     b. ~~It was~~ last year/this spring ~~that I graduated from high school.~~

　一方、疑問詞が目的語である疑問文では、応答に省略分裂文を使用するのはほとんど稀有で、たとえば、(19a) に対して、12人中3人が科目名 (English) のみを発話しましたが、他の9人は I studied English のように焦点挿入型で答えました。

4.2.2.　指導後の応答ストラテジー

　1回目の個別インタビューに参加した被験者12人はその後に2回にわたって (計60分) 授業の中で明示的指導を受けました。代表的な例を用いて、英語の疑問詞疑問文の応答ストラテジーの特徴 (焦点挿入型) を日本語のそれ (省略分裂文) と比較し説明した上で、プリントを用いてペア練習を行ないました。そして2回目の個別インタビューを実施しました。

　表2は2回目のインタビューの応答文の中で使用された省略分裂文の結果をまとめたものです。

表2　第2回インタビューの結果—省略分裂文の平均使用率

疑問詞	疑問詞疑問文		
	主語	目的語	前置詞句
使用率 (%)	33.3	5.6	2.8

表1の結果と比較すると、応答が主語あるいは前置詞句に挿入される場合には約50%〜53%で省略分裂文の使用率が低下したことがわかります。特に顕著だったのは、習熟度の低い被験者2人 (TOEIC スコア＝345、445) が次のような応答文を適切に産出できたことです。

(23) a.　Mr. Bailey/Mr. Huang did.

　　b.　I graduated from high school in 2014/March 2014.

このように、応答ストラテジーの学習は明示的な指導が短くても効果があることがここに示唆されました。

4.3.　考察

　これらの実験結果から、日本人英語学習者は英語の応答ストラテジーの習得過程で日本語から受ける影響が強いことが明らかになりましたが、また同時に、明示的な指導によって学習すれば、それがたとえ短い期間であっても、効果的であることが示唆されました。したがって、日本の英語教育において応答ストラテジーの学習が重要であることを再度強調しておきたいと思います。

5.　日本語学習者の応答ストラテジー

　前節では、日本人大学生による英語応答ストラテジーの調査の結果、母語の強い転移が起こることが観察されました。本節では、北米の大学で日本語を学習している英語を母語とする大学生が日本語の応答ストラテジーで同じような母語転移を示すかどうかを検討してみます。

5.1.　実験方法

　実験には、北米の 2 つの大学で約 1〜2 年間日本語を勉強した、英語が母語の大学生 15 人が学習者グループとして、また日本在住の日本人大学生 5 人がコントロールグループとして参加しました (吉村・中山・藤森 2016)[10]。手法は前回の実験と同様に個別インタビューを用いました。具体的には、次のような質問を面接者が日本語で行ない、その応答を録音しました[11]。

10　実験には中国語を母語とする日本語学習者も参加しましたが、分析には含まれていません。

11　管見の限りでは、日本語学習者を対象にしたこのような研究はこれまで報告されていません。

(24) a. だれが日本語のクラスを教えていますか。

b. 昨日の夜、勉強しましたか。何を勉強しましたか。

c. 今日は朝ごはんを食べましたか。何を食べましたか。

d. いつ高校を卒業しましたか。

応答文では、主語 (24a)、目的語 (24b, c)、後置詞句 (24d) がフォーカス語句です。つまり、省略分裂文において残留する焦点語句です。

5.2.　分析結果

表 3 は応答文として産出された結果をまとめたものです。L1 は日本語母語話者、L2 は英語母語話者をそれぞれ表わし、使用率 (%) は全体 (L1＝5人分、5 文、L2＝15 人分、15 文) に対して実際に得た応答の比率です。

表 3　母語話者と学習者による応答ストラテジーの使用率（%）

質問	応答文	応答例	L1	L2
(24a)	省略分裂文	○○先生です。	88.9	61.5
	焦点挿入文	○○先生が教えています。	11.1	38.5
(24b)	省略分裂文	［教科］です。	60	7.1
	焦点挿入文	［教科］を勉強しました。	40	92.9
(24c)	省略分裂文	［料理・食べ物］です。	80	37.5
	焦点挿入文	［料理・食べ物］を食べました	20	62.5
(24d)	省略分裂文	［年］です。	76.9	22.2
	焦点挿入文	［年］に卒業しました。	23.1	63.6

応答文においてフォーカス語句が主語 (24a) の場合、英語母語話者は日本母語話者と 25% 以上の開きがあるものの、答えを疑問詞の位置に挿入するよりも省略分裂文の方（「風間先生です」）が 61.5% で優勢でした[12]。しかしながら、フォーカス語句が目的語 (24b, c) や後置詞句 (24d) になると、英語

12　省略分裂文以外の例として、「れい子先生が教えています」がありました。

母語話者は日本語母語話者と異なる振舞いを示しました。英語母語話者は「何を勉強しましたか」に対して 92.9%、また「何を食べましたか」に対して 62.5%、「何年に高校を卒業しましたか」に対して 63.6%、情報を疑問詞の位置に挿入する焦点挿入型を産出しました。

たとえば、代表的な応答として次のようなものがありました。

(25) a.　日本語を勉強しました。

　　 b.　地理学の作文を勉強しました。

(26) a.　はい、食べました。パンとバナナを食べました。

　　 b.　えーっと、エッグとソーセイジを食べました。

(27) a.　2013 年に高校を卒業しました。

　　 b.　2014 年、でました。

他方、日本語母語話者は 60%〜80%、平均すると 76.5% の比率で非顕在代名詞を主語とする省略分裂文「(英語・パン) です」・「2014 年です」を産出しました。

5.3.　考察

今回の実験の結果から、英語を母語とする日本語学習者は次のような応答ストラテジーを使用する傾向にあることが明らかになりました― (i) フォーカス語句が主語の時は省略分裂文型を使用する。(ii) フォーカス語句が目的語や後置詞句の時は焦点挿入型を使用する。すなわち、(i) は日本語母語話者のストラテジーに類似した振る舞いに対して、(ii) は日本語母語話者のそれと異なる応答ストラテジーを産出したわけです。つまり、(ii) については母語からの転移を示すものだと分析することができます。

(i) については、主語省略言語 (null subject language) という日本語の特徴から次のように考えてみます。今回の実験で産出されたすべての応答文を再考した結果、ほとんどの学習者が「日本語を勉強しました」のように主語を省略したことがわかりました。このことは、英語が主語省略言語でないのにもかかわらず、学習者は主語省略を早期に習得できることを意味して

います。そして、主語省略は主格助詞「が」の省略に繋がり、この形態素「が」の非表示によって普通動詞の使用にぎこちなさが生じます。その結果、フォーカス語句（たとえば、「先生の名前」）にコピュラ動詞を後続させることで、省略分裂文が生成されるのではないかと捉え直すことができます。

　この見解が妥当性のあるものだとすれば、省略分裂文を目的語や後置詞句のフォーカス語句にも適用させていくことはそれほどむずかしい問題ではないだろうと思われます。前節で見たように、英語の応答ストラテジーの学習に明示的な指導が役立つことがわかりましたので、日本語の応答ストラテジーの習得においても明示的な指導を試みてはどうでしょうか。授業の中で、応答ストラテジーとして省略分裂文が一般的に使用されることを指摘し、実践的な練習を重ねていくことが習得の重要なカギとなるかと思われます。

おわりに—今後の展望

　本書では、私たちがこれまで行なってきた研究の成果を中心に紹介しながら、結果の分析を通して明らかになった第二言語習得の問題点を総括的に、また有機的に考察しました。目的は英語あるいは日本語を第二言語として学ぶ学習者の習得過程と中間言語の本質を解明することにありました。この目的の達成に向けて、形態・統語・音声・意味から語用・談話・プロソディまでの広い領域において多岐にわたるトピックや課題を取り上げました。分析では、「文法モジュール」と「インターフェイス理論」の観点から、学習者の母語に関係なく通言語的に普遍的な習得と学習者の母語に影響を受ける習得に二分化し、事例研究に基づいて母語の役割と母語転移について議論し、なぜ第二言語習得がむずかしく、完璧な習得に至らないのかを理論的に追究しました。

　本書の萌芽となるものは、2010 年に出版した共著『海外短期英語研修と第 2 言語習得』で、そのまとめにおいて、今後さらに調査しなければならない課題として統語、音韻形態、意味解釈、語用・談話の各部門の接点で生じる問題点をいくつか指摘しました。今回、第二言語習得研究について、文法はモジュールから構成されるという視座 (Nakayama & Yoshimura 2015) から捉え直しましたが、領域の奥深さを感じましたし、実証研究をさらに深化させなければならないと再確認しました。したがって、実験調査の結果を単に断片的に報告するのではなく、それらを言語理論の枠組みの中で体系的に整理して第二言語習得研究の発展に有機的に繋げていくことが重要だと強く認識しました。そうでなければ、日本人英語学習者による、あるいは日本語学習者による第二言語習得研究が潜在的に持っている分野への貢献は残念ながら見過ごされてしまうことになってしまいます。

　最後に、第二言語習得研究の今後の展望について簡単に触れておきたいと思います。本書では文法モジュールのインターフェイスで生じる課題について研究成果を見てきましたが、各章の考察からわかりますように、問題点がすべて解決したわけではありません。たとえば、アスペクト、文法項の移動、代名詞用法、ポーズとプロソディなどのテーマについてはさらに研究を

進めて、事実関係を明らかにし、理論的に説明を展開していくことが必要です。また、本書でも少し説明しましたが、第二言語習得と第三言語習得の関係を比較して分析することも第二言語習得過程をより理解することに繋がります（Flynn 2009）。このテーマについてももっと研究を進めるべきでしょう。さらに、バイリンガリズムの問題があります。地球規模でグローバル化が浸透している状況において、海外の学校で教育を受ける子どもや日本の学校で教育を受ける日本語非母語話者の子どもが年々増加しています。この子どもたちは二つの言語が使用されている環境で育ち、母語ともう一つの言語、つまり第二言語を習得します。子どもの第二言語習得がどのインターフェイスにおいて大人の第二言語習得と異なるかは興味深い課題です。この点が適切に検証できれば、生得的に習得できると考えられている普遍文法と言語経験を通して習得する個別文法を区別する線引きがより鮮明に可能となり、大人と子どもの異なる運用能力の問題について私たちの知見は深まるのではないかと期待されます。ここに、臨界期と第二言語習得の関係がより詳細に、より具体的に明らかになるカギがあるように思われます。

　このように、さまざまな言語習得データを比較分析することによって、第二言語習得研究が言語習得理論の前進に貢献できるように成果を上げていくというのが私たちの目指す研究目標です。本書がその目標達成の一助となれば、幸いです。

参照文献

天野みどり (1998).「『前提・焦点』構造からみた『は』と『が』の機能」『日本語科学』3, 67–84.

郡史郎 (1989).「強調とイントネーション」杉藤美代子 (編)『講座　日本語と日本語教育』2 巻「日本語の音声・音韻 (上)」, 316–342.　東京：明治書院.

石原慎一郎 (2014).「日本語の統語とイントネーション」『日本語学』33, 16–27.

井上和子 (1976).『変形文法と日本語　上・下』, 東京：大修館書店.

荻原俊幸 (2016).『「もの」の意味、「時間」の意味―記号化に頼らない形式意味論の話』, 東京：くろしお出版.

岡野悠 (2012).「英語上級者による物語に見られる文法の特徴」, 静岡県立大学国際関係学部卒業論文.

許夏珮 (2005).『日本語学習者によるアスペクトの習得』, 東京：くろしお出版.

金水敏 (2000).「時の表現」金水敏・工藤真由美・沼田善子 (編)『日本語の文法 2』「時・否定と取り立て」, 東京：岩波書店, 3–92.

金田一春彦 (1950).「国語動詞の一分類」『言語研究』15, 48–63.

金田一春彦 (1976).『日本語動詞のアスペクト』, 東京：むぎ書房.

久野暲 (1973).『日本文法研究』, 東京：大修館書店.

杉崎鉱司 (2015).『はじめての言語獲得―普遍文法に基づくアプローチ』, 東京：岩波書店.

杉藤美代子 (1990).『日本語アクセントの研究』, 東京：三省堂.

杉藤美代子 (2012).『日本語のアクセント英語のアクセント』, 東京：ひつじ書房.

柴谷方良 (1978).『日本語の分析』, 東京：大修館書店.

竹沢幸一 (2006).「英語から日本語を考え、日本語から英語を捉え直す―生成統語論の方法」『日本語学』25, 46–55.

寺村秀夫 (1978).『日本語の文法 (上)』, 東京：国立国語研究所.

寺村秀夫 (1984).『日本語のシンタクスと意味 II』, 東京：くろしお出版.

西由美子・白井恭弘 (2000).「アスペクト辞「ている」の意味―会話コーパスの分析から」『情報処理学会研究報告音声言語情報処理』155–160.

西由美子・白井恭弘 (2001).「アスペクト構造の語彙化における普遍性と差異―英語と日本語の場合」南雅彦・アラム佐々木幸子 (編)『言語学と日本語教育 II』, 東京：くろしお出版, 75–92.

三上典子 (2013).「物語の構築過程にみられる文法の特徴―日本語を母語とする幼児の場合」, 静岡県立大学国際関係学部卒業論文.

吉村紀子 (2001).「分裂文を八代方言からさぐる」『ことばと文化』4, 67–84.

吉村紀子 (2013).「アスペクトの習得―なにがなぜむずかしいのか」『ことばと文化』16, 77–88.

吉村紀子 (2014).「省略分裂文の構造と機能」『日本語文法学会第 15 回大会予稿集』, 149–156.

吉村紀子・中山峰治 (2010a).『海外短期英語研修と第 2 言語習得』, 東京：ひつじ書房.

吉村紀子・中山峰治 (2010b).「臨界期説と化石化現象―日本語母語英語学習者からの考察」『中部地区英語教育学会紀要』39, 161–166.

吉村紀子・中山峰治 (2017).「主語繰り上げ構文の第二言語習得―経験者句・A- 移動・インターベンション」第二言語習得学会第 17 回年次大会口頭発表資料.

吉村紀子・中山峰治・藤森敦之 (2016).「日本語の応答ストラテジー―第二言語習得

からの展望」『第二言語習得研究会第 27 回全国大会予稿集』, 65–71.

吉村紀子・仁科明（2004）.「分裂文の意味と構造―古代語と九州方言の接点」『ことばと文化』7, 55–72.

Abe, Jun. (1997). The Locality of *zibun* and logophoricity. Researching and verifying an advanced theory of human language, *COE Research Report*, 595–626. Chiba: Kanda University of International Studies.

Akiyama, Yasuhiro. (2002). Japanese adult learners' development of the locality condition on English reflexives. *Studies in Second Language Acquisition, 24*, 27–54.

Ananth, Priya. (2007). *Acquisition of Tense and Aspect in Toki 'When' Clauses in Japanese as a Second/Foreign Language*. Ph.D. dissertation. Columbus, OH: The Ohio State University.

Andersen, Roger W. & Shirai, Yasuhiro. (1994). Discourse motivations for some cognitive acquisition principles. *Studies in Second Language Acquisition, 16*, 133–156.

Bard, Gurman E., Robertson, Dan & Sorace, Antonela. (1996). Magnitude estimation of linguistic acceptability. *Language, 72*, 32–68.

Bardovi-Harlig, Kathleen. (2000). *Tense and Aspect in Second Language Acquisition: Form, Meaning and Use*. Oxford: Blackwell.

Barss, Andy. (1986). *Chains and Anaphoric Dependence: On Reconstruction and Its Implications*. Ph.D. dissertation. Cambridge, MA: MIT.

Beck, Maria-Luise. (1998). L2 acquisition and obligatory head movement: English-speaking learners of German and the local impairment hypothesis. *Studies in Second Language Acquisition, 20*, 311–348.

Becker, Misha. (2005a). Learning verbs without arguments: The case of raising verbs, *Journal of Psycholinguistic Research, 34*, 165–191.

Becker, Misha. (2005b). Raising, control, and the subset principle, *Proceedings of the 24th West Coast Conference on Formal Linguistics*, 52–60.

Becker, Misha. (2007). Animacy, expletives, and the learning of the raising-control distinction, *Proceedings of Generative approaches to language acquisition North America, 2*, 12–20.

Beckman, E. Mary & Pierrehumbert, Janet B. (1986). Intonational structure in English and Japanese. *Phonology Yearbook, 3*, 255–309.

Belletti, Adriana. (2007). Answering strategies. A view from acquisition. In Baauw, S., Drijkoningen, F. & Pinto, M. (Eds.), *Romance Languages and Linguistic Theory 2005*, 19–38. Amsterdam: Benjamins Publications.

Belletti, Adriana. (2008). Acquisition meets comparison. Some notes, *Proceedings of Gala 2007*, 70–80.

Belletti, Adriana, Bennati, Elisa & Sorace, Antonella. (2007). Theoretical and developmental issues in the syntax of subjects: Evidence from near-native Italian. *Natural Language and Linguistic Theory, 25*, 657–689.

Belletti, Adriana & Chiara, Leonini. (2004). Subject inversion in L2 Italian. In Foster-Cohen, S. Sharwood-Smith, M., Sorace, A. & Ota, M. (Eds.), *EUROSLA yearbook, 4*, 95–118.

Belletti, Adriana & Rizzi, Luigi. (2013). Ways of avoiding intervention: Some thoughts on the development of object relatives, passives, and control. In Piattelli-Palmarini, M. & Berwick, R. C. (Eds.), *Rich Languages from Poor Inputs*, 115–126. Oxford, UK: Oxford University Press.

Berwick, Robert C. (1985). *The Acquisition of Syntactic Knowledge*. Cambridge, MA: MIT Press.

Berwick, Robert C., Chomsky, Noam & Piattelli-Palmarini, Massiomo. (2013). Poverty of the stimulus stands: Why recent challenges fail. In Piattelli-Palmarini, M. & Berwick, R. C. (Eds.), *Rich Languages from Poor Inputs*, 19–42. Oxford, UK: Oxford University Press.

Boeckx, Cedric, Hornstein, Norbert & Nnes Jairo. (2010). *Control as Movement*. Cambridge: Cambridge University Press.

Birdsong, David. (2005). Interpreting age effects in second language acquisition. In Kroll, J. F. & De Groot, A. M. B. (Eds.), *Handbook of Bilingualism: Psycholinguistic Approach*, 109–127. Oxford, UK: Oxford University Press.

Borer, Hagit & Wexler, Kenneth. (1987). The maturation of syntax. In Roeper, T. & Williams, E. (Eds.), *The Syntax of Pronominal Clitics, Syntax and Semantics 19*, 175–217. San Diego, CA: Academic Press.

Broselow, Ellen & Finer, Daniel. (1991). Parameter setting in second language phonology and syntax. *Second Language Research, 7*, 35–59.

Chafe, Wallace. (1980). *The Pear Stories: Cognitive, Cultural, and Linguistic Aspects of Narrative Production*. Norwood, NJ: Ablex Publishing Corporation.

Chien, Yu.-Chin & Wexler, Kenneth. (1990). Children's knowledge of locality conditions in binding as evidence for the modularity of syntax and pragmatics. *Language Acquisition, 1*, 225–295.

Choe, Jinsun. (2010). What seems to be real may be illusory: Acquisition of raising with an experiencer. In Danis, N., Mesh, K. & Sung, H. (Eds.), *Proceedings of the 35th Annual Boston University Conference on Language Development*, 110–118. Somerville, MA: Cascadilla Press.

Choe, Jinsun. (2012). Children seem to know: raising and intervention in child language. Honolulu, HI: University of Hawai'i at Mānoa dissertation.

Choe, Jinsun. (2015). Raising over an experiencer in English L2 acquisition. ms. Hankuk University of Foreign Studies.

Choe, Jinsun & Deen, Kamil. (2016). Children's difficulty with raising: A performance account. *Language Acquisition, 23*, 112–141.

Choe, Jinsun, Deen, Kamil & O'Grady, William. (2014). Children seem to know raising: Intervention effects in child language. In Santana-LaBarge, R. E. (Ed.), *Proceedings of the 31st West Coast Conference on Formal Linguistics*, 107–114.

Chomsky, Carol. (1969). *The Acquisition of Syntax in Children from 5 to 10*. Cambridge, MA: MIT Press.

Chomsky, Noam. (1955). *The Logical Structure of Linguistic Theory*. Published in (1975). Chicago, IL: The University of Chicago Press.

Chomsky, Noam. (1957). *Syntactic Structures*. The Hague: Mouton & Co.

Chomsky, Noam. (1973). Conditions on transformations. In Anderson, S. R. & Kiparsky, P. (Eds.), *A Festschrift for Morris Hale*, 232–286. New York: Holt, Rinehart and Winston.

Chomsky, Noam. (1977). *Essays on Form and Interpretation*. Amsterdam: North Holland.

Chomsky, Noam. (1981). *Lectures on Government and Binding*. Dordrecht: Foris Publications.

Chomsky, Noam. (1986). *Knowledge of Language: Its Nature, Origin, and Use*. London: Praeger.

Chomsky, Noam. (1988). *Language and the Problems of Knowledge*. Cambridge, MA: MIT Press.

Chomsky, Noam. (1993). A Minimalist program for linguistic theory. In Hale, K. & Keyer, S. J. (Eds.), *The View from Building 20: Essays in Linguistics in Honor of Sylvain Bromberger*, 1–52. Cambridge, MA: MIT Press.

Chomsky, Noam. (1995). *The Minimalist Program*. Cambridge, MA: MIT Press.

Chomsky, Noam. (2000). Minimalist inquiries: The framework. In Martin, R., Michaels, D. & Uriagereka, J. (Eds.), *Step by Step: Essays on Minimalist Syntax in Honor of Howard Lasnik*, 89–155. Cambridge, MA: MIT Press.

Chomsky, Noam. (2001). Derivation by Phase. In Kenstowicz, M. (Ed.), *Ken Hale: A Life in Language*, 1–52. Cambridge, MA: MIT Press.

Clancy, Pat. (1980). Referential choice in English and Japanese narrative discourse. In Chafe, W. L. (Ed.), *The Pear Stories, Cognitive, Cultural, and Linguistic Aspects of NarrativePproduction*, 127–202. Norwood, NJ: Ablex Publishing Corp.

Cole, Jennifer, Mo, Yoonsook & Hasegawa-Johnson, Mark. (2010). Signal-based and expectation-based factors in the perception of prosodic prominence. *Laboratory Phonology, 1*, 425–452.

Collins, Christopher. (2005). A smuggling approach to raising in English. *Linguistics Inquiry, 36*, 289–298.

Comrie, Bernard. (1976). *Aspect*. Cambridge: Cambridge University Press.

Crain, Stephen & McKee, Cecile. (1985). Acquisition of structural restrictions on anaphora. *Proceedings of the North Eastern Linguistic Society, 16*, 94–110.

Crain, Stephen & Thornton, Rosalind. (1998). *Investigations in Universal Grammar: A Guide to Experiments on the Acquisition of Syntax and Semantics*. Cambridge: MA: MIT Press.

Cromer, Richard F. (1970). Children are nice to understand: Surface structure clues for the recovery of a deep structure. *British Journal of Psychology, 61*, 397–408.

De Villiers, Jill, Roeper, Thomas & Vainikka, Anne. (1990). The acquisition of long-distance rules In Frazier, L. & de Villiers, J. (Eds.), *Language Processing and Language Acquisition*, 257–297. New York: Springer.

Demirci, Mahide. (2001). Acquisition of binding of English reflexives by Turkish L2 learners: A Neo-Gricean pragmatic account. *Journal of Pragmatics, 33*, 753–775.

DeKeyer, Robert M. (2000). The robustness of critical period effects in second language acquisition. *Studies in Second Language Acquisition, 22*, 499–533.

DeKeyser, Robert, and Larson-Hall, Jennifer. (2005). What does the critical period really mean? In Kroll, J. F. & De Groot, A. M. B. (Eds.), *Handbook of Bilingualism: Psycholinguistic Approaches*, 88–108. Oxford, UK: Oxford University Press.

Dominguez, Laura, Arche, Maria J. & Myles, Florence. (2011). The Emergence and development of the tense-aspect system in L2 Spanish. *Proceedings of Boston University Conference on Language Development, 35,* 183–196. Summerville, MA: Cascadilla Press.

Embick, David & Marantz, Alec. (2008). Architecture and blocking. *Linguistic Inquiry, 39,* 1–53.

Erickson, Erik J. (1987). *The Little Match Girl.* Milwaukee, WI: Gareth Stevens, Inc.

Eubank, Lynn, Bischof, Janine, Huffstutler, April, Leek, Patricia & West, Clint. (1997). Tom eats slowly cooked eggs: Thematic–verb raising in L2 knowledge. *Language Acquisition, 6,* 171–199.

Finer, Daniel & Broselow, Ellen. (1986). Second language acquisition of reflexive binding. *Proceedings of the North Eastern Linguistic Society, 16,* 154–168.

Flynn, Susan. (1987). *A Parameter-setting Model of L2 Acquisition. Experimental Studies in Anaphora.* Dordrecht: Reidel Publishing.

Flynn, Susan. (2009). UG and L3 acquisition: New insights and more questions. In Leung, Y.-K. I. (Ed.), *Third Language Acquisition and Universal Grammar,* 71–88. Bristol: Multilingual Matters.

Franceschina, Florencia. (2001). Morphological or syntactic deficits in near-native speakers? An assessment of some current proposals. *Second Language Research, 17,* 213–247.

Friedmann, Naama, Belletti, Adriana & Rizzi, Luigi. (2009). Relativized relatives: Types of intervention in the acquisition of A-bar dependencies. *Lingua, 119,* 67–88.

Fujimori, Atsushi, Yoshimura, Noriko, Nakayama, Mineharu, Sawasaki, Koichi & Takeda, Shuichi. (2013) Acquisition of English perfectives by Japanese adult learners. *Ars Linguistica, 20,* 62–72.

Fujimori, Atsushi, Yoshimura, Noriko, Nakayama, Mineharu & Sawasaki, Koichi. (2015). L2 acquisition of *teiru:* Speech time and feature assembly. *Ars Linguistica, 22,* 89–104.

Fujimori, Atsushi, Yoshimura, Noriko & Yamane, Noriko. (2015). Japanese learners' acquisition of English L2 prosody. L1 transfer and effects of classroom instruction. *Ars Lingui*stica, *22,* 105–118.

Fujimori, Atsushi, Yoshimura, Noriko & Yamane, Noriko. (2016). Interlanguage prosody in English dialogs and narratives: An L1 transfer issue. 『中部地区英語教育学会紀要』45, 9–14.

Fujimori, Atsushi, Yamane, Noriko & Yoshimura, Noriko. (2017). The acquisition of prosodic focus marking in English dialogs and narratives. *Proceedings of Pacific Second Language Research Forum 2016,* 53–57.

Gabriele, Alison. (2009). Transfer and transition in the SLA of aspect. *Studies in Second Language Acquisition, 31,* 371–402.

Gabriele, Alison & Canales, Alonso. (2011). No time like the present: Examining transfer at the interfaces in second language. *Lingua, 121,* 670–687.

Gabriele, Alison & Hughes, Mamori Sugita. (2015). Tense and aspect in Japanese as a second language. In Nakayama, M. (Ed.), *Handbook of Japanese Psycholinguistics,* 271–302. Berlin: De Gruyter Mouton.

Gabriele, Alison & Martohardjono, Gita. (2005). Investigating the role of transfer in the L2 acquisition of aspect. In Dekydtspotter, L., Sproouse, R. A. & Liljestrand, A. (Eds.), *Proceedings of GASLA, 7*, 96–110. Somerville, MA: Cascadilla Press Web Proceedings Project.

Gabriele, Alison, Martohardjono, Gita & McClure, William. (2003). Why swimming is just as difficult as dying for Japanese learners of English. *ZAS Papers in Linguistics, 29*, 85–103.

Gabriele, Alison & McClure, William. (2011). Why some imperfective are interpreted imperfectly: A study of Chinese learners of Japanese. *Language Acquisition, 18*, 39–83.

Gibson, Edward. (2000). The dependency locality theory: A distance-based theory of linguistic complexity. *Image, Language, Brain*, 95–126.

Goad, Heather. (2008). Prosodic transfer in second language acquisition. Paper Presented at the Ohio State University, May 30.

Goad, Heather & White, Lydia. (2004). Ultimate attainment of L2 inflection: effects of L1 prosodic structure. In Foster-Cohen, S. (Ed.), *EUROSLA Yearbook, 4*, 119–145. Amsterdam: John Benjamins.

Goodluck, Helen, Terzi, Arhonto & Diaz, Gema C. (2001). The acquisition of control crosslinguistically: Structural and lexical factors in learning to license PRO. *Journal of Child Language, 28*, 153–172.

Goss, Seth & Nakayama, Mineharu. (2011). Prosody and comprehension in oral reading by L2 Japanese learners. *Second Language, 10*, 33–50.

Gut, Ulrike & Pillai, Stefanie. (2014). Prosodic marking of information structure by Malaysian speakers of English. *Studies in Second Language Acquisition, 36*, 283–302.

Haig, John. (1980) Some observations on quantifier floating in Japanese. *Linguistics, 18*, 1065–1083.

Halle, Morris & Marantz, Alec. (1993). Distributed morphology and the pieces of inflection. In Hale, K. & Keyser, S. J. (Eds.), *The View from Building 20: Essays in Honor of Sylvain Bromberger*, 111–176. Cambridge, MA: MIT Press.

Hawkins, Roger. (2000). Persistent selective fossilisation in second language acquisition and the optimal design of the language faculty. *Essex Research Reports in Linguistics, 34*, 75–90.

Hawkins, Roger. (2001). *Second Language Syntax: A Generative Introduction*. Oxford, UK: Blackwell.

Hawkins, Roger. (2005). Explaining full and partial success in the acquisition of second language grammatical properties. *Second Language, 4*, 7–25.

Hawkins, Roger & Chan, C. Y.-H. (1997). The partial availability of Universal Grammar in second language acquisition: The failed functional features hypothesis. *Second Language Research, 13*, 187–226.

Hawkins, Roger & Hattori, Hajime. (2006). Interpretation of English multiple Wh-questions by Japanese speakers: A missing uninterpretable feature account. *Second Language Research, 22*, 269–301.

Hawkins, Roger & Liszka, Sarah. (2003). Locating the source of defective past tense marking in advanced L2 English speakers. In van Hout R., Kuiken, F. & Towell, R. J. (Eds.), *The Lexicon-syntax Interface in Second Language Acquisition*, 21–44.

Amsterdam: John Benjamins.

Haznedar, Belma. (2001). The acquisition of the IP system in child L2 English. *Studies in Second Language Acquisition, 23*, 1–39.

Haznedar, Belma & Schwartz, Bonnie D. (1997). Are there optimal infinitives in child L2 acquisition? *Proceedings of the 21st Annual Boston University Conference on Language Development*, 257–268. Somerville, MA: Cascadilla Press.

Heycock, Caroline. (2008). Japanese -wa, -ga, and information structure. In Miyagawa, S. & Saito, M. (Eds.), *The Oxford handbook of Japanese linguistics*, 54–83. NY: Oxford University Press.

Heycock, Caroline, Hansen, Zakaris & Sorace, Antonela. (2010). V-to-I and V2 in subordinate clauses: An investigation of Faroese in relation to Icelandic and Danish. *Journal of Comparative Germanic Linguistics, 13*, 61–97.

Higginbotham, James. (1983). Logical form, binding, and nominals. *Linguistic Inquiry, 14*, 395–420.

Hirakawa, Makiko. (1990). A study of the L2 acquisition of English reflexives. *Second Language Research, 6*, 60–85.

Hirakawa, Makiko. (2016). Tense and aspect in L2 Japanese by Chinese-speaking and Tagalog-speaking children. *Studies in Language Sciences*, 15, 21–46.

Hirata, Yukari. (2015). L2 phonetics and phonology. In Kubozono, H. (Ed.), *Handbook of Japanese Phonetics and Phonology*, 719–762. Berlin: De Gruyter Mouton.

Hirose, Yuki. (2015). Resolution of branching ambiguity and the role of prosody. In Nakayama, M. (Ed.), *Handbook of Japanese Psycholinguistics*, 329–351. Berlin: De Gruyter Mouton.

Hirsch, Cristopher & Wexler, Kenneth. (2007). The late development of raising: What children seem to *think* about *seem*. In Davies, W. D. & Dubinsky, S. (Eds.), *New Horizons in the Analysis of Control and Raising,* 35–70. Dordrecht: Springer.

Hirsch, Christopher, Orfitelli, Robyn & Wexler, Kenneth. (2007). When seem means think: The role of the experiencer-phrase in children's comprehension of raising. In Belikova, A., Meroni, L. & Umeda, M. (Eds.), *Proceedings of the 2nd Conference on Generative Approaches to Language Acquisition North America*, 135–146. Somerville, MA: Cascadilla Proceedings Project.

Hirsch, Cristopher, Orfitelli, Robyn & Wexler, Kenneth. (2009). The acquisition of raising reconsidered. In Gavarro, A. & Freitas, M. J. (Eds.), *Proceedings of the Conference on Generative Approaches to Language Acquisition*, 253–262. Cambridge, UK: Cambridge Scholars Press.

Hoji, Hajime. (1985) *Logical Form Constraints and Configurational Structures in Japanese*. Ph. D. dissertation. Seattle: University of Washington.

Hoji, Hajime. (1990). *Theories of Anaphora and Aspects of Japanese Syntax. ms*, University of Southern California.

Hoji, Hajime. (1991) Kare. In Georgopoulos, C. & Ishihara, R. (Eds.), *Interdisciplinary Approaches to Language: Essays in Honor of S.-Y. Kuroda*, 287–304. Dordrecht: Kluwer.

Hong, Sungshim & Nakayama, Mineharu. (2017). KARE and bound variable interpretations by Korean speaking learners of Japanese. In Nakayama, M., Su,

Y. & Huang, A. (Eds.), *Studies in Chinese and Japanese Language Acquisition: In Honor of Stephen Crain*. 85–106. Amsterdam: John Benjamins.

Hornstein, Nobert. (1999). Movement and control. *Linguistic Inquiry, 30*, 69–96.

Hornstein, Nobert. (2001). *Move! A Minimalist Theory of Cconstrual*. Oxford: Blackwell.

Hornstein, Nobert & Polinsky, Maria. (2008). Control as movement: Across languages and constructions. In Hornstein, N. & Polinsky, M. (Eds.), *Movement Theory of Control*. Amsterdam: John Bnjamins.

Huang, James C.-T. & Tang, Jane C.-C. (1991). The local nature of the long-distance reflexive in Chinese. In Koster, J. & Reuland, E. (Eds.), *Long-Distance Anaphora*, 263–282. Cambridge: Cambridge University Press.

Hyams, Nina & William, Snyder. (2005). Young children never smuggle: reflexive clitics and the universal freezing hypothesis. Paper presented at the 30th Annual Boston University Conference on Language Development, Boston, MA.

Inoi, Shin'ichi. (2008). *A Discourse Analysis of Japanese EFL Learners' Production of Referential Expressions in Written English Narratives*. Doctoral dissertation. Sendai: Tohoku University.

Ionin, Tania & Wexler, Kenneth. (2002). Why is 'is' easier than '-s'?: Acquisition of tense/agreement morphology by child second language learners of English. *Second Language Research, 18*, 95–136.

Ishihara, Shinichiro. (2000). Stress, focus, and scrambling in Japanese. *MIT Working Papers in Linguistics, 39*, 151–185.

Ito, Miyoko. (2003). The interpretation of pronouns by Japanese learners of English. In Foster-Cohen, S. H. & Doehler, S. P. (Eds.), *EUROSLA Yearbook 3*, 29–56. Amsterdam: John Benjamins.

Itomitsu, Masayuki & Nakayama, Mineharu. (2005). *Japanese Language Proficiency Test: Practice Test*. Unpublished manuscript, The Ohio State University.

Jackendoff, Ray. (1972). *Semantic Interpretation in Generative Grammar*. Cambridge, MA: MIT Press.

Jaeggli, Osvaldo. (1984). Subject extraction and the null subject parameter. *NELS, 14*, 132–153.

Jaeggli, Osvaldo. (1986). Passive. *Linguistic Inquiry, 17*, 587–622.

Jaeggli, Osvaldo & Safir, Ken. (1989). The null subject parameter and parametric theory. In Jaeggli, O. & Safir, K. (Eds.), *The Null Subject Parameter*, 1–44. Dordrecht: Kluwer.

Johnson, Jacqueline S. & Newport, Ellisa L. (1989). Critical period effects in second language learning: The influence of maturational state on the acquisition of English as a second language. *Cognitive Psychology, 21*, 60–99.

Johnson, Jacqueline S. & Newport, Ellisa L. (1991). Critical period effects on universal properties of language: The status of subjacency in the acquisition of a second language. *Cognition, 39*, 215–258.

Kahraman, Barış & Nakayama, Mineharu. (2015). Interpretations of *kare/kanojo* by Turkish speaking learners of Japanese. *Ars Linguistica, 21*, 18–38.

Kaneko, Asuka. (2005). *Successive Cyclic Wh-movement in Second Language Acquisition*. M.A. thesis. Shizuoka: University of Shizuoka.

Kanno, Kazue. (1997). The acquisition of null and overt pronominals in Japanese by

English speakers. *Second Language Acquisition, 5,* 317–332.

Kanno, Kazue. (1998). The stability of UG principles in second language acquisition: Evidence from Japanese. *Linguistics, 36,* 1125–1146.

Kano, Akihiro & Nakayama, Mineharu. (2004). Variable binding and *zibun* in L2 Japanese. *Ars Linguistica, 11,* 41–67.

Kawasaki, Reo. (2014). *The Acquisition of Past Tense by Japanese EFL Learners.* MA thesis. Shizuoka: University of Shizuoka.

Kayne, Richard. (1994). *The Antisymmetry of Syntax.* Cambridge, MA: MIT Press.

Kiss, Katalin É. (1998). Identification focus vs. information focus. *Language, 74,* 245–273.

Kiss, Katalin É. (2010). Structural focus and exhaustivity. In Zimmermann, M. & Féry, C. (Eds.), *Information Structure: Theoretical, Typological and Experimental Perspectives,* 64–88. Oxford: Oxford University Press.

Klassen, Jeffrey. (2013). Second language acquisition of English focus prosody: Evidence from Spanish native speakers. *Proceedings of the 12th Generative Approaches to Second Language Acquisition Conference,* 76–84.

Kondo, Takako & Yoshimura, Noriko. (2016). Acquiring answering strategies in English. *Journal of International Relations and Comparative Culture, 14,* 79–91.

Kubozono, Haruo. (1993). *The Organization of Japanese Prosody.* Tokyo: Kurosio.

Kuno, Susumu. (1973). *The structure of the Japanese language.* Cambridge, MA: MIT Press.

Kuribara, Chieko. (2003). Subjects and verbal inflections in SLA: In defense of "full transfer /limited access" model.『外国語教育研究』5, 17–40.

Kuroda, Shige-Yuki. (1965). *Generative Studies in the Japanese Language.* Ph.D. dissertation. Cambridge, MA: MIT.

Kuroda, Shige-Yuki (1983). What can Japanese say about Government and Binding. *West Coast Conference on Formal Linguistics, 2,* 153–164.

Kuroda, Shige.-Yuki. (1988). Whether we agree or not: A comparative syntax of English and Japanese. *Linguisticae Investigations, 12,* 1–47.

Ladd, Robert D. (1980). *The Structural Intonation Meaning: Evidence from English.* Bloomington, IN: Indiana University Press.

Landau, Idan. (2000). *Elements of Control: Structure and Meaning in Infinitival Constructions.* Dordrecht: Kluwer.

Landau, Idan. (2006). Severing the distribution of PRO from Case. *Syntax, 9,* 153–170.

Landau, Idan. (2015). *A Two-Tiered Theory of Cotrol.* Cambridge, MA: MIT Press.

Lardiere, Donna. (1998a). Case and tense in the 'fossilized' steady state. *Second Language Research, 14,* 1–26.

Lardiere, Donna. (1998b). Dissociating syntax from morphology in a divergent end-state grammar. *Second Language Research, 14,* 359–375.

Lardiere, Donna. (2000). Mapping features to forms in second language acquisition. In Archibald, J. (Ed.), *Second Language Acquisition and Linguistic Theory,* 102–129. Malden, MA: Blackwell.

Lardiere, Donna. (2005). On morphological competence. *Proceedings of the 7th Generative Approaches to Second Language Acquisition Conference,* 178–192. Somerville, MA: Cascadilla.

Lardiere, Donna. (2008). Feature-assembly in second language acquisition. In Liceras, J. M., Zobl, H. & Goodluck, H. (Eds.), *The Role of Formal Features in Second Language Acquisition*, 106–140. New York: Lawrence Erlbaum.

Lardiere, Donna. (2009). Some thoughts on the contrastive analysis of features in second language acquisition. *Second Language Research, 25*, 172–227.

Lasnik, Howard & Saito, Mamoru. (1984). On the nature of proper government. *Linguistic Inquiry, 15*, 235–289.

Lenneberg, Eric H. (1967). *Biological Foundations of Language.* New York: Wiley.

MacDonald, Danica. (2014). Learning questions in an L2: Koreans learning English question intonation. *Working Papers in Linguistics, 28*, 64–80.

MacDonald, Jonathan E. (2008). Domain of aspectual interpretation, *Linguistic Inquiry, 39*, 128–147.

Makino, Takayoshi. (1981). *Acquisition Order of English Morphemes by Japanese Adolescents.* Tokyo: Shinozaki Shorin Press.

Manzini, Rita M. & Wexler, Kenneth. (1987). Parameters, binding theory, and learnability. *Linguistic Inquiry, 18*, 413–444.

Masumoto, Ayaka. (2008). *Overt Pronouns and Bound Variable Reading in L2 Japanese.* M.A. thesis. Columbus, OH: The Ohio State University.

Masumoto, Ayaka & Nakayama, M. (2014). Interpretations of the overt pronouns in L2 Japanese. *Studies in Language Sciences, 13*. 146–165.

May, Robert. (1977). *The Grammar of Quantification.* Ph.D. dissertation. Cambridge, MA: MIT.

Mayer, Mercer. (2003). *Frog, Where Are You?* New York, NY: Dial Books for Young Readers.

McDaniel, Dana, Cairns, Helen S. & Hsu, Jennifer R. (1990/1991). Control principles in the grammars of young children. *Language Acquisition, 1*, 297–335.

Mo, Yoonsook. (2011). *Prosody Production and Perception with Conversational Speech.* Ph. D. dissertation. Hyde Park, IL: University of Illinois.

Mo, Yoonsook, Cole, Jennifer & Lee, Eunkyung. (2008). Naïve listeners' prominence and boundary perception. *Proceedings of the 4th Speech Prosody Conference*, 735–738. Campinas, Brazil.

Montalbetti, Mario M. (1984). *After Binding: On the Interpretation of Pronouns.* Ph.D. dissertation. Cambridge, MA: MIT.

Montrul, Silvina & Slabakova, Roumyana. (2003). Competence similarities between natives and near-native speakers: An investigation of the preterit/imperfect contrast in Spanish. *Studies in Second Language Acquisition, 25*, 351–398.

Mourelatos, Alexander P. (1981). Event, processes, and states. In Tedeschi, P. J. & Zaenen, A. (Eds.) *Syntax and Semantics 14: Tense and Aspect*, 191–212. New York: Academic Press.

Murakami, Akira. (2013). *Individual Variation and the Role of L1 in the L2 Development of English Grammatical Morphemes: Insights From Learner Corpora.* Ph.D. dissertation. Cambridge, UK: University of Cambridge.

Nakau, Minoru. (1976). Tense, aspect, and modality. In Shibatani, M. (Ed.), *Syntax and Semantics 5: Japanese Generative Grammar*, 421–482. New York: Academic Press.

Nakayama, Mineharu & Yoshimura, Noriko. (2008). Skill development in a short-term English study abroad program. In Wong, C. (Ed.), *Selected Papers from the 2006 Annual Research Forum of the Linguistic Society of Hong Kong*, 55–66. Hong Kong: Linguistic Society of Hong Kong.

Nakayama, Mineharu & Yoshimura, Noriko. (2015). The modularity of Grammar in L2 acquisition. In Nakayama, M. (Ed.), *Handbook of Japanese Psycholinguistics*, 235–270. Berlin: De Gruyter Mouton.

Nakayama, Mineharu, Yoshimura, Noriko & Fujimori, Atsushi. (2016). Control constructions produced by Japanese speaking learners of English. *Kyushu University Papers in Linguistics, 36, Papers in Memory of the Late Professor Tsutomu SAKAMOTO*, 239–253.

Nakayama, Mineharu, Yoshimura, Noriko & Fujimori, Atsushi. (2017). *Japanese EFL learners' Interpretations of reflexives and pronouns in control*. Paper presented at International Conference on Theoretical East Asian Psycholinguistics 2017, Chinese University of Hong Kong, March 10–12.

Nakayama, Mineharu, Yoshimura, Noriko & Sawasaki, Koichi. (2014). Sensitivity to the continuity in speech time: Acquisition of TE IRU by JSL learners. *The 8th International Conference on Practical Linguistics of Japanese Conference Handbook*, 188–191.

Nakayama, Mineharu, Yoshimura, Noriko & Tsuchiya, Shinsuke. (2015). Subject references in Japanese and English *Little Match Girl*: A case study. *Theoretical East Asian Linguistics 10 Conference Handbook*, 13–14.

Nakayama, Mineharu, Yoshimura, Noriko & Tsuchiya, Shinsuke. (2016). Referring to Cinderella in L2 Japanese: A preliminary study. In Nakayama, M., Yuasa, E., Xie, Z. & Chan, M. (Eds.), *Buckeye East Asian Linguistics 2: In Honor of Professor James Marshall Unger*, 58–68.

Nakayama, Mineharu & Xie, Zhiguo. (2016). Chinese speaking learners' bound variable interpretations in L2 Japanese. *North American Conference on Chinese Linguistics Handbook, 28*, 34–35.

Nava, Emily. (2008). Prosody in L2 acquisition. *Proceedings of the 9th Generative Approaches to Second Language Acquisition Conference*, 155–164.

Oku, Satoshi. (1998). A theory of selection and reconstruction in the Minimalist perspective. Ph.D. dissertation. Storrs, CT: University of Connecticut.

Otake, Takashi. (2015). Mora and mora-timing. In Kubozono, H. (Ed.), *Handbook of Japanese Phonetics and Phonology*, 493–524. Berlin: De Gruyter Mouton.

Oya, Shinobu. (2006). *The Acquisition of Bound Variables by Japanese EFL Learners*, M.A. thesis. Shizuoka: University of Shizuoka.

Pierrehumbert, Janet B. & Beckman, Mary E. (1988). *Japanese Tone Structure*. Cambridge, MA: MIT Press.

Pimentel, Carlos L. (2014). *Pronominal Interpretations in L2 Japanese*. Ph.D. dissertation. Columbus, OH: The Ohio State University.

Pimentel, Carlos L. & Nakayama, Mineharu. (2012a). Pronominal interpretations in L2 Japanese. *Journal of Japanese Linguistics, 28*, 111–131.

Pimentel, Carlos L. & Nakayama, Mineharu. (2012b). L2 pronominal interpretations revisited. *Handbook of 14th Annual Meeting of the Japan Society of Language*

236 |

Sciences, 155–156.

Pinker, Steven. (1984). *Language, Learnability, and Language Development*. Cambridge, MA: Harvard University Press.

Pinker, Steven. (1993). The acquisition of argument structure. In Nakajima, H. & Otsu, Y. (Eds.), *Argument Structure: Its Syntax and Acquisition*, 127–151. Tokyo: Kaitakusha.

Postal, Paul. (1993). Parasitic gaps and across-the-board phenomenon. *Linguistic Inquiry*, *24*, 735–754.

Prévost, Philippe. (2008). Knowledge of morphology and syntax in early adult L2 French: Evidence for the Missing Surface Inflection Hypothesis. In Liceras, J. M., Zobl, H. & Goodluck, H. (Eds.), *The Role of Formal Features in Second Language Acquisition*, 352–377. Mahwah, NJ: Lawrence Erlbaum Associates.

Prévost, Philippe & White, Lydia. (1999). Accounting for morphological variation in second language acquisition: Truncation or missing inflection? In Rizzi, L. & Friedemann, M.-A. (Eds.), *The Acquisition of Syntax: Issues on Comparative Developmental Linguistics*, 202–235. London: Longman.

Prévost, Philippe & White, Lydia. (2000). Missing surface inflection or impairment in second language acquisition? Evidence from tense and agreement. *Second Language Research*, *16*, 103–133.

Radford, Andrew. (1997). *Syntactic Theory and the Structure of English*. Cambridge, UK: Cambridge University Press.

Radford, Andrew. (2004). *English Syntax: An Introduction*. Cambridge, UK: Cambridge University Press.

Radford, Andrew. (2009). *An Introduction to English Sentence Structure*. Cambridge, UK: Cambridge University Press.

Reinhart, Tanya. (1976). *The Syntactic Domain of Anaphora*. Ph.D. dissertation. Cambridge, MA: MIT.

Reinhart, Tanya. (1981). Definite NP-anaphora and c-command domains. *Linguistic Inquiry*, *12*, 605–635.

Reinhart, Tanya. (1983). *Anaphora and Semantic Interpretation*. London: Croom Helm.

Reinhart, Tanya. (2006). *Interface Strategies*. Cambridge, MA: MIT Press.

Rizzi, Luigi. (1982). *Issues in Italian Syntax*. Dordrecht: Foris Publication.

Rizzi, Luigi. (1986). Null objects in Italian and the theory of pro. *Linguistic Inquiry*, *17*, 501–557.

Rizzi, Luigi. (1990). *Relativized Minimality*. Cambridge, MA: MIT Press.

Rochemont, Michael S. (1986). *Focus in Generative Grammar*. Amsterdam: John Benjamins.

Rosenbaum, Peter S. (1967). *The Grammar of English Predicate Constructions*. Cambridge, MA: MIT Press.

Ross, John R. (1967). *Constraints on Variables in Syntax*. Ph.D. dissertation. Cambridge, MA: MIT.

Safir, Ken. (2004). *The Syntax of Anaphora*. Oxford: Oxford University Press.

Saito, Mamoru. (1985). *Some Asymmetries in Japanese and Their Theoretical Implications*. Ph.D. dissertation. Cambridge, MA: MIT.

Saito, Mamoru & Hoji, Hajime. (1983). Weak crossover and move alpha in Japanese.

Natural Language and Linguistic Theory, 1 & 2, 245–259.

Sawasaki, Koichi, Terao, Yasushi & Shirahata, Tomohiko. (2014). The use of third-person pronouns in English learners' discourse: Compared with proper nouns: Preliminary study.『ことばと文化』17, 1–21.

Schachter, Jacquelyn. (1974). An error in error analysis. *Language Learning, 24*, 205–214.

Schwartz, Bonnie & Sprouse, Rex A. (1996). L2 cognitive states and the full transfer/full access hypothesis. *Second Language Research, 12*, 40–72.

Selinker, Larry. (1972). Interlanguage. *International Review of Applied Linguistics, 10*, 209–231.

Selkirk, Elisabeth O. (1984). *Phonology and Syntax: The Relation between Sound and Structure*. Cambridge: MIT Press.

Selkirk, Elizabeth & Tateishi, Koichi. (1991). Syntax and downstep in Japanese. In Georgpoulous, C. & Ishihara, R. (Eds.), *Interdisciplinary Approaches to Language: Essays in Honor of S.-Y. Kuroda*, 519–544. Dordrecht: Kluwer.

Sells, Peter. (1987). Aspects of logophoricity. *Linguistic Inquiry, 18*, 445–479.

Sheen, Ron. (2000). A response to Kanno's "The stability of UG principles in second-language acquisition: Evidence from Japanese". *Linguistics, 38*, 799–816.

Shibata, Takeshi & Hurtig, Richard. (2008). Prosody acquisition by Japanese learners. In Han, Z. (Ed.), *Understanding Second Language Process*, 176–204. Clevedon, UK: Multilingual Matters Ltd.

Shibuya, Mayumi & Wakabayashi, Shigenori. (2008). Why are L2 learners not always sensitive to subject-verb agreement? In Roberts, L., Myles, F. & David, A. (Eds.) *EUROSLA Yearbook, 8*, 235–258.

Shirahata, Tomohiko. (1988). The learning order of English grammatical morphemes by Japanese high school students.『大学英語教育学会紀要』19, 83–102.

Shirahata, Tomohiko, Yoshimura, Noriko, Nakayama, Mineharu & Sawasaki, Koichi. (2015). Japanese EFL learners' knowledge of coreference in tensed and infinitive constructions, *Studies in English Language and Literature, 35*, 57–70.

Shirai, Yasuhiro. (2002). The prototype hypothesis of tense-aspect acquisition in second language. In Salaberry, R. & Shirai, Y. (Eds.), *The L2 Acquisition of Tense-Aspect Morphology*, 451–474. Amsterdam: John Benjamins.

Slabakova, Roumyana. (2009). What is easy and what is hard to acquire in a second language? In Bowles M., Ionin, T., Montrul, S. & Tremblay, A. (Eds.), *Proceedings of the 10th Generative Approaches to Second Language Acquisition Conference*, 280–294. Somerville, MA: Cascadilla Proceedings Project.

Slabakova, Roumyana. (2014). The bottleneck of second language acquisition. *Foreign Language Teaching and Research, 46*, 543–559.

Smith, Carlota S. (1991). *The Parameter of Aspect*. Dordrecht: Kluwer.

Solomon, Eric S. & Pearlmutter, Neal J. (2004). Semantic integration and syntactic planning in language production. *Cognitive Psychology, 49*, 1–46.

Sorace, Antonella. (2011). Pinning down the concept of interface in bilingualism. *Linguistic Approaches to Bilingualism*, 1–33.

Sorace, Antonella & Filiaci, Francesca. (2006). Anaphora resolution in near-native speakers of Italian. *Second Language Research, 22,* 339–368.

Sugaya, Natsue & Shirai, Yasuhiro. (2007). The acquisition of progressive and resultative meanings of the imperfective aspect marker by L2 learners of Japanese: Transfer, universals, or multiple factors? *Studies in Second Language Acquisition, 29,* 1–38.

Sugita, Mamori. (2009). *Japanese -te* iru *and -te* aru: *The Aspectual Implications of the Stage-Level and Individual-Level Distinction.* Ph.D. dissertation. New York, NY: City University of New York.

Takezawa, Koichi. (1993). A comparative study of *omoe* and *seem.* In Nakajima, H. & Otsu, Y. (Eds.), *Argument Structure: Its Syntax and Acquisition,* 75–95. Tokyo: Kaitakusha.

Thomas, Margaret M. (1991). Universal grammar and the interpretation of reflexives in a second language. *Language, 67,* 211–239.

Thomas, Margaret M. (1993). *Knowledge of Reflexives in a Second Language.* Philadelphia: John Benjamins.

Thornton, Rosalind. & Wexler Kenneth. (1999). *Principle B, VP Ellipsis, and Interpretation in Child Grammar.* Cambridge, MA: MIT Press.

Tsang, Wai Lan. (2009). The L3 acquisition of Cantonese reflexives. In Leung, Y.-K.I. (Ed.), *Third Language Acquisition and Universal Grammar,* 192–219. Bristol: Multilingual Matters.

Tsimpli, Ianthi M. & Sorace, Antonella. (2006). Differentiating interfaces: L2 performance in syntax–semantics and syntax–discourse phenomena. *Proceedings of the 30th Annual Boston University Conference on Language Development,* 3–664. Somerville, MA: Cascadilla Press.

Tsuchiya, Shinsuke, Yoshimura, Noriko & Nakayama, Mineharu. (2015). Subject nouns in L2 Japanese storytelling: A preliminary study. *Ars Linguistica, 21,* 89–102.

Tsujimura, Natsuko. (2013). *An introduction to Japanese linguistics.* West Sussex, UK: Blackwell.

Ueyama, Motoko & Jun, Sun-Ah. (1998). Focus realization in Japanese English and Korean English intonation. *Japanese and Korean Linguistics, 7,* 629–645. Stanford, CA: CSLI.

Umeda, Mari. (2005). Wh-movement in Japanese-English interlanguage. In Brugos, A., Clark-Cotton, M. R. & Ha, S. (Eds.), *Proceedings of the 29th Annual Boston University Conference on Language Development,* 616–626. Sommerville, MA: Cascadilla.

Venditti, Jennifer J. (1994). The influence of syntax on prosodic structure in Japanese. In Venditti, J. J. (Ed.), *Papers from the Linguistics Laboratory. The Ohio State University Working Papers in Linguistics, 44,* 191–223.

Venditti, Jennifer J., Maekawa, Kikuo & Beckman, Mary E. (2008). Prominence marking in the Japanese intonation system. In Miyagawa, S. & Saito, M. (Eds.), *The Oxford Handbook of Japanese Linguistics,* 456–512. Oxford: Oxford University Press.

Vendler, Zeno. (1967). Verbs and times. In Vendler, Z. (Ed.), *Linguistics in Philosophy,* 97–121. Ithica, NY: Cornell University Press.

Wakabayashi, Shigenori. (1997) *The Acquisition of Functional Categories by Learners of English.* Ph.D. dissertation. Cambridge, UK: University of Cambridge.

Wakabayashi, Shigenori, Fukuda, Kazuhiko, Bannai, Masanori & Asaoka, Shoichi. (2007). Japanese speakers' sensitivity to third person singular -s in English: Arguments based on ERP data. *Second Language, 6,* 19–46.

Wakabayashi, Shigenori & Okawara, Izumi. (2003). Japanese learners' errors in long distance Wh-questions. In Wakabayashi, S. (Ed.), *Generative Approaches to the Acquisition of English by Native Speakers of Japanese,* 215–245. Berlin: De Gruyter Mouton.

Wexler, Kenneth. (1992). Some issues in the growth of control. In Larson, R. K., S. Lahiri, I. U. & Higginbotham, J. (Eds.), *Control and Grammar,* 253–295. Cambridge, MA: MIT Press.

Wexler, Kenneth. (2013). *Tough*-movement developmental delay. Another effect of phasal computation. In Berwick, R. C. & Piattelli-Palmarini, M. (Eds.), *Rich Languages from Poor Inputs,* 146–167. Oxford: Oxford University Press.

Wexler, Kenneth & Manzini, Rita M. (1987). Parameters and learnability in binding theory. In Roeper, T. & Williams, E. (Eds.), *Parameter Setting,* 41–76. Dordrech: Reidel Publishing Company.

White, Lydia. (1989). *Universal Grammar and Second Language Acquisition.* Amsterdam: John Benjamins.

White, Lydia. (1990). Second language acquisition and universal grammar. *Studies in Second Language Acquisition, 12,* 121–133.

White, Lydia. (2003). Fossilization in steady state L2 grammars: Persistent problems with inflectional morphology. *Bilingualism: Language and Cognition, 6,* 129–141.

White, Lydia. (2011). Second language acquisition at the interfaces. *Lingua, 121,* 577–590.

Yamada, Kazumi. (2005). *The Overt Pronoun Constraint and Null Objects in Second Language Japanese.* Ph.D. dissertation. Essex, UK: University of Essex.

Yamane, Noriko, Fujimori, Atsushi & Yoshimura, Noriko. (2015). Needs of explicit instructions of English prosody for Japanese EFL learners. 日本音韻論学会 Phonology Forum 2015, Osaka University.

Yamane, Noriko, Yoshimura, Noriko & Fujimori, Atsushi. (2016). Prosodic transfer from Japanese to English: Pitch in focus marking. *Phonological Studies, 19,* 97–104.

Yamashita, Yuka. (2007). *The Acquisition of Pied-Piping and Preposition Stranding by Japanese EFL Learners.* M.A. thesis. Shizuoka: University of Shizuoka.

Yamazaki, Tae. (2015). Consideration of a prosodic transfer account with reference to Japanese-speaking learners' production of functional morphemes in L2 English.『跡見学園女子大学文学部紀要』50, 89–108.

Yoshimura, Noriko. (1989). Parasitic pronouns. Paper presented at Southern California Conference on Japanese-Korean Linguistics, UCLA.

Yoshimura, Noriko. (1992). *Scrambling and Anaphora.* Ph.D. dissertation. Los Angeles, CA: University of Southern California.

Yoshimura, Noriko, Atsushi Fujimori & Tomohiko Shirahata. (2015). Focus and prosody in second language acquisition. *Journal of International Relations and*

Comparative Culture, 13, 21–36.

Yoshimura, Noriko & Nakayama, Mineharu. (2009a) Acquisition of two types of -*s* by Japanese EFL Learners: The role of L1 transfer. In Yang, Y-S., Tang, S-W., Kim, C., Yoon, J-Y., Kang, Y-S., Kim, K-A., Yoo, H., Jang, Y. & Kang, H-K. (Eds.), *Current Issues in Linguistic Interfaces, 2,* 253–263. Seoul, Korea: Hankook Munhwasa.

Yoshimura, Noriko & Nakayama, Mineharu. (2009b) Nominative case marking and verb inflection in L2 grammar: Evidence from Japanese college students' compositions. In Otsu, Y. (Ed.), *The Proceedings of the 2009 Tokyo Conference on Psycholinguistics,* 359–383. Tokyo: Hituzi Syobo.

Yoshimura, Noriko & Nakayama, Mineharu. (2010). Expletives in L2 English and narrow syntax. *Ars Linguistica, 17,* 161–175.

Yoshimura, Noriko & Nakayama, Mineharu. (2011). L2 acquisition of overt Wh-movement revisited. *Ars Linguistica, 18,* 194–216.

Yoshimura, Noriko & Nakayama, Mineharu. (2017). L2 acquisition of raising without an experiencer: A preliminary report. *The Japanese Society for Language Sciences 2017 Conference Handbook.*

Yoshimura, Noriko, Nakayama, Mineharu & Fujimori, Atsushi. (2015). Why can't obligatory control PRO participate in L2 English binding. In Sawasaki, K. & Terao, Y. (Eds.), *The Japanese Society for Language Sciences 2016 Conference handbook,* 134–137.

Yoshimura, Noriko, Nakayama, Mineharu, Fujimori, Atsushi & Sawasaki, Koichi. (2012). L3 acquisition of zibun by Chinese learners of Japanese, *Ars Linguistica, 19,* 133–144.

Yoshimura, Noriko, Nakayama, Mineharu, Fujimori, Atsushi & Sawasaki, Koichi. (2014a). L2 acquisition of grammatical aspect in English. In Chu, C-Y., Coughlin C. E., Prego B. L., Minai, U. Minai & Tremblay, A. (Eds.), *Selected Proceedings of the 5th Conference on Generative Approaches to Language Acquisition North America,* 140–149. Summerville, MA: Cascadilla.

Yoshimura, N, M. Nakayama, K. Sawasaki, & A. Fujimori (2014b). Without one to one morphosemantic relations between L1 and L2: A case study of Japanese-speaking learners' acquisition of English present perfect. A paper presented at the Conference on the Expression of Temporality by L2 Learners of French and English. Acquisition of Time, Aspect, Modality. University of Montpellier 3, France, May 2014.

Yoshimura, Noriko, Nakayama, Mineharu, Fujimori, Atsushi & Shimizu, Hiroya. (2015). Japanese learners' interpretation of PRO in English control structures. *IEICE Technical Report, 115*(176), 71–76. Tokyo: Institute of Electronics, Information and Communication Engineers.

Yoshimura, Noriko, Nakayama, Mineharu, Fujimori, Atsushi & Shimizu, Hiroya. (2016). Control and raising constructions in early L2 English acquisition. *Second Language, 15,* 53–76.

Yoshimura, Noriko, Nakayama, Mineharu, Fujimori, Atsushi & Shimizu, Hiroya. (2017). The Acquisition of control, raising, and *Tough* constructions among Japanese learners of English. In Hirakawa, M., Matthews, J., Otaki, K., Snape, N.

& Umeda, M.（Eds.）, *Proceedings of Pacific Second Language Research Form 2016*, 247–252.

Yoshimura, Noriko, Nakayama, Mineharu, Sawasaki, Koichi, Fujimori, Atsushi & Shimizu, Hiroya. (2012). L2 knowledge at the syntax-pragmatics interface: Interpretations of reflexives by Japanese, Korean, and Chinese ESL learners. *The Proceedings of the 13th Tokyo Conference on Psycholinguistics*, 303–323. Tokyo: Hituzi Syobo.

Yoshimura, Noriko, Nakayama, Mineharu, Sawasaki, Koichi, Fujimori, Atsushi & Kahraman, Barış. (2013). The development of long-distance *zibun*: Roles of L1 and L2 in L3 acquisition. In Otsu, Y. (Ed.), *The Proceedings of the 14th Tokyo Conference on Psycholinguistics*, 221–236. Tokyo: Hituzi Syobo.

Yoshimura, Noriko, Nakayama, Mineharu, Shirahata, Tomohiko, Sawasaki, Koichi & Terao, Yasushi. (2012). Locality and *zibun* in L2 Japanese. *Journal of Japanese Linguistics, 28*, 89–110.

Yuan, Boping. (1994). Second language acquisition of reflexives revisited. *Language, 70*, 539–545.

Yusa, Mayuko, Kim, Jungho, Yusa, Noriaki & Koizumi, Masatoshi. (2014). Subject-verb agreement attraction in production by Japanese learners of English. Paper presented as a poster at *The 20th Architectures and Mechanisms for Language Processing Conference*. The University of Edinburgh, Scotland, September 6.

Zhang, Ying. (2016). Subject nouns in the storytelling of *The Little Match Girl*. Abstract of the poster presented at the *Buckeye East Asian Linguistics Forum 2*, OSU.

Zubizarreta, Maria L. (1998). *Prosody, Focus, and Word Order*. Cambridge, MA: MIT Press.

Zubizarreta, Maria L. & Nava, Emily. (2011). Encoding discourse-based meaning: Prosody vs. syntax. Implications for second language acquisition. *Lingua, 121*, 652–669.

Zubizarreta, Maria L. & Vergnaud, Jean-Roger. (2005). Phrasal stress, focus, and syntax. In Everaert, M. & van Riemsdijk, H. (Eds.) *The Blackwell Syntax Companion*. Cambridge, UK: Blackwell.

索引

A

A-移動　126
appear 構文　119
ask 構文　41, 44
ask WH 構文　42
be V-ing　133, 136
CEFR　41, 203, 216
computation　146
C-統御　49
EPP　23, 106, 112
ERP　13
Feature Assembly Hypothesis　133
feature checking　23
form-before-meaning　139, 145
fossilization　132
Frog Story　169, 172
have V-en　133, 136
he　102
himself　52, 81
inter-language　132
intervention effect　111
intra-language　132
lexical insertion　143
logical form　4
narrow syntax　23
PF　4, 22
pro　86, 91, 97, 166, 212
PRO　70, 71, 72, 106, 109, 122, 126
prosodic boundary　185
PRO 主語欠如仮説　77
pro 脱落言語　182
P-スコア　201
seem 構文　119, 124
Sell-Out　30
smuggling approach　111, 115, 116, 119
think/say WH 構文　42, 44, 125
T-lowering　24
U 字型学習　182
V-ed　133

[+/−WH] 素性　5
WH-in situ　42
Wh-移動　5, 27, 28
WH-スクランブリング　34, 37
WH-疑問詞　81

あ

アスペクト　131
アスペクト仮説　154
後読み　156
誤り回避　145

依存位置理論　127
イタリア語　195, 211, 215
移動現象　5
移動操作　4
意味　4, 131
意味─形式　145
意味素性　133
意味部門　133
意味役割　130
インターフェイス理論　3
インプット　92, 154
インプット量　155
韻律境界　187
韻律構造　186

ウクライナ語　155

英語　66, 211
英語母語話者　215, 220

応答ストラテジー　6, 209, 210, 219
音声形式部門　143
音声波形　198, 206
音調　185

か

外国語習得　1
介在項　111, 118
介在効果現象　111, 122, 128, 129, 130
外部インターフェイス　4

索 引 | 243

書き出し 30, 83
核強勢 191, 196
学習指導 207
格助詞「が」 193
拡大投射 106
拡大投射原理 22
過去形 10, 140, 141, 146
可算名詞 17
過剰付与 11
化石化 8, 132
下接条件 8
カタカナ英語 185
「彼」 84, 92, 102, 166, 168
関係節 108
韓国語 52, 53, 157
韓国語学習者 195
韓国語母語話者 200
完了相 135

擬似代名詞 170
機能素性 153
機能範疇 20, 22, 143
疑問詞疑問文 27, 216
境界 185
狭義フォーカス 190
局所性 5, 50, 56, 57, 81, 102, 107, 122
虚辞代名詞 112, 114, 129, 212

空演算子 112, 113
空項 105
空主語パラミター 86
空代名詞 166
具現化 8, 143, 190
屈折形態素 134
屈折要素 5, 8, 49
屈折要素欠落仮説 143
繰り上げ構文 118

経験者句 106, 115, 118, 122, 124, 128,
　　130
経験者句の指示性 126, 127
形式素性 8, 20, 144
継続素性 147, 148

形態素 4, 5, 7, 8, 133, 143
形態素 -ed 10
形態統語部門 133
結果相 155
限界性 134
限界素性 138
言語習得機能 2
言語適正テスト 8
言語理論 2
現在完了形 132, 140, 146, 147, 149,
　　152
現在進行形 132, 140, 149, 152
顕在代名詞 5, 86, 88, 90, 165, 178, 212
顕在代名詞制約 85
原理とパラミター 5, 47

語彙化 143
語彙知識 124
語彙的アスペクト 134, 154
広義フォーカス 190
項構造 126
拘束形態素 15
後置詞句 213, 220
コピー・削除 29, 106
個別文法 2
固有名詞 169, 179
痕跡 106
コントロール構文 71, 105, 118, 119

さ
再帰代名詞 5, 36, 47, 48, 49, 76, 92, 99
再組立 153
再構築効果 34
最短距離原理 71, 72
最短距離の原則 109
最短牽引条件 32
削除 29, 146
サブセット原理 51, 52
作用域 34
3人称単数 5, 7, 8, 11

時間幅句 135

刺激の貧困 108
自己速度読解課題 12
指示読み 82, 84, 85
時制節 55, 58, 76
時節 156
自然対話 141
自分 60, 81, 84, 167
弱交差効果 83, 85
習慣読み 157
主語繰り上げ構文 105, 118, 119, 122
主語形容詞文 113
主語コントロール構文 71, 76, 108, 117, 121
主語省略言語 221
主語非繰り上げ構文 114
主題役割 106
主要部終端型 213
照応関係 47, 50, 108
上昇イントネーション 196
状態動詞 132, 135, 136
焦点化 190
焦点挿入型 211, 221
焦点右端型 211
情報提供 210
情報フォーカス 190
省略分裂文 211, 212, 217, 218, 222
助数詞 17
シラブル 184
真偽値判断課題 54, 62, 99
進行相 6, 131, 135
シンデレラ 178

数素性 13
数量詞 81, 91
スクランブリング 28, 30
ストーリーテリング 165, 203
スペイン語 192, 211
スペイン語母語話者 195, 200

成熟仮説 109
正の母語転移 126
接辞移動 22, 24
選択化石化 144

前置詞残留構文 37, 38, 44
前置詞随伴構文 37, 38, 44

相対最小性理論 72, 107, 110
束縛原理 48
束縛変項解釈 5, 81, 82, 88, 89, 90, 98, 99
束縛理論 48
素性 146
素性組立 145, 146
素性組立仮説 133, 145, 153, 162
素性照合 8, 23
素性選択 145, 146
素性目録 144

た

「た」 131, 133, 134, 136, 160
第三言語習得 70
第二言語素性目録 144
第二言語文法 3
対比フォーカス 190
代名詞 58, 76, 99, 165, 167, 169
代名詞省略 5
ダウンステップ 193, 194, 199, 203, 206
多項選択式 87
多重疑問詞疑問文 32, 45
達成動詞 135, 140
タフ構文 105, 113, 121
短距離束縛 50, 64
短母音 183
談話 4, 167
談話構造 165, 180

中間 WH- 移動 36
中間言語 3, 20, 41
中間文法 3, 14
中国語 9, 53, 60, 66, 93, 96, 179
長距離再帰代名詞 50
長距離束縛 50, 64
長母音 183

索引 | 245

「ている」 131, 133, 136, 149, 160
転移 3, 215

ドイツ語 155, 211, 215
ドイツ語母語話者 215
凍結効果 34
統語構造 4, 23
動作動詞 135
動詞句 134
同時読み 156
統率子 49
統率範疇 48, 49
統率範疇パラミター 49
到達動詞 132, 135, 140
「どの‥も」 90
トルコ語 9, 66, 93

な
内在化 102
内部インターフェイス 4

ニアネイティブ 11, 12, 141
日本語 53, 89, 193, 212
日本人英語学習者 196, 200, 205
人称代名詞 48, 49
認知能力 57

「の」 186
ノルウェー語 211, 212
ノンパラメトリック測定 101

は
派生構造 30
パフォーマンス 2, 20
パラミター 53, 81, 102
パラミター値再設定仮説 47, 51, 53,
　　70
反復名詞現象 175

非繰り上げ構文 118
非顕在代名詞 5, 71, 166, 170, 175, 176,
　　177, 179, 180, 212

左枝分かれ 186, 187, 189
左端 195
ピッチ 193, 197
ピッチ曲線 198, 204, 206, 207
ピッチパターン 193, 199
ピッチ幅 204, 207
非同一指示 57
非能格動詞 192
表示欠陥仮説 20, 33, 144
表層屈折要素欠落仮説 20, 22, 142,
　　145

フォーカス語句 191, 199, 202, 210,
　　213
フォーカスプロソディ 189, 192, 194,
　　198, 200
不可算名詞 17
付加詞 134
複合名詞句 186
不定詞節 58, 59, 70, 105
不定数量詞 81
部分的 WH- 移動 31
普遍素性目録 144
普遍文法 2, 103
プラート 188, 197
フランス語 211, 212, 213
フランス語母語話者 215
ブルガリア語 155
プロソディ 21, 183, 185, 188, 191, 196
プロソディ転移仮説 21
プロトタイプ仮説 155
プロミネンス 191, 197, 199, 204
文法項 83, 103, 191
文法項連鎖 112, 113
文法性判断課題 8, 12
文法的アスペクト 134, 135, 154
分裂文主語 212

ポーズ 183, 185, 186, 188
母語素性目録 144
母語転移 2, 142, 180, 196, 200, 216

ま

前読み　156
マグニチュード推定タスク　39
摩擦音　183
マッチ売りの少女　168, 169, 170, 173, 179, 180
マッピング　20, 24, 133, 145, 203

右枝分かれ　186, 187, 189
ミニマリスト・プログラム　22, 48, 110
「みんな」89

名詞　165, 169, 177
明示的指導　162, 218, 219
名詞反復現象　170, 171, 172, 174, 179, 180
名詞複数形　5, 8

モーラ　184
目的語　213, 220
目的語コントロール構文　71, 76, 108, 117
モジュール　3, 35

や

優位性効果　32
有生主語　170, 175

容認性判定テスト　39

ら

ラテン方格法　151

理解タスク　197
リズム　185
臨界期　2, 7
隣接性　189

「る」156

例外的格付与構文　75, 117
連続循環移動　29
連続循環 WH- 移動　37, 41
連動読み　82, 84

ロシア語　9, 155

吉村紀子（よしむら　のりこ）
静岡県立大学言語コミュニケーション研究センターセンター長・特任教授。
専門は言語学、第二言語習得。南カリフォルニア大学大学院言語学研究科
博士課程修了。Ph. D.（言語学）。昭和女子大学文学部講師、静岡県立大学国
際関係学部教授などを経て、現職。静岡大学教員免許更新講座「英語教師の
ための教育言語学」（2012 〜 2018）、日本言語学会夏期講座「第二言語習得」
（2016）担当。主著に『海外短期英語研修と第2言語習得』（中山峰治氏との共
著，ひつじ書房、2010）。論文多数。

中山峰治（なかやま　みねはる）
オハイオ州立大学東アジア言語文学科教授。専門は心理言語学。コネチ
カット大学大学院言語学研究科博士課程修了。Ph.D.（言語学）。コネチカッ
トカレッジ講師、オハイオ州立大学日本学研究所所長、国立国語研究所客
員教授などを経て、現職。*Journal of Japanese Linguistics* 前編集長。主著
に『Acquisition of Japanese Empty Categories』（くろしお出版、1996）、編
著 に『Handbook of East Asian Psycholinguistics Vol. 2: Japanese』（共編著、
Cambridge University Press, 2006）、『Handbook of Japanese Psycholinguistics』
（De Gruyter Mouton, 2015）、『Studies in Chinese and Japanese Language
Acquisition』（共編著、John Benjamins, 2017）など。論文多数。

第二言語習得研究への誘い ― 理論から実証へ
NDC807／ vii+246p ／21cm

初版第1刷 ─── 2018年　7月　2日
著　者 ─── 吉村紀子・中山峰治

発行人 ─── 岡野秀夫
発行所 ─── 株式会社くろしお出版

　　　　　　〒113-0033　東京都文京区本郷3-21-10
　　　　　　［電話］03-5684-3389　［WEB］www.9640.jp

印刷・製本　三秀舎　　装丁　黒岩二三（Fomalhaut）

©Noriko Yoshimura and Mineharu Nakayama, 2018
Printed in Japan

ISBN978-4-87424-765-5 C1080

乱丁・落丁はお取りかえいたします．本書の無断転載・複製を禁じます．